中国法院2025年度案例

国家法官学院　最高人民法院司法案例研究院／编

金融纠纷

中国法治出版社
CHINA LEGAL PUBLISHING HOUSE

《中国法院2025年度案例》通讯编辑名单

刘晓虹　北京市高级人民法院
王　凯　北京市高级人民法院
张　荷　天津市高级人民法院
徐翠翠　河北省高级人民法院
崔铮亮　山西省高级人民法院
杨钰奇　内蒙古自治区高级人民法院
张　健　辽宁省高级人民法院
苏　浩　吉林省高级人民法院
桑　松　黑龙江省高级人民法院
张　蕾　上海市高级人民法院
左一凡　江苏省高级人民法院
冯禹源　江苏省南通市中级人民法院
宋婉龄　江苏省无锡市中级人民法院
李　波　浙江省高级人民法院
刘伟玲　安徽省高级人民法院
林冬颖　福建省高级人民法院
杨云欣　江西省高级人民法院
李璐璐　山东省高级人民法院
卓峻帆　河南省高级人民法院
吴　杨　湖北省高级人民法院
唐　竞　湖南省高级人民法院
邵静红　广东省高级人民法院
邹尚忠　广西壮族自治区高级人民法院
韦丹萍　广西壮族自治区高级人民法院
黄文楠　海南省高级人民法院
吴　小　重庆市高级人民法院
任　梦　四川省高级人民法院
颜　源　贵州省高级人民法院
戚　雷　贵州省贵阳市中级人民法院
李丽玲　云南省高级人民法院
赵鸿章　云南省昆明市中级人民法院
索朗达杰　西藏自治区高级人民法院
郑亚非　陕西省高级人民法院
吴　莹　甘肃省高级人民法院
王　晶　青海省高级人民法院
马博文　宁夏回族自治区高级人民法院
石孝能　新疆维吾尔自治区高级人民法院
李　冰　新疆维吾尔自治区高级人民法院生产建设兵团分院

序

为深入学习贯彻习近平法治思想，落实习近平总书记“一个案例胜过一打文件”的重要指示精神，人民法院始终把完善中国特色案例制度，加强以案释法作为推进全面依法治国、支撑和服务中国式现代化的重要途径。人民法院案例库向社会开放一年多来，最高人民法院始终坚持高标准建设，实现入库案例对常见案由和罪名全覆盖，对于促进法律适用统一，实现严格公正司法发挥了重要作用。

“中国法院年度案例系列”丛书以及时记录人民法院司法审判工作新发展、新成就为己任，通过总结提炼典型案例的裁判规则、裁判方法和裁判理念，发挥案例鲜活生动、针对性强的优势，以案释法，以点带面，有针对性地阐释法律条文和立法精神，促进社会公众通过案例更加方便地学习法律，领悟法治精神，体现司法规范、指导、评价、引领的重要作用，大力弘扬社会主义核心价值观，积极服务人民法院案例库建设，加强对案例库案例的研究，促进统一法律适用，提升审判质效，丰富实践法学研究，增强全民法治意识和法治素养，展现新时代我国法治建设新成就。

“中国法院年度案例系列”丛书自2012年编辑出版以来，已连续出版13年，受到读者广泛好评。为更加全面地反映我国司法审判执行工作的发展进程，顺应审判执行实践需要，响应读者需求，丛书于2014年度新增金融纠纷、行政纠纷、刑事案例3个分册，2015年度将刑事案例调整为刑法总则案例、刑法分则案例2个分册，2016年度新增知识产权纠纷分册，2017年度新增执行案例分册，2018年度将刑事案例扩充为4个分册，2022年度将土地纠纷（含林地纠纷）分册改为土地纠纷（含环境资源纠纷）分册。自2020年起，丛书由国家法官学院与最高人民法院司法案例研究院共同编辑，每年年初定期出版。在全国各级人民法院的大力支持下，丛书编委会现编辑出版《中国法院2025年度案例系列》丛书，共 23 册。

“中国法院年度案例系列”丛书以开放务实的态度、简洁明快的风格，在编辑过程中坚持以下方法，努力让案例书籍“好读有用”：一是高度提炼案例内容，控制案例篇幅，每个案例字数基本在 3000 字左右；二是突出争议焦点，力求在有限的篇幅内为读者提供更多有效信息，便于读者快速抓取案例要点；三是注重释法说理，案例由法官撰写“法官后语”，高度提炼、总结案例的指导价值，引发读者思考，为司法审判提供借鉴，为法学研究提供启迪。

“中国法院年度案例系列”丛书编辑工作坚持以下原则：一是以研究案例库案例为首要任务。自 2024 年起，“中国法院年度案例系列”丛书优先选用人民法院案例库案例作为研究对象，力求对案例库案例裁判要旨的基本内涵、价值导向、法理基础、适用要点等进行深入分析，增强丛书的权威性、参考性。二是广泛选编案例。国家法官学院和最高人民法院司法案例研究院每年通过各高级人民法院从辖区法院汇集上一年度审结的典型案例近万件，使丛书有广泛的精选基础，通过优中选优，可提供给读者新近发生的多种类型的典型、疑难案例。三是方便读者检索。丛书坚持以读者为本，做到分卷细化，每卷案例主要根据案由或罪名分类编排，每个案例用一句话概括裁判要旨或焦点问题作为主标题，让读者一目了然，迅速找到目标案例。

中国法治出版社始终全力支持“中国法院年度案例系列”丛书的出版，给了编者们巨大的鼓励。2025 年，丛书将继续提供数据库增值服务。购买本系列丛书，扫描腰封二维码，即可在本年度免费查阅往年同类案例数据库。我们在此谨表谢忱，并希望通过共同努力，逐步完善，做得更好，探索出一条充分挖掘好、宣传好人民法院案例库案例和其他典型案例价值的新路，为广大法律工作者和社会公众提供权威、鲜活、精准的办案参考、研究素材，更好地服务司法审判实践、服务法学教育研究、服务法治中国建设。

“中国法院年度案例系列”丛书既是法官、检察官、律师等法律工作者的办案参考和司法人员培训辅助教材，也是社会大众学法用法的经典案例读本，同时为教学科研机构开展案例研究提供了良好的系列素材。当然，编者们在编写过程中也难以一步到位实现目标愿景，客观上会存在各种不足甚至错误，欢迎读者批评指正。我们诚心听取各方建议，立足提质增效，不断拓宽司法案例研究领域，创新司法案例研究方法，助推实现中国特色司法案例研究事业的高质量发展。

国家法官学院　最高人民法院司法案例研究院

2025 年 3 月

目　录

Contents

一、金融借款合同纠纷

二、银行卡纠纷

三、融资租赁合同纠纷

四、委托理财合同纠纷

五、证券纠纷

六、信托纠纷

七、保险纠纷

八、票据纠纷

九、其他

一、金融借款合同纠纷

1

贷款人对调整借款利率的格式条款负有提示说明义务

——某银行诉潘某、李某金融借款合同案

【案件基本信息】

1. 裁判书字号

广东省佛山市顺德区人民法院（2023）粤0606民初26168号民事判决书

2. 案由：金融借款合同纠纷

3. 当事人

原告：某银行

被告：潘某、李某

【基本案情】

某银行与潘某、李某签订金融借款合同。关于借款利率，合同中有三处约定：一是在第二页，约定初始借款利率为年利率6.9%；二是在第三页，约定借款人未依约偿还本金的，按约定的借款利率加收50%的罚息，对未依约支付的利息按罚息利率计收复利；三是在第十八页，约定借款人未依约偿还本金及息费任一项，且连续逾期超过十五个自然日的，借款利率调整为自发放之日起实行合同成立时一年贷款市场报价利率的四倍的固定利率，相应罚息等一并调整。此外，合同对违约解除、抵押担保、实现债权的费用承担等方面也进行了约定。合同签订生效后，原告依约向两被告发放贷款。两被告收到贷款后未依约履行合同义务，原告遂提起诉讼，要求两被告立即偿还借款本金、对未付本金和利息按一年贷款市场报价利率的四倍再上浮 50%的利率分别计收的罚息和复利，以及律师费、诉讼费等，并主张对抵押物处置款享有优先受偿权。

【案件焦点】

潘某、李某的逾期利率标准如何确定。

【法院裁判要旨】①

广东省佛山市顺德区人民法院经审理认为：利率条款是借款合同的核心条款，明确贷款人负有全面披露借款利率的义务，是确保借款合同符合借款人真实意思表示的必然要求。本案中，贷款人主张通过适用调整利率条款，使借款人负担的逾期利率从年利率 6. 9%先调整为年利率 15. 4%，再上浮 50%加收罚息，借款人实际承担的逾期利率为年利率 23. 10%，为期内借款利率的三倍有余，同时将借款人承担违约责任的时间溯及贷款发放之日，既使借款人难以对违约后果产生合理预期，又加重了借款人的负担。案涉调整利率条款位于合同第十八页，未予加粗提示，该条款无论是在其自身的显著性方面，还是在与第二页、第三页借款利率条款、逾期利率条款的整体性、连贯性方面，均无法达到足以引起借款人知晓的要求。因某银行未明确提示说明该条款导致借款人没有注意或理解违约时应负担的实际利率，应视为双方未就借款利率调整条款达成合意，该调整利率条款不成为借款合同的内容，故对于某银行主张的逾期利率，仅在合同记载的年利率 6. 9%上浮 50%即年利率 10. 35%的范围内予以支持。据此，广东省佛山市顺德区人民法院判决如下：

一、潘某、李某应于判决发生法律效力之日起十日内向原告某银行支付借款本金 715625 元、利息 12207. 37 元及相应的罚息、复利（罚息暂计至 2023 年

---

① 本书【法院裁判要旨】适用的法律法规等条文均为案件裁判当时有效，下文不再对此进行提示。

9月5日为109660.59元，此后以尚欠本金为基数按年利率10.35%计至实际支付之日止；复利暂计至2023年9月5日为1950.63元，此后以尚欠利息为基数按年利率10.35%计至实际支付之日止）；

二、潘某、李某应于判决发生法律效力之日起十日内向原告某银行支付律师费6000元；

三、某银行就上述第一项、第二项判决确定的债权对被告潘某、李某的某房产折价或拍卖、变卖所得价款享有优先受偿权；

四、驳回某银行的其他诉讼请求。

判决后，双方当事人均未上诉，本判决现已生效。

【法官后语】[①]

金融借款合同中，利率条款是核心给付条款，金融机构根据借款人的信用风险进行差别定价，借款人在不满意利率条款时不予缔约，不存在双方经济能力差异导致的“强制缔约”，因而在通常情况下，当事人应受合同条款约束。但近年来，随着金融借贷业务广泛开展，个别银行为了扩大业务规模，以名义上的较低利率吸引客户，实际上通过设置多个借款利率条款迂回收取高利率息费，金融消费者签订合同时，如不加注意，往往很难察觉。本案的“调整借款利率”条款便是其中一种典型形式。

一、“调整借款利率”条款的特点

“调整借款利率”条款是指借款人在发生特定违约情形时，贷款人有权将合同原定的借款利率予以调高并溯及贷款发放之日，借款人需按调整后的利率标准再上浮一定比例支付期内利息和逾期罚息的合同条款。“调整借款利率”条款具有以下特点：一是非合意性，有关内容系由贷款人单方拟定，未经双方协商确定。二是非常规性，按照《中国人民银行关于人民币贷款利率有关问题的通知》的规定，罚息利率通常为借款合同载明的贷款利率水平上加收30%—

---

① 本书【法官后语】对此类法律问题涉及的法律法规等内容进行了时效性更新，下文不再对此进行提示。

50%，而适用调整借款利率条款之后，借款人需承担的罚息利率远高于行业通常标准，借款人难以产生合理预期。三是非显著性。贷款人通过定义多个利率名称来掩饰实际可能发生的高利率息费，使借款人难以认识到其负担的真实借款成本。综上，"调整借款利率"条款属于与借款人有重大利害关系的格式条款，确有必要适用格式条款的有关规则予以审查。

二、贷款人对"调整借款利率"条款负有提示说明义务的法律基础

贷款人对于借款利率的提示说明义务在现行法上虽无直接规定，但具备充分的法律基础。消费者权益保护法第二十八条规定了商家告知服务价款、费用的义务，民法典第四百九十六条第二款规定了提供格式条款一方的提示说明义务。除此之外，《国务院办公厅关于加强金融消费者权益保护工作的指导意见》第三条、《中国人民银行金融消费者权益保护实施办法》第十六条均明确要求金融机构以通俗易懂的语言，及时、真实、准确、全面地向金融消费者披露可能影响其决策的信息，对利率、费用、违约金等与金融消费者切身利益相关的重要信息进行解释说明，从而保障金融消费者的知情权。上述规定反映，要求贷款人准确披露各利率条款是正当的。通过对全部利率条款的披露，将全面展现不同情形下借款人的真正利息负担，既有利于确保债务人的真实意思表示不受侵蚀、避免债务人"过度负债"，又有助于构建竞争有序、信息透明的市场环境。

三、在金融借款合同纠纷中适用格式条款规则应考虑的因素

格式条款在金融借款合同中被广泛运用，具有简化业务程序、降低缔约成本、提高交易活动效率等功能。法院在审查涉金融借款合同纠纷格式条款效力争议时，既要尊重格式条款所体现的意思自治，又要特别保护金融消费者以维护实质公平。具体而言，需重点考虑以下几方面因素：一是审查诉争条款是否为格式条款，判断是否适用格式条款规则。通常而言，关于借款利率、借款期限等核心给付条款是借款人与贷款人订立合同的主要考量因素，该内容系双方协商而定，不应认定为格式条款；仅在贷款人单方拟定的、不具有协商性的条款，如对特殊概念的重要定义解释条款等，方能有适用空间。二是审查双方合

意度，判断格式条款是否订入合同。如贷款人已履行提示说明义务，可视为双方形成合意；如贷款人未履行提示说明义务，则进一步分析诉争条款的效力对合同整体成立与生效的影响程度，如影响程度轻微，则可订入合同。相反，与借款人有重大利害关系的格式条款未经提示说明不订入合同。三是审查权利义务均衡度，判断格式条款有无效力。格式条款的内容控制标准，需要从双方交涉力量、相对人被侵害利益类型、限制相对人的合同权利是否具有合理性等方面进行考量，例如，罚息、复利条款约定的逾期利率较高，超过了法律规定的上限，属于民法典第四百九十七条规定的格式条款无效的情形，法院应依法认定相应的格式条款无效，对利率计算标准予以调整，使之兼顾保护金融消费者及违约惩罚性的原则。

编写人：广东省佛山市顺德区人民法院　黄燕芝　曾乐乐

2

贷款人宣布贷款提前到期条款的效力认定

——中国某银行股份有限公司威海文登支行诉何某等金融借款合同案

【案件基本信息】

1. 裁判书字号

山东省威海市文登区人民法院（2023）鲁 1003 民初 410 号民事判决书

2. 案由：金融借款合同纠纷

3. 当事人

原告：中国某银行股份有限公司威海文登支行（以下简称某银行文登支行）

被告：何某、王某、某房地产公司

【基本案情】

2016年8月29日，某银行文登支行与何某、王某、某房地产公司签订《个人购房借款/担保合同》，约定何某、王某共同向某银行文登支行贷款481000元用于购买某处房屋，贷款期限240个月。借款人按照按月等额本金还款法（按月计息）偿还贷款本息。借款人自愿选择每月19日为还款日。贷款的担保方式为保证、抵押，某房地产公司为保证人，承担阶段性连带责任保证，保证期间为本合同项下贷款到期之日起两年；贷款人依据合同约定宣布贷款提前到期的，保证期间为贷款提前到期之日起两年。何某、王某以上述房屋进行抵押，双方办理了抵押预告登记。

上述合同第十四条约定，借款人连续三个月或累计六次未按时足额偿还贷款本息的，贷款人可以采取下列一项或多项措施：（1）要求借款人限期纠正违约行为；（2）要求借款人另行提供借款人认可的担保；（3）停止发放本合同及依据贷款人与借款人之间其他合同项下的贷款和其他融资款项，部分或全部取消借款人未提取借款和其他融资款项；（4）宣布本合同和贷款人与借款人之间其他合同项下未偿还的借款和其他融资款项立即到期，要求借款人立即清偿未偿还款项以及所产生的利息、罚息和其他费用；（5）解除本合同；（6）要求借款人赔偿因其违约给贷款人造成的损失；（7）法律法规规定，本合同约定或贷款人认为必要的其他措施。第十七条约定，贷款人为实现本合同项下的债权及担保权利而产生费用，包括但不限于律师费、评估费、拍卖费等由借款人承担。对于贷款人为保障自身利益先行垫付的费用，贷款人有权随时向借款人追偿，并从其垫付之日起计收活期存款利息。

某银行文登支行于合同签订后向何某、王某发放贷款481000元。何某、王某按照合同约定每月偿还贷款。2020年8月19日、9月19日两笔贷款本息未足额清偿，2020年10月19日，何某、王某将此前两个月所欠本息及当月本息一并清偿。2021年3月19日贷款本息未清偿，何某、王某于4月10日偿还了该笔款项。2021年8月19日贷款本息未清偿，何某、王某于8月31日偿还了该笔款项。2022年2月、3月、4月的贷款未按照约定偿还，5月11日何某、王某偿还部分本息。2022 年 5 月贷款本息未偿还，何某、王某欠付某银行文登支行本金 3683. 42 元，利息 2575. 7 元。2022 年 6 月、7 月、8 月，何某、王某均于当月 16 日被划扣还款金额，19 日产生一笔新的贷款金额。2022 年 9 月 22 日，何某、王某还清此前所有积欠的本金及利息。至法庭辩论终结时，何某、王某不存在逾期未偿还的本金、利息、罚息等。

2022 年 9 月 28 日，某银行文登支行与某律师事务所针对本案在内的 28 起案件的诉讼事宜签订委托代理合同，约定本案的律师代理费为 17218 元，同年 10 月 25 日某律师事务所出具本案律师费发票，11 月 14 日，某律师事务所收到包含案涉律师费在内的款项。

【案件焦点】

某银行文登支行对何某、王某等轻微并纠正的违约行为，主张有权宣布贷款提前到期，要求借款人提前清偿全部贷款本息及律师费等为实现债权而产生的相关费用是否应当准许。

【法院裁判要旨】

山东省威海市文登区人民法院经审理认为：某银行文登支行与何某、王某、某房地产公司签订的《个人购房借款/担保合同》系双方当事人真实意思表示，不违反法律、行政法规的强制性规定，合法有效，双方均应按约履行。何某、王某确有合同约定的连续三个月及累计六次未按时足额偿还贷款本息的情形，某银行文登支行有采取要求借款人限期纠正违约行为或宣布本合同款项立即到期，要求借款人立即清偿未偿还款项以及所产生的利息、罚息和其他费用等的权利，但截至 2022 年 9 月 22 日，何某、王某偿还了所有逾期贷款本息，纠正了违约行为，某银行文登支行接受了何某、王某的履行，并未拒绝，亦未提供证据证实此时其已经将要求宣布本合同款项立即到期的意思表示告知了何某、王某，故应视为其已接受何某、王某继续履行合同的请求，在此情况下，某银行文登支行起诉要求何某、王某提前清偿全部贷款本息，本院不予支持。同时，何某、王某在数年间均按照合同约定向某银行文登支行偿还了贷款本息，虽然在2020年至2023年初存在几笔违约，但金额仅为几千元，数额不大，又都及时进行了清偿，充分表明了何某、王某目前仍具备继续履行合同的意愿和能力，其违约情形尚属轻微，某银行文登支行亦并未遭受损失，不影响合同目的的实现。在此情况下如要求借款合同提前到期，让何某、王某一次性立即偿还30余万元的借款本息，会导致双方当事人权益保护的严重失衡，亦不利于某银行文登支行债权的实现。

2022年9月22日，何某、王某偿还了所有逾期贷款本息，纠正了违约行为，某银行文登支行受偿后，仍于9月28日聘请律师，提起诉讼，由此产生的律师费、诉讼费，不应由何某、王某承担。何某、某房地产公司经本院依法传唤，无正当理由未到庭参加诉讼，视为其已经放弃一审中举证、质证的抗辩权利。综上所述，依照《中华人民共和国民法典》第六条，《中华人民共和国民事诉讼法》第四十条第二款、第一百四十七条规定，判决如下：

驳回某银行文登支行的全部诉讼请求。

【法官后语】

金融借款合同中普遍存在一旦违约即宣布贷款提前到期的条款约定，分期付款的金融借款合同中通常存在借款人逾期还款达到某种情形下，银行有权宣布合同款项立即到期的约定，本案约定的是连续三个月及累计六次未按时足额偿还，更有甚者约定只要出现一次逾期，银行就有权宣布所有贷款提前到期。宣布贷款提前到期的条款约定，旨在保护银行的资金安全，但宣布贷款提前到期对借款人也有重大影响，故而在司法实践中，对该条款是否具备适用前提应当审慎判断。

一、银行应就宣布贷款提前到期条款向借款人提示说明

《中华人民共和国民法典》第四百九十六条第一款规定，格式条款是当事人为了重复使用而预先拟定，并在订立合同时未与对方协商的条款。金融借款合同中违约责任部分的宣布贷款提前到期条款基本上都系固定的，借款人无法协商的格式条款。借款合同往往长达十几页，非法律、金融专业的借款人很难完整阅读合同，往往只知道借款金额、利率、每期还款金额等事项，对于逾期还款达何种程度需要承担何种费用并不一定明确。鉴于银行在订立金融借款合

同时提供格式条款、审查资金发放的优势地位，其应在订立合同时通过字体加粗、增加下画线等方式就宣布贷款提前到期条款进行明确告知。

二、完善宣布贷款提前到期条款约定及银行的通知义务

在分期付款的金融借款合同中，关于宣布贷款提前到期的条款约定的条件较为宽松，以上述案件为例，借款人的贷款期限为240个月，但按合同约定连续三个月及累计六次未按时足额偿还的，银行便有权宣布贷款提前到期，不仅未履行的时间设置较短，未履行的条件也很严苛，未及时、未足额都包含其中且约定不明，借款人在长达二三十年的时间中，收入、资金情况不能有一点“风吹草动”，否则将可能面临提前到期的巨额债务，不利于实现目前提振消费的经济目的。所以银行在设立该条款时应根据贷款金额、贷款时间长短、逾期情况的程度进行区别，分情况制定条款，并设置延期条款，给予适当的延期机会，当借款人出现暂时性的资金困难时可以与银行协商延期。另外，对于出现逾期的借款人，银行应通过电话、短信等方式及时提醒借款人还款或办理延期，对于逾期严重却无还款能力或意愿的，再行通过司法程序解决。

三、司法审查

宣布贷款提前到期虽不以解除合同为前提，但会产生解除合同的实质效果，故审理此类案件时切不可简单地依据合同约定一概而论，一判了之。在审理时可以合同解除的情形为限，综合考量借款人逾期还款的次数、金额、频率、尚欠款项金额、借款人的主观意愿、还款能力等情况，确定是否属于当事人一方迟延履行主要债务，催告后在合理期限内仍未履行或当事人一方迟延履行债务或有其他违约行为致使不能实现合同目的等情形，借款人如果只是轻微违约，虽达到了合同约定的情形，但有偿还的意愿与能力，能及时采取补救措施，不宜支持银行要求合同提前到期，由借款人一次性偿还所有本金、利息及其他费用的主张，避免对银行权利的过度保护而使借款人，特别是因为住房、生产经营等民生问题而进行借贷的借款人的经济状况陷入困境乃至绝境，以及银行贷款难以有效收回的不利局面，以彰显司法的公平与温度。

编写人：山东省威海市文登区人民法院　张新

3

担保人的追偿权相对于主债权具有劣后性

——某房地产开发有限公司诉侯某金融借款合同案

【案件基本信息】

1. 裁判书字号

重庆市江北区人民法院（2023）渝0105民初30356号民事判决书

2. 案由：金融借款合同纠纷

3. 当事人

原告：某房地产开发有限公司（以下简称某房地产公司）

被告：侯某

【基本案情】

2021年2月5日，某农商行（贷款人）与侯某（借款人/抵押人）、某房地产公司（保证人）签订房屋按揭贷款合同，约定某农商行出借侯某96万元用于购买案涉房屋，借款期限为336个月，本合同项下借款担保方式为阶段性保证加抵押，由某房地产公司从借款发放之日起至侯某取得房地产权属证书并办妥抵押登记手续之日止为侯某的借款提供连带责任保证，保证范围包括借款本金、利息、罚息、复利、律师费等，侯某以其所购房屋为借款提供抵押担保。2021年1月31日，侯某与某房地产公司就案涉房屋签订商品房买卖合同，总成交金额1205554元，首付款245554元，剩余房价款96万元由侯某以按揭贷款方式支付，等等。发放贷款后，因侯某未按月足额偿还每期借款本息，故2022年4月29日，某农商行起诉要求侯某、某房地产公司偿还借款本金及利息等。生效判决认定侯某返还某农商行借款本金950111.39元并支付利息、罚息和复利若干，并判决某房地产公司对侯某的前述债务承担连带清偿责任。2023年4月24日，法院在执行程序中扣划某房地产公司银行存款100万元，主债仍未清偿完毕。某房地产公司要求侯某偿还代偿款未果，遂诉至法院，要求侯某支付代偿款100万元及从代偿之日起按LPR计算的资金占用利息和律师费。

【案件焦点】

担保人代偿后的追偿权相对于主债权是否具有劣后性。

【法院裁判要旨】

重庆市江北区人民法院经审理认为：根据《中华人民共和国民法典》第七百条规定，保证人承担保证责任后，除当事人另有约定外，有权在其承担保证责任的范围内向债务人追偿，享有债权人对债务人的权利，但是不得损害债权人的利益。案涉房屋的按揭贷款合同经本院判决确认某房地产公司为侯某购买案涉房屋的贷款承担阶段性担保责任，并经本院扣划执行某房地产公司已履行款项100万元用于偿还某农商行的欠付贷款本息。某房地产公司承担了部分担保责任后，主张侯某向其偿还代偿款100万元及自2023年4月24日起按LPR计算的资金占用利息并支付律师费的请求，符合双方约定和法律规定，本院予以支持。某房地产公司被某农商行实现部分担保债权后，享有向主债务人追偿的权利，但因主债权尚未清偿完毕，依据民法典第七百条之规定保证人行使追偿权时不得损害债权人的利益的规定，本院认定主债务人在案涉主债权清偿完毕后，才能向某房地产公司进行清偿，除非主债权人同意。综上，依照民法典第七百条等之规定，判决如下：

一、被告侯某于本判决生效之日起十日内向原告某房地产公司偿还代偿款100万元，并支付以代偿款100万元为基数，自2023年4月24日起按全国银行间同业拆借中心公布的一年期贷款市场报价利率计算至还清之日止的资金占用利息（主债权尚未清偿完毕之前，侯某不得向某房地产公司清偿前述款项，除非主债权人同意）；

二、被告侯某于本判决生效之日起十日内向原告某房地产公司赔偿律师费4500 元。

判决后，双方当事人均未上诉，本判决现已生效。

【法官后语】

一、保证人行使追偿权的条件

保证人要行使追偿权，应当具备以下条件：一是保证人已向债权人承担了全部或者部分保证责任；二是保证人履行了主债务人的全部或者部分债务，从而导致债务人的债务全部消灭或者部分消灭；三是保证人代主债务人履行全部或者部分义务后，从而追偿权尚未消灭；四是保证人的追偿权的范围只能在其承担保证责任的范围内，即使实际清偿额大于主债权，保证人也只能在主债权的范围内行使追偿权；五是保证人履行保证义务过程中不存在因故意或者过失未能行使主债务人的抗辩权而造成不应有的履行或者超过应有范围的履行等。

二、保证人代偿后是否享有完全债权代位权

民法典第五百四十七条规定："债权人转让债权的，受让人取得与债权有关的从权利，但是该从权利专属于债权人自身的除外。受让人取得从权利不因该从权利未办理转移登记手续或者未转移占有而受到影响。"即我国民法典认可债权受让人承继债权转让人对债务人的全部债权权利，包括担保从权利。第七百条规定保证人享有债权人对债务人的权利，本意并非限制债权行使的对象或只享有移转而来的主权利，而是在该条预设的前提并不包括其他从权利，债权行使的对象只有主债务人。至于履行了保证责任的保证人，存在第五百四十七条、第五百一十九条第二款等情形时，可通过体系解释，即该保证人在享有债权人对债务人权利的同时，也取得与债权相关的从权利，自然包括保障主债权实现的其他保证债权和担保物权，都由保证人因清偿而承受。因此，保证人代偿后享有完全债权代位权。

三、保证人的追偿权与债权人的剩余债权的关系

（一）保证人的代位追偿权相对于主债权具有劣后性

民法典第五百一十九条第二款和第七百条均规定"但是不得损害债权人的

利益”，关于不得损害债权人的利益的理解，对第五百一十九条的解读通常为，清偿债务的连带债务人取得的债权人的权利应劣后于债权人的债权，即债权人的债权即使没有担保，也要优先保护。同理，民法典第七百条的但书条款表达了相同的含义。即便保证人的求偿权与债权人的剩余债权是平等的，都享有债权人的权利，但前者属于拟制享有债权人的权利，因此，在保护上，二者应存在区别。当保证人履行保证债务不足以相对消灭主债务时，比如保证合同中约定保证人仅担保主债权的本金，则保证人清偿保证债务后债权人仍对利息等从权利对主债务人享有债权。“不能损害债权人利益”的规定，即保证人享有的代位追偿权劣后于债权人的剩余债权。

（二）实践中的具体应用

1. 主债尚未清偿的情形下履行了保证责任的保证人能否通过诉讼的方式向债务人主张权利。在无特别约定的情形下，履行了保证责任的保证人享有债权人对债务人的权利，当保证人仅履行了部分保证责任或履行了全部保证责任但不足以消灭主债务时，由于保证人的代位追偿权相对于主债权具有劣后性，保证人可否先行起诉债务人主张权利，还是待主债清偿完毕后，才能向债务人主张权利。基于保证人行使追偿权的条件已经成就，且保证人无法及时准确知晓主债何时清偿完毕的现实情况，依据民法典第七百条之规定，保证人清偿后即享有追偿权且可通过诉讼的方式向债务人主张权利，但因主债尚未清偿完毕，追偿权的行使需受一定限制，此处不再赘述。

2. 保证人的代位追偿权相对于主债权的劣后性在裁判文书中如何表述。一是对保证人的代位追偿权的劣后性问题，应当在说理部分予以阐述，即为何平等的债权，在保护上又存在先后顺序。二是对保证人的代位追偿权的劣后性，应在判决中予以明确，即判决债务人向保证人偿还代偿款并附加履行限制，可通过加括号的方式明确劣后性，如案例的表述（主债权尚未清偿完毕之前，侯某不得向某房地产公司清偿前述款项，除非主债权人同意）。

四、其他担保方式可以参照执行

民法典第四百六十七条第一款规定：“本法或者其他法律没有明文规定的

合同，适用本编通则的规定，并可以参照适用本编或者其他法律最相类似合同的规定。”民法典仅对保证担保人履行保证责任后行使追偿权进行了规定，抵押、质押担保的基本原理与保证担保，在无明文规定时，可以参照民法典第四百六十七条规定进行裁判，在法条引用上，除了引用民法典关于抵押或质的条款外，还应当引用民法典第四百六十七条和第七百条之规定。

编写人：重庆市江北区人民法院　邓忠明

4

抵押权设定之日开发商的阶段性担保责任即告完成

——某银行诉张某、某置业公司金融借款合同案

【案件基本信息】

1. 裁判书字号

江西省吉安市安福县人民法院（2024）赣0829民初869号民事判决书

2. 案由：金融借款合同纠纷

3. 当事人

原告：某银行

被告：张某、某置业公司

【基本案情】

张某向某银行申请购房贷款，某银行与张某、某置业公司共同签订了《个人房产借款及抵押合同》，约定某银行向张某发放贷款，合同约定了借款期限、借款利率、保证人的保证责任等。合同另约定，由张某以其购买的某房屋提供抵押担保，某置业公司为此提供阶段性连带责任保证担保并约定了保证期限。另查明，某银行就该房屋办理了抵押预告登记，但张某尚未办理房地产权证及

正式的房地产抵押登记手续。

合同签订后，某银行如约发放贷款，张某自2022年1月21日开始逾期，未能按约定偿还上述贷款及利息。某银行遂主张张某还本付息，办妥其抵押房屋的登记手续并确认对该房屋享有优先受偿权。同时，某银行要求某置业公司承担连带责任。

【案件焦点】

开发商的阶段性担保责任是否完成。

【法院裁判要旨】

江西省安福县人民法院经审理认为：某银行与张某、某置业公司签订的《个人房产借款及抵押合同》系双方真实意思表示，合法有效，双方均应按照合同的约定履行义务。某银行依约按张某委托发放贷款至某置业公司银行账户内，张某应按约及时还本付息。现张某未按合同约定偿还贷款本息，其行为已构成违约，应当承担违约责任。

关于某银行对被告张某的优先受偿权问题。张某以某房屋为上述贷款办理抵押预告登记。案涉抵押商品房办理了房屋产权人为某置业公司的房屋所有权首次登记，且抵押预告登记与所有权首次登记的财产标的完全一致。截至起诉之日某银行的债权尚未消灭，案涉商品房未办理抵押登记系由于张某个人原因，某银行不存在怠于抵押权登记的情形，本案的抵押预告登记仍处于有效状态。因此，某银行要求就张某的案涉房屋享有抵押权并优先受偿，合法有据，本院予以支持。

关于某置业公司的阶段性保证责任问题。阶段性保证是为防控银行在贷款发放之后、房屋抵押权设立之前面临的风险，由房地产开发商自愿在该期间内为借款人的还款义务所提供的连带保证。一旦房屋抵押设定成功，阶段性保证的任务就告完成，银行获得抵押担保之日即为开发商阶段性保证责任解除之时。本案中，某银行已对案涉房屋享有抵押权并优先受偿，原告的债权已得到保障，某置业公司的阶段性保证应予解除，故某银行主张被告某置业公司承担连带保证责任，本院不予支持。江西省安福县人民法院判决如下：

一、张某在判决生效之日起十日内偿还某银行贷款本金390999.88元，利息1699.76元（利息已计算至2024年1月18日，之后的贷款利息、复利、罚息按合同约定支付至借款实际还清之日止）；

二、张某若未能履行本判决第一项确定的义务，某银行有权就张某提供的抵押物即某房屋从折价、拍卖或者变卖价款中优先受偿；

三、驳回某银行的其他诉讼请求。

判决后，双方当事人均未上诉，本判决现已生效。

【法官后语】

商品房按揭贷款是购买期房的主要方式，为了降低房贷融资的风险，开发商会为该笔贷款提供阶段性保证。审判实践中，开发商已经办理了“大产证”即建筑物所有权首次登记，银行和购房者办理了抵押预告登记，但有大量购房者，在多次催告后仍不去办理正式抵押登记或不动产权证书。如何在审判中准确把握开发商的阶段性担保责任是否完成，是本案中值得研究探讨的重点问题。

抵押的预告登记在不动产预售买卖中十分常见，通常是抵押人将房屋抵押给银行，以担保银行的债权，但因为预售房屋尚无法办理抵押登记，所以只能办理抵押的预告登记。所谓抵押预告登记，是在抵押登记暂时无法办理时，当事人为确保将来取得抵押权而办理的一种特殊登记，其目的在于当能够办理抵押登记时，预告登记权利人能够获得较其他担保物权人或债权人更加优先的顺位。2021年1月1日起施行的《最高人民法院关于适用〈中华人民共和国民法典〉有关担保制度的解释》第五十二条对抵押预告登记如何实现抵押权进行了规定。主要条件有三个，首先是需要办理完毕房屋所有权的首次登记（即“大产证”），其次是抵押预告登记与所有权首次登记的财产标的一致，最后是抵押预告登记未失效。在满足上述条件时，即可认为抵押权自预告登记之日起设立。自《最高人民法院关于适用〈中华人民共和国民法典〉有关担保制度的解释》实施以来，目前法院基本都会按照该解释第五十二条的规定来认定抵押预告登记的优先效力。

在向银行贷款购买房屋的案件中，银行为保障自身权益的实现，通常会要求开发商提供阶段性担保，即银行发放贷款之日起至实际取得房屋抵押权之日止，开发商为房屋贷款提供连带责任保证。由此可知，开发商连带责任保证的解除条件为房屋抵押权的实际取得。

购房人因逾期偿还借款而断供，在房屋没有办理完毕抵押权登记的情况下，银行对房屋是否享有抵押权及开发商是否承担阶段性连带担保责任，应区分不同情况分别进行判断分析。情形一：因购房人原因导致未能办理或不配合办理抵押登记的，银行取得抵押权，开发商连带保证责任免除。根据《最高人民法院关于适用〈中华人民共和国民法典〉有关担保制度的解释》第五十二条，如开发商已就房屋办理了产权登记，具备了办理抵押权登记的条件，对于未能完成抵押登记不存在过错，其阶段性担保责任应当予以免除。情形二：因开发商原因导致未能办理抵押登记，开发商的连带责任不能免除。阶段性保证设立的初衷在于降低正式产权登记未完备导致的债权清偿风险，促使开发商及时完成项目开发建设，积极协助办理产权登记手续。如房屋未能正式办理产权登记的原因在于开发商不具备办理抵押登记的条件，开发商的保证责任不能免除。

阶段性担保责任作为房地产行业潜在债务的重要组成部分，阶段性担保与房屋抵押担保互为承继而非并存关系，所以通过明确开发商阶段性担保责任的解除条件，使其免予负担不必要的、过重的连带赔偿责任，如果仅因未取得抵押登记权证而让银行享有开发商的连带责任保证及房屋抵押的双重担保，无疑与缔约目的相悖，也有违诚实信用原则，缺乏经济上的合理性和正当性。在能够保障银行贷款风险防控的同时，实现开发商债务负担的分配正义，一定程度上有利于实现金融和房地产市场长远稳定发展。

编写人：江西省吉安市安福县人民法院　刘恋

5

分期手续费实为利息，预收部分应当抵扣借款本金

——某银行顺德某支行诉甘某金融借款合同案

【案件基本信息】

1. 裁判书字号

广东省佛山市顺德区人民法院（2023）粤 0606 民初 23620 号民事判决书

2. 案由：金融借款合同纠纷

3. 当事人

原告：某银行顺德某支行

被告：甘某

【基本案情】

2019 年 6 月 18 日，某银行顺德某支行与甘某签订《信用卡分期业务借款合同》，约定借款金额 300000 元，分期期数 60 期，分期手续费 39000 元，贷款以信用卡透支形式发放，分期手续费采用一次性收取方式。合同签订后，某银行顺德某支行在发放借款本金至甘某信用卡后当日，将分期手续费一次性扣收。甘某在合同期内履行了部分还款义务后出现多次逾期还款行为，某银行顺德某支行遂向法院提起诉讼。

【案件焦点】

分期手续费性质及收取合理性的认定。

【法院裁判要旨】

广东省佛山市顺德区人民法院经审理认为：甘某在案涉信用卡项下申请专

项分期后未按期还款，已构成违约，某银行顺德某支行有权依据分期业务细则约定提前收回全部的分期本金。另根据双方合同约定，分期手续费 39000 元按照 13%收取，该分期手续费实际系利息的收取，而某银行顺德某支行在借款当日即一次性收取，并非按照分期的要求逐期收取。某银行顺德某支行在放款当日即收取该费用，应当视为提前收取了整个借款期间的利息。但是甘某案涉的借款由于违约提前到期，某银行顺德某支行同时主张了到期日之后的逾期利息等费用，故其有权收取提前到期日止的分期手续费，未实际到期的分期手续费应当视为本金进行抵扣。

广东省佛山市顺德区人民法院判决如下：

一、甘某应于判决发生法律效力之日起十日内向某银行顺德某支行清偿信用卡透支本金 147999. 76 元、利息（暂计至 2022 年 6 月 10 日利息为 330. 83 元，此后的利息以透支款本金 147999. 76 元为基数，按日利率万分之五计至清偿之日止）、违约金 477. 43 元；

二、驳回某银行顺德某支行的其他诉讼请求。

判决后，双方当事人均未上诉，本判决现已生效。

【法官后语】

一、信用卡分期消费贷的性质

《银行卡业务管理办法》第六条第二款规定："贷记卡是指发卡银行给予持卡人一定的信用额度，持卡人可在信用额度内先消费、后还款的信用卡。"该办法第二十条规定免息还款期最长为 60 天。根据上述规定可知，信用卡业务的基本交易方式为金融消费者使用信用卡在规定的限额内透支消费。同时，《全国人民代表大会常务委员会关于〈中华人民共和国刑法〉有关信用卡规定的解释》中规定"刑法规定的'信用卡'，是指由商业银行或者其他金融机构发行的具有消费支付、信用贷款、转账结算、存取现金等全部功能或者部分功能的电子支付卡"，即信用卡的交易方式除了上述的普通消费支付还包括信用贷款的交易方式。[1] 本案中，双方签订的协议名称为借款合同，条款内容主要系贷款金额、分期期数，还款方式。该约定的内容与传统的借款合同的内容无异，故本案系以信用卡方式发放分期贷款的金融借款合同纠纷。

二、分期手续费性质的认定

在以信用卡方式发放贷款的交易中，一方面书面协议以借款合同之名约定主要权利义务，另一方面以信用卡领用合约条款对违约的透支利息、违约金等进行约定，故其兼具信用卡消费支付及信用贷款的双重属性。因协议的基本属性仍为借款合同关系，银行作为放贷机构发放贷款需要收取相应的借款利息。但是在信用卡分期消费贷中持卡人在约定还款期限内透支消费不产生利息，而是约定分期手续费，手续费用金额固定、期限固定，并约定按照年利率的方式计算，该情形实与借款利息的构成相似，故分期业务的手续费实质应为借款期间的利息。《银保监会、人民银行关于进一步促进信用卡业务规范健康发展的通知》关于“全面加强信用卡分期业务规范管理”的第二十一条规定“……向客户展示分期业务收取的资金使用成本时，应当统一采用利息形式，并明确相应的计息规则，不得采用手续费等形式”，亦明确认定信用卡分期手续费的性质应为利息。

三、本案的手续费的收取合理性认定

如前所述，所谓分期手续费实质为借款合同的利息，则该费用的收取应当适用法律法规关于利息收取的规定。案涉合同签订于 2019 年，按照原《中华人民共和国合同法》第二百条的规定，借款的利息不得预先在本金中扣除[2]。而某银行顺德某支行在发放贷款当日一次性收取借期内全部手续费，属于预收利息，变相地减少了向借款人发放的贷款本金数额，致使借款人并未能享有合同约定的全额借款本金的使用权利。该行为违反了法律的规定，其一次性收取手

① 《最高人民法院、最高人民检察院关于办理妨害信用卡管理刑事案件具体应用法律若干问题的解释》第十一条规定：“发卡银行违规以信用卡透支形式变相发放贷款，持卡人未按规定归还的，不适用刑法第一百九十六条‘恶意透支’的规定。构成其他犯罪的，以其他犯罪论处。”该解释亦明确了信用卡透支形式的信用贷款方式。

② 该条款被《中华人民共和国民法典》第六百七十条所承继。

续费不具合理性，故应当认定未到期手续费为预扣利息，在借款本金中直接予以扣除。

同时，在信用卡分期业务的审查中发现，借款人往往会被“0利率”或者“低手续费率”的宣传诱导而办理分期消费贷，然而分期手续费本身即为利息性质，所谓的“0利率”并非借款人朴素认知中理解的没有利息的意思表示，这种信息不对称的情况可能导致借款人的知情权受损。而若是借款人出现逾期情形，除需支付手续费外，还将承担支付日万分之五的透支利息及相应违约金的违约责任，实质的利费标准可能远超其合理预期。《银保监会、人民银行关于进一步促进信用卡业务规范健康发展的通知》已经明确将信用卡分期业务中的分期手续费的利息性质予以认定，并要求金融机构应当尽快完成分期业务中手续费转利息的调整，合法合理确定金融消费产品的费用收取标准，保障金融消费者的合法权益，亦即金融机构在此后的信用卡分期业务中，不得再以分期手续费的方式收取利息，必须明确分期利息的收取标准。在此情况下，对于借款逾期后分期利息及透支利息同时产生时的收取合理性的认定则需要区分不同阶段进行审查处理：

1. 2016年4月15日[①]至2020年12月31日；

2. 2021年1月1日[②]之后。

依照上述情况可知，对于2021年1月1日前的信用卡分期消费持续至手续费转化为分期利息的存量业务，此时由于双方约定的利息上限为日万分之五，除双方另有约定外，对于转化后的分期利息因超出利息上限不应支持。对于2021年1月1日取消上限之后产生的信用卡分期利息则应当以双方协议约定的

---

① 中国人民银行于2016年4月15日发布《中国人民银行关于信用卡业务有关事项的通知》第一条规定：“对信用卡透支利率实行上限和下限管理，透支利率上限为日利率万分之五……”

② 中国人民银行于2020年12月31日发布《中国人民银行关于推进信用卡透支利率市场化改革的通知》规定：“……为深入推进利率市场化改革，中国人民银行决定，自2021年1月1日起，信用卡透支利率由发卡机构与持卡人自主协商确定，取消信用卡透支利率上限和下限管理……”

标准进行审查为宜。但是仍应以年利率 24%的标准作为上限，对收取的透支利息、分期利息及违约金等费用的合理性进行审查认定①。

编写人：广东省佛山市顺德区人民法院　王成春

6

借款人以银行未对勾选的借款利率条款、罚息和复利条款进行提示说明为由，主张以上条款不成为合同内容的，依法不予支持

——黄某某诉某银行金融借款合同案

【案件基本信息】

1. 裁判书字号

成渝金融法院（2023）渝 87 民终 6271 号民事判决书

2. 案由：金融借款合同纠纷

3. 当事人

原告（上诉人）：黄某某

被告（被上诉人）：某银行

第三人：某实业公司、陈某某、张某某、某贸易公司

---

① 《最高人民法院印发〈关于进一步加强金融审判工作的若干意见〉的通知》规定："严格依法规制高利贷，有效降低实体经济的融资成本。金融借款合同的借款人以贷款人同时主张的利息、复利、罚息、违约金和其他费用过高，显著背离实际损失为由，请求对总计超过年利率24%的部分予以调减的，应予支持，以有效降低实体经济的融资成本。规范和引导民间融资秩序，依法否定民间借贷纠纷案件中预扣本金或者利息、变相高息等规避民间借贷利率司法保护上限的合同条款效力。"

【基本案情】

2015 年 6 月 10 日，某银行（贷款人）与黄某某（借款人）签订《个人经营贷款借款合同》，约定借款金额 1500 万元，借款期限为 2015 年 6 月 19 日至 2025 年 6 月 18 日。该合同第四条共载明四种借款利率，勾选确定的借款利率采用如下执行标准：借款利率按法定基准利率（上浮☑/下浮/相等）50%执行，即借款年利率为 8.475%，借款期限一年以内（含一年）的，按合同利率执行，借款期限一年以上的，遇法定基准利率调整，于次年 1 月 1 日按本合同约定的浮动标准执行新的利率，贷款人不再另行通知借款人。合同第十一条载明：如借款人未按约定期限还款且未就展期事宜与贷款人达成协议，贷款人有权就贷款逾期部分从逾期之日起按照贷款逾期罚息利率计收罚息，直至借款人完全清偿本息为止。逾期是指：（1）到期一次性还本付息的，到期未偿还的；（2）分期按计划还款的，一次到期未偿还的。贷款逾期罚息利率为本合同约定借款利率的 150%。如借款人未按期足额付息，贷款人有权就到期未付利息部分按照与贷款本金相同的罚息利率计收复利。计收罚息和复利，遇本合同约定的借款利率调整，自调整之日起分段计算罚息和复利。借款人偿还违约本息的顺序为先偿还最先违约期数的本息，再按顺序依次偿还。合同第二十七条载明特别提示，借款人已经与贷款人就本合同中的所有条款进行了充分的协商；贷款人已提请借款人特别注意有关双方权利义务的全部条款，借款人对其有全面、准确的理解；贷款人已经应借款人的要求对上述条款做出相应的说明；签约各方对本合同条款的理解完全一致。黄某某在借款人处签字捺印。合同另就借款用途、还款方式等事项进行约定。签订合同后，某银行按约发放了贷款。黄某某如期偿还借款本息至 2020 年 5 月 20 日，之后再未履行还款义务。其后，黄某某认为借款合同中的借款利率条款、罚息和复利条款系格式条款，以某银行未履行提示说明义务为由向法院起诉，主张借款合同的第四条、第十一条不成为合同内容。

【案件焦点】

《个人经营贷款借款合同》的第四条、第十一条是否可以不成为合同的内容。

【法院裁判要旨】

重庆自由贸易试验区人民法院经审理认为：依据《最高人民法院关于适用〈中华人民共和国民法典〉时间效力的若干规定》第九条的规定，认定《个人经营贷款借款合同》第四条、第十一条是否可以不成为合同内容应当适用《中华人民共和国民法典》第四百九十六条的规定。

《中华人民共和国民法典》第四百九十六条规定："格式条款是当事人为了重复使用而预先拟定，并在订立合同时未与对方协商的条款。采用格式条款订立合同的，提供格式条款的一方应当遵循公平原则确定当事人之间的权利和义务，并采取合理的方式提示对方注意免除或者减轻其责任等与对方有重大利害关系的条款，按照对方的要求，对该条款予以说明。提供格式条款的一方未履行提示或者说明义务，致使对方没有注意或者理解与其有重大利害关系的条款的，对方可以主张该条款不成为合同的内容。"

本案中，案涉借款合同第四条的借款利率共有 4 项执行标准，各项标准均有留白供合同当事人手写勾选，某银行、黄某某执行的借款利率标准为按法定基准利率（上浮☑/下浮/相等）50%。该条款显然并非未经当事人协商，黄某某主张第四条为格式条款的理由不能成立。《中华人民共和国民法典》第四百九十六条规定应当提示和说明的条款是"免除或者减轻提供格式条款一方责任等与对方有重大利害关系的条款"，而案涉借款合同第十一条有关罚息利率、复利等的约定属于违约条款，并未违反中国人民银行关于金融机构利率的规定，仅在合同当事人存在违反借款合同约定的行为时才会产生罚息、复利，故该约定不属于免除或者减轻某银行责任的条款，也并未加重借款人责任、排除借款人权利。故黄某某主张案涉借款合同第十一条不成为合同内容，缺乏依据。

重庆自由贸易试验区人民法院判决如下：

驳回黄某某的诉讼请求。

黄某某不服一审判决，提起上诉。成渝金融法院经审理认为：同意一审法院裁判意见，依照《中华人民共和国民事诉讼法》第一百七十七条第一款第一项规定，判决如下：

驳回上诉，维持原判。

【法官后语】

格式条款一般由居于垄断地位的一方预先拟定，格式合同条款的对方当事人处于从属地位。格式条款具有便捷、易行、高效的优点，缺点是双方当事人的经济地位不平等致使无协商余地。本案即涉及金融借款合同中的借款利率条款、罚息和复利条款是否属于格式条款以及可否不成为合同内容的问题。该案件的裁判规则可以为该类条款是否不成为合同内容提供认定思路。

依照民法典第四百九十六条的规定，当事人主张合同条款不成为合同内容的，应当考虑以下情况：

一、合同条款是否系格式条款

民法典第四百九十六条第一款规定："格式条款是当事人为了重复使用而预先拟定，并在订立合同时未与对方协商的条款。"据此，是否构成格式条款应当考虑两项条件：(1) 合同条款系当事人为了重复使用而预先拟定；(2) 订立合同时未与对方协商。在法律条文的语义表述上，两个条件之间的连接词为"并"。因此，合同条款应当同时满足前述两个条件，才属于格式条款。

二、格式条款的内容是否公平，是否履行提示、说明义务

民法典第四百九十六条第二款规定："采用格式条款订立合同的，提供格式条款的一方应当遵循公平原则确定当事人之间的权利和义务，并采取合理的方式提示对方注意免除或者减轻其责任等与对方有重大利害关系的条款，按照对方的要求，对该条款予以说明……"据此，在合同条款构成格式条款的前提下，格式条款提供方应当遵循公平原则确定双方的权利义务。若格式条款免除或者减轻格式条款提供方的责任或者与对方有重大利害关系，格式条款提供方应当采取合理的方式提示对方注意，并按照对方要求予以说明。

三、对方是否注意或者理解与其有重大利害关系的条款

民法典第四百九十六条第二款规定："……提供格式条款的一方未履行提示或者说明义务，致使对方没有注意或者理解与其有重大利害关系的条款的，对方可以主张该条款不成为合同的内容。"据此，合同相对方主张格式条款不成为合同内容的，应当同时满足三项条件：(1) 格式条款提供方未履行提示或者说明义务；(2) 对方没有注意或者理解与其有重大利害关系的条款；(3)"未履行提示或者说明义务"与"对方没有注意或者理解"存在因果关系。

民法典第四百九十六条是立法机关在市场交易的公平性和便捷性之间进行价值考量而缔造的法律条款。通过对该条的规定进行文义解释、体系解释，可以发现认定格式条款不成为合同内容的多项前提条件在逻辑上存在并列、递进、因果关系。司法机关应当严格依照该条的规定审查前提条件是否成就，各项前提条件之间是否存在前述关系，判断格式条款不成为合同内容的主张能否成立，在鼓励交易原则和公平原则之间进行价值评判。

编写人：重庆两江新区人民法院（重庆自由贸易试验区人民法院） 李亚飞 何佳杰

7

金融机构已取得按揭房屋抵押权的情况下开发商的阶段性担保责任应当免除

——某银行新会支行诉某房地产公司等金融借款合同案

【案件基本信息】

1. 裁判书字号

广东省江门市中级人民法院（2023）粤07民终237号民事判决书

2. 案由：金融借款合同纠纷

3. 当事人

原告（上诉人）：某银行新会支行

被告（被上诉人）：某房地产公司

被告：张某某、李某某

【基本案情】

2018年11月6日，某银行新会支行与张某某、李某某夫妇签订《个人购房借款/担保合同》，约定某银行新会支行向被告张某某、李某某发放个人一手住房购置消费贷款710000元，用于购买某房屋。张某某、李某某同意以其在本合同项下的全部债务提供最高额抵押担保。双方签订上述合同后，某银行新会支行依约发放了710000元贷款，双方亦于2018年12月19日就涉案房屋办理预售商品房买卖预告登记、抵押预告登记。自2021年4月起，张某某、李某某出现逾期还款情况，截至2021年11月10日，连续7期并累计8期未按约定足额还本付息。

某房地产公司系案涉房屋的开发商。2018年7月10日，某房地产公司与某银行新会支行签订《按揭贷款业务合作协议》，约定在借款人办妥正式抵押登记手续（不含预告抵押登记），并将《房屋他项权证》（或《不动产登记证明》）交某银行新会支行收押之前，某房地产公司同意为借款人（购房人）提供阶段性连带责任保证担保，担保范围包括贷款本金、利息、复利、罚金和为实现债权而产生的费用。

另查明，2019年9月26日，某房地产公司取得了涉案房屋的《商品房权属登记证明书》，但直至本案法庭辩论结束之日仍未过户至张某某、李某某名下。

【案件焦点】

1. 某银行新会支行对案涉房屋是否享有优先受偿权；2. 某房地产公司的阶段性担保责任是否应免除。

【法院裁判要旨】

广东省江门市新会区人民法院经审理认为：第一，关于张某某、李某某应偿本息的问题。张某某、李某某借款后未按约定还款付息，其行为已构成违约，理应承担违约责任。某银行新会支行宣布所有已贷出的贷款立即到期，并要求被告张某某提前偿还尚欠本金、相应利息（含罚息）及复利，符合双方的约定，法院予以支持。经核，截至2021年11月10日，张某某、李某某尚欠贷款本金688894.6元以及利息（含罚息复利）23464.2元。第二，关于某银行新会支行是否对案涉房屋享有优先受偿权的问题。《最高人民法院关于适用〈中华人民共和国民法典〉有关担保制度的解释》第五十二条第一款规定："当事人办理抵押预告登记后，预告登记权利人请求就抵押财产优先受偿，经审查存在尚未办理建筑物所有权首次登记、预告登记的财产与办理建筑物所有权首次登记时的财产不一致、抵押预告登记已经失效等情形，导致不具备办理抵押登记条件的，人民法院不予支持；经审查已经办理建筑物所有权首次登记，且不存在预告登记失效等情形的，人民法院应予支持，并应当认定抵押权自预告登记之日起设立。"涉案房产已经办理建筑物所有权首次登记，且不存在预告登记失效等情形，据此，在该房产已办理抵押预告登记的情况下，应当认定抵押权自预告登记之日即2018年12月19日起设立。某银行新会支行主张对案涉房产拍卖、变卖所得价款享有优先受偿权的理据充分，法院予以支持。第三，关于某房地产公司的阶段性保证责任问题。本案中，某银行新会支行与某房地产公司在涉案《按揭贷款业务合作协议》约定，在借款人办妥正式抵押登记手续，并将《房屋他项权证》交某银行新会支行收押之前，某房地产公司同意为借款人（购房人）提供阶段性连带责任保证担保。双方约定某房地产公司承担阶段性连带保证责任的目的在于排除因抵押权未能设立而带来的借贷风险，在法院认定某银行新会支行对涉案房产抵押权已于2018年12月19日设立的情况，某银行新会支行与某房地产公司订立上述合同的目的已实现，相应的某房地产公司对涉案债务的保证期间应提前届满，故某银行新会支行诉请被告某房地产公司承担连带责任的理据不足，法院不予支持。

广东省江门市新会区人民法院判决如下：张某某、李某某应向某银行新会支行偿还本金688894.6元以及相应利息，某银行新会支行对张某某、李某某名下房屋折价抵债或拍卖、变卖所得款项享有优先受偿权，驳回某银行新会支行的其他诉讼请求。

某银行新会支行不服一审判决，提出上诉。广东省江门市中级人民法院经审理认为：同意一审法院裁判意见。判决如下：

驳回上诉，维持原判。

【法官后语】

所谓阶段性担保，通常是指借款人以其所购房屋办理抵押贷款时，在办理《房屋所有权证》及《国有土地使用证》之前，由开发商等为贷款担保，担保的期限自银行放款之日起至抵押登记办理完毕，银行执管《房地产其他权利证明》之日止。设立阶段性担保的目的在于保护金融机构的抵押权以及保障购房者的合法权益。在民法典实施之前，预告抵押登记仅具有对抗第三人的效力，无法直接产生抵押权效力，抵押权登记条件成就时，金融机构享有办理正式抵押登记的请求权。民法典施行后，《最高人民法院关于适用〈中华人民共和国民法典〉有关担保制度的解释》第五十二条第一款明确规定，当事人办理抵押预告登记后，预告登记权利人请求就抵押财产优先受偿……经审查已经办理建筑物所有权首次登记，且不存在预告登记失效等情形的，人民法院应予支持，并应当认定抵押权自预告登记之日起设立。可见，民法典框架下，当满足法律规定的条件时，抵押权可自预告抵押登记之日起设立。本案中，开发商已为案涉商品房办理建筑物所有权首次登记，在购房人（借款人）怠于办理预告抵押登记的情况下，预告抵押登记仍处于有效状态，案涉房屋抵押权自预告登记之日起成立。在此情况下，房地产开发商的阶段性担保责任应予以免除，具体理由如下：

1. 从阶段性担保之合同目的来看，设立阶段性担保的主要目的在于约束房地产开发商如约竣工验收交付预售房屋，促使预售商品房屋及时满足办理正式抵押权的条件，进而保障金融机构的债权。本案中，在案涉预售商品房已办理建筑物所有权首次登记的情况下，抵押权在预告抵押登记之时即已设立，金融机构的债权已因此获得受偿保障，故阶段性担保合同之目的已实现，相应地，房地产开发商对涉案债务的保证担保期间应提前届满。

2. 从阶段性担保的特点来看，房地产开发商的担保具有明显的阶段性，该阶段性担保与抵押权并非并存关系，而是先后承接关系。在阶段性担保中，金融机构作为预告抵押登记的权利人，其有义务协助和督促购房人（借款人）及时办理正式抵押登记，如果在购房人怠于履行抵押登记义务的情况下仍认定房地产开发商承担保证责任，相当于无限期延长房地产开发商的担保期间，如此无疑显失公平。

3. 从阶段性担保的民事法律行为属性来看，阶段性担保属于附解除条件的民事法律行为，在金融机构取得正式抵押权的情况下，房地产开发商的阶段性担保责任即完成。在可以办理正式抵押权登记的情况下，金融机构或购房者（借款人）怠于履行办理的，客观上阻却了免除开发商保证责任条件的成就，应视为解除条件成就，开发商的阶段性保证担保责任应予以免除。

编写人：广东省江门市新会区人民法院　冯万常　张碧媛

8

金融机构善意取得抵押权中“善意”的认定规则

——某银行诉杨某金融借款合同案

【案件基本信息】

1. 裁判书字号

北京金融法院（2023）京 74 民终 798 号民事判决书

2. 案由：金融借款合同纠纷

3. 当事人

原告（上诉人）：某银行

被告（被上诉人）：杨某

【基本案情】

2015年5月8日，某银行与杨某签订了《个人住房（商业用房）借款合同》（以下简称《借款合同》），杨某向某银行借款购买涉案房屋，借款金额为189万元，借款期限为360个月，贷款利率为年利率，执行浮动利率，即在基准利率水平上下调10%；借款逾期的，罚息利率为在《借款合同》执行贷款利率的水平上上浮50%。还款方法为等额本息还款，担保方式为抵押。2015年5月27日，杨某将上述房屋办理了抵押登记，抵押权人为某银行。2021年11月1日，北京市朝阳区人民法院作出（2020）京0105刑初674号刑事判决书，杨某等人以办理房屋抵押贷款为名，诱使被害人李某某签订短期借款合同，向其隐瞒办理售房委托公证的法律后果，对售房委托书进行公证之后，在被害人李某某不知情的情况下，将其房屋私自过户到杨某的个人名下或者再转卖他人，被害人李某某并不具有出售房屋的真实意愿，判决查封杨某名下涉案房屋，发还给被害人李某某。该判决现已生效。上述合同签订后，原告于2015年6月1日依照《借款合同》的约定发放了借款189万元，履行了合同约定的义务。但杨某未按照约定履行还款付息义务，已构成违约。根据《借款合同》约定，原告有权宣布贷款立即到期，要求借款人立即清偿借款本息及相关费用。故原告诉至法院，请求判令：1. 判令杨某清偿原告截至2022年5月31日的借款本金1666461.7元、利息41109.03元、罚息1054.34元，合计1708625.07元，并支付自2022年6月1日起至全部清偿本息之日止的相应罚息（按照《个人住房（商业住房）借款合同》约定的标准计算）；2. 判令某银行对杨某提供的抵押物折价或以拍卖变卖后的价款享有优先受偿权；3. 本案诉讼费由被告承担。

【案件焦点】

某银行是否善意取得涉案房屋的抵押权。

【法院裁判要旨】

北京市丰台区人民法院经审理认为：某银行与杨某所签的《借款合同》是双方当事人真实意思表示，内容不违反国家法律、行政法规的强制性规定，合同有效。各方当事人均应当按照约定履行各自的合同义务。某银行依约发放了贷款，杨某应按合同约定的期限履行还款义务。杨某向某银行贷款购房后，至今已多次逾期未按合同约定向某银行偿还贷款本金及利息，致使某银行与杨某所签借款合同目的不能实现，已构成违约。某银行要求杨某偿还所有剩余借款本金、利息、罚息的诉讼请求，符合法律规定，本院予以支持。

关于某银行是否善意取得涉案房屋的抵押权。李某某作为被害人，将涉案房屋过户到杨某名下并非其真实意愿，现北京市朝阳区人民法院已判决将涉案房屋发还给李某某，故涉案房屋的登记状态与实际状态并不相符。《中华人民共和国商业银行法》第三十六条第一款规定，商业银行应当对保证人的偿还能力，抵押物、质物的权属和价值以及实现抵押权、质权的可行性进行严格审查。某银行作为专门从事借贷业务的商事主体，在出借款项、办理抵押之前没有至案涉房屋内进行查勘，对涉案房屋的权属、现状以及实现抵押权的可能性未进行严格审查，存在重大过失，不符合法律规定的善意取得的要件，无法被认定为善意第三人，不能依法取得案涉房屋的抵押权。故对于某银行要求对涉案房屋行使抵押权的诉讼请求，本院不予支持。

北京市丰台区人民法院依照《最高人民法院关于适用〈中华人民共和国民法典〉时间效力的若干规定》第一条第二款，《中华人民共和国合同法》第二百零五条、第二百零六条、第二百零七条，《中华人民共和国物权法》第一百零六条之规定，判决如下：

一、杨某于本判决生效之日起十日内偿还某银行借款本金 1666461.7 元，截至 2022 年 5 月 31 日的利息 41109.03 元、罚息 1054.34 元，并支付自 2022 年 6 月 1 日起至全部本息清偿之日止的相应罚息（按照《个人住房（商业用房）借款合同》约定的标准计算）；

二、驳回某银行的其他诉讼请求。

某银行不服一审判决，提起上诉。北京金融法院经审理认为：某银行在二审期间提交的《存量房屋买卖合同》，较正常的房屋交易合同存在诸多可疑之处，某银行作为专业金融机构在贷款审查、风控环节未尽到充分注意义务，因此其未充分履行《中华人民共和国商业银行法》中规定的商业银行贷款的严格审查义务。据此，某银行不符合《中华人民共和国物权法》第一百零六条规定的善意取得的条件，存在重大过失，不能依法取得涉案房屋的抵押权，因而也不享有将涉案房屋折价或者拍卖、变卖后的价款的优先受偿权。因此，某银行提出的要求依法改判其对杨某提供的抵押物折价或者拍卖、变卖后的价款享有优先受偿权的上诉请求不能成立，本院不予支持。依照《个人贷款管理暂行办法》第十六条第一款，贷款人在不损害借款人合法权益和风险可控的前提下，可将贷款调查中的部分特定事项审慎委托第三方代为办理，但必须明确第三方的资质条件。某银行委托北京某房地产评估有限责任公司对涉案房产进行现场评估，符合《个人贷款管理暂行办法》的规定。一审法院据此认定某银行存在重大过失，不符合法律规定的善意取得的要件，无法被认定为善意第三人，不能依法取得案涉房屋的抵押权，存在瑕疵。但是，该瑕疵并不影响某银行不构成善意取得，不能依法取得涉案房屋抵押权的结果。

北京金融法院依照《中华人民共和国民事诉讼法》第一百七十条第一款第一项规定，判决如下：

驳回上诉，维持原判。

【法官后语】

在金融领域中，抵押贷款是最为常见的融资方式，不动产房屋往往作为最常见的抵押物在融资中广泛使用。我国民法典第三百一十一条规定了善意取得制度，该制度的适用前提和构成要件主要包括处分行为为无权处分、已支付合理对价、完成公示和受让人主观善意，相对于前三个构成要件，司法实践中，对于金融机构善意取得抵押权时主观上是否“善意”的认定标准存在争议。本文尝试从本案的争议焦点出发探究金融机构善意取得不动产抵押权时“善意”认定的边界。

一、金融机构“善意”的认定

《最高人民法院关于适用〈中华人民共和国民法典〉物权编的解释（一）》第十四条明确了受让人善意的认定标准为受让人不知且非因重大过失而不知转让人无权处分，以及对于善意的认定采取推定方式，即先推定受让人为善意，再由真实权利人就受让人非善意进行举证证明，若真实权利人无法证明，则认定受让人为善意，同时第十六条和第十七条规定了如何认定重大过失。笔者认为，对于一般人而言，只要受让人在受让时通过房屋登记情况和占有状况的外观进行判断后未能知道转让人无处分权，其即可构成善意而不必过分进行苛责。但金融机构作为专业机构则不同，实务中一般赋予金融机构在尽职调查过程中更高的注意义务，而法律规定的不明确导致法院在金融机构抵押权取得过程中的善意认定存在较大争议和分歧。根据上述司法解释规定的精神，要求抵押人在办理抵押登记过程中对抵押物实际权属不得有故意或者重大过失情节，即不存在知道或应当知道抵押物已存在真实权利人，否则不构成善意。因此，在认定善意的过程中，笔者认为应结合主客观标准综合认定：

（一）客观标准：金融机构不明知抵押人无处分权

该标准为消极事实，抵押权人即金融机构无须也无法举证证明。根据《最高人民法院关于适用〈中华人民共和国民法典〉物权编的解释（一）》第十五条规定的五种情形即属于受让人明知转让人无处分权的情形，真实权利人可通过举证证明以下两类事实来证明抵押权人知道抵押人无处分权，反推抵押权人并非善意。

1. 不动产登记簿上载有对不动产无权处分的限制事项

不动产登记簿具有公示及权利推定效力，那么其上记载的内容就应推定为抵押权人知晓的内容。

2. 抵押权人知道抵押人无处分权

真实权利人既可以举证证明抵押权人对于登记簿上记载的权利主体错误是知晓的，比如抵押权人事先知晓登记权利人和真实权利人之间的关系，或是知晓存在登记错误，也可以举证证明抵押权人事先知道他人已经依法取得不动产物权，如因法院、仲裁机构的法律文书等方式取得物权的情形。

（二）主观标准：金融机构对不知道抵押人无处分权无重大过失

1.“无重大过失”的认定

该项认定要结合交易主体、背景和过程等事实作分析。受让人不应当知道转让人非为权利人且无重大过失，此所谓应当知道转让人无处分权，该知之与否，非绝对之真事实，乃为最可能之盖然性，受让人有悖于诚信原则时不得推诿不知，受让人依交易经验可得转让人无让与权之结论时应认定恶意。[①] 笔者认为，一般理性人在通常情况下尽到注意义务即可得知抵押人无处分权，而抵押权人却因消极注意而不知晓，即可认定抵押人存在重大过失。银行作为从事金融贷款业务并以房屋抵押为常规担保手段的金融机构，对于接收房屋作为抵押物可能存在的风险具有不同于一般社会公众的预见性和经验，具备高于一般社会公众的甄别能力，因此应被赋予更高的注意义务。

2. 金融机构应负有更高的“注意义务”

银行作为专业的金融机构，负有“贷款三查”（贷前调查、贷时审查、贷后检查）义务，且应遵循《中华人民共和国银行业监督管理法》《中华人民共和国商业银行法》《贷款通则》《个人贷款管理办法》《商业银行房地产贷款风险管理指引》等的规定，银行发放抵押贷款，须经贷款调查、抵押物评估、贷款审批、合同签订、贷款发放、贷后检查等流程，因此银行对于抵押物的权属情况负有更高的注意义务。实务中，银行常见的可能存在重大过失的情形为：向关系人发放贷款；未严格审查借款人的负债情况；未审查转让人取得房产价格的公允性；未审查房产交易完成后短期内申请贷款的合理性；未实地调查抵押物的使用情况；经营用途贷款违规流入房地产领域；等等。

二、本案金融机构是否构成“善意第三人”的判断

从客观标准来说，行为人杨某在没有购买涉案房屋真实意愿的情况下，应朋友的要求配合办理房屋买卖、购房贷款等手续以套取银行贷款，虽然涉案房屋权属登记系在杨某名下，同时涉案房屋真实权利人客观上并无举证证明某银

---

① 史尚宽：《物权法论》，中国政法大学出版社2000年版，第564页。

行知道杨某无处分权的能力，但某银行作为专业的金融机构，在开展不动产抵押贷款业务的过程中，审查抵押人对抵押物是否享有合法、完整的处分权，既是其防范风险的必备措施，也是其应尽的审查义务。因此，按照商业银行法第三十六条规定，某银行仍应负有对涉案房屋的权属、价值以及实现抵押权的可能性进行尽职审查的义务。

从主观标准来说，某银行虽然在一、二审过程中抗辩称对涉案房产登记在杨某名下之前发生的情况不知情且无从发现，基于不动产公示原则相信杨某系有权处分人，对涉案房屋办理了抵押登记，我们能够理解，某银行为保证交易效率，对办理抵押登记手续的相关证明文件进行了形式审查，在房屋实地查勘方面也委托相关评估公司进行了实地评估，核查了涉案房产现状。但某银行在二审过程中提交的《存量房屋买卖合同》属于自行成交版本，其中关于房屋交易的重要条款约定过于简单，某银行也并未提交其他有效证据证明其在涉案贷款审查和风控环节尽到了充分的注意义务，因此应认定存在重大过失。值得注意的是，本案一、二审关于金融机构对涉案房屋是否进行实地查勘进而认定其是否存在重大过失有不同见解。笔者认为，在房屋过户至杨某名下后，被害人李某某一直在涉案房屋居住的事实已被法院认定，那么无论某银行委托的评估机构是否真实全面地向其反映涉案房屋的实际状态，某银行都应对此承担更高的审慎注意义务，具有勘验核实抵押物权属状况的便利和优势地位，理应尽到比一般人更高的注意义务，否则难言善意，一审法院据此直接认定某银行存在重大过失，笔者认为并无不妥，当然二审法院根据某银行提交的合同版本进一步细致审查出其在交易过程中的重大过失行为，不影响某银行不构成善意取得，不能依法取得涉案房屋抵押权的后果。笔者认为，未来金融机构需采取更加审慎严谨的尽职调查措施，确保抵押权取得完整、有效。

三、金融机构“善意”判断标准的完善

善意作为一种主观要件通常较难判断，因此司法实践中导致留存较大的自由裁量权。根据目前裁判文书中关于金融机构善意取得不动产抵押权时主观“善意”的认定主要存在形式审查义务和实质审查义务两种观点，判决结果也截然不同。该两种观点的不同之处在于金融机构在审查抵押登记外观时，是应满足于一般注意义务即可，还是应被赋予更高的审慎注意义务，两种观点的分歧在于所保护的法益不同，第一种观点形式审查义务侧重于商事外观注意，保障市场交易秩序稳定和交易安全；第二种观点在前述法益的基础上，更侧重保护真实权利人的合法权益。本案中，一、二审法院均采纳了第二种观点。

目前世界各国对善意的判断标准各不相同，主要分三种：第一种为美国标准，善意不仅要求不知情，还应包括对商业上合理的公平交易标准的遵守；第二种为德国标准，不仅要求受让人处于不知情状态，还要求其在交易过程中没有出现重大过失；第三种为日本标准，虽然未提及受让人是否应当知情，但是要求其必须无过失才成立善意。[①] 笔者认为，对善意边界的划分应当结合美、德标准，提高对善意标准的认定，充分有效保障真实权利人的合法权利。未来，我国在立法上仍需对善意取得制度的适用范围、判断标准继续完善，以适应时代进步和变迁。

编写人：北京市丰台区人民法院　付晨晨　曹蕾

9

金融借款中配偶方“共债共签”意思表示的认定

——甲银行股份有限公司诉炊某甲等金融借款合同案

【案件基本信息】

1. 裁判书字号

河南省宜阳县人民法院（2023）豫0327民初4331号民事判决书

---

① 李桡、吕红蕾：《善意取得制度研究——以〈民法典〉为契机的思考》，载《法制博览》2022年第30期。

2. 案由：金融借款合同纠纷

3. 当事人

原告：甲银行股份有限公司

被告：炊某甲、茹某某、炊某乙、刘某某、魏某某

【基本案情】

2020年8月1日，炊某甲与甲银行股份有限公司签订《最高额个人借款合同》约定：炊某甲向甲银行股份有限公司借款1800000元，借款期限24个月，至2022年8月1日；借款期间月利率9.5‰，按月结息，不定期还本；逾期利率在原利息基础上加收50%，茹某某在借款合同上签字确认其愿意与借款人共同承担还款责任。同日，炊某乙、刘某某、魏某某与甲银行股份有限公司签订《最高额保证合同》约定：自愿对炊某甲的上述债务承担连带保证责任，保证范围包括主债权本金、利息、罚息、复利、手续费、违约金、损害赔偿金以及为实现债权而产生的全部费用和损失等全部债权；保证期限为主债务履行期届满之日起三年。合同签订后，甲银行股份有限公司按照合同约定将借款本金1800000元支付至炊某甲指定账户。炊某甲曾偿还部分利息，但在借款期间未按照合同约定的时间足额支付利息，借款期满后也未清偿借款本息，经多次催要未果，甲银行股份有限公司提起本案诉讼。截至2022年9月26日，炊某甲尚欠甲银行股份有限公司借款本金1800000元，利息439708.67元。

【案件焦点】

炊某甲以个人名义向银行借款，茹某某作为配偶在借款合同的借款人配偶签名栏签字，明确表达愿意承担共同还款责任，是否构成共同借款的意思表示。

【法院裁判要旨】

河南省宜阳县人民法院经审理认为：原告甲银行股份有限公司与被告炊某甲、茹某某签订的《最高额个人借款合同》，与被告炊某乙、刘某某、魏某某签订的《最高额保证合同》均系合同各方当事人的真实意思表示，合法有效，

合同各方当事人均应按照合同约定全面履行合同义务。茹某某虽然未在借款合同中作为借款人签字，但其在借款合同签字栏中明确表达愿意承担共同还款责任并签字，应当认定其身份为共同借款人。被告炊某乙、刘某某、魏某某同原告甲银行股份有限公司签订《最高额保证合同》，保证责任为连带保证责任，保证期间为主债务履行期届满之日起三年，故原告甲银行股份有限公司要求被告炊某乙、刘某某、魏某某承担连带保证责任的诉讼请求于法有据，本院予以支持。

河南省宜阳县人民法院依照《中华人民共和国民法典》第六百七十四条、第六百七十五条、第六百七十六条、第六百八十八条、第七百条，《中华人民共和国民事诉讼法》第四十条第二款、第一百四十七条之规定，作出判决如下：

一、限被告炊某甲、茹某某于本判决生效之日起二十日内偿还原告甲银行股份有限公司借款本金 1800000 元及利息 439708.67 元；2022 年 9 月 27 日至付清之日的利息以未偿还本金为基数按年利率 17.1%标准计算；

二、被告炊某乙、刘某某、魏某某对上述债务承担连带清偿责任。被告炊某乙、刘某某、魏某某承担连带保证责任偿还后，有权就偿还部分向被告炊某甲、茹某某追偿。

判决后，双方当事人均未上诉，本判决现已生效。

【法官后语】

在金融借款合同中，配偶方作为共同借款人加入债务应当符合“共债共签”规则，其在借款合同中的意思表示应当明确具体，如果配偶方在借款合同中仅表示“了解”或是“同意”债务人的负债，均不足以构成自愿共同负担债务的意思。只有配偶方在借款合同共同借款人处签字或明确表示愿意承担共同还款责任的，其法律地位才宜被认定为共同借款人。

一、“共债共签”意思表示应当明确具体

所谓“共债共签”规则，是指夫妻双方共同签字或事后追认，才能构成对于第三人债务承担的确认，该规则是民事法律行为意思自治原则的体现，强调了在夫妻债务负担规则中意思表示的根本性。这一共同举债意思表示规则最早见于《最高人民法院关于审理涉及夫妻债务纠纷案件适用法律有关问题的解释》(现已失效),该规则来源于意思自治的民法法理,即未经民事主体同意不得为其设立法律上的负担或处分其权利,该规则现已被民法典第一千零六十四条所吸收。该条第一款规定,“夫妻双方共同签名或者夫妻一方事后追认等共同意思表示所负的债务”属于夫妻共同债务。夫妻共同债务问题,事关夫妻双方特别是未举债一方和债权人合法权益的保护,事关婚姻家庭稳定和市场交易安全的维护,因夫妻共同债务的最终责任形式为连带责任,直接影响到配偶的财产利益,故只有借款人配偶在借款合同中共同借款的意思表示必须明确、清晰,才能够根据其承诺的内容认定其在借款合同中的法律地位。

二、“知悉、同意借款事实”不符合“共债共签”的意思表示规则

“共债共签”的意思表示规则体现了对人的基本尊重,即从“夫妻捆绑主义”到夫妻各自平等独立但协作的个人主义,婚姻中个体的意志与人格应获得尊重。实践中经常存在债务人使用配偶名下的账户收付款项的情形,夫妻之间人身关系的特殊性及财产关系的混同性,使夫妻双方易于获得彼此的账户信息,因此,根据“共债共签”规则,除明确表示愿意承担共同还款责任外,在借款合同中“对转账之事知悉或同意”等不明确的意思表示不应认定配偶具备举债的合意。只有在借款合同中明确表示愿意承担共同还款责任,配偶方的法律地位才宜被认定为共同借款人。

本案中,炊某甲以个人名义向银行借款,茹某某作为配偶在借款合同的借款人配偶签名栏签字,明确表示愿意承担共同还款责任,茹某某在借款合同中的法律地位应被认定为共同借款人,共同承担还款责任。

编写人:河南省宜阳县人民法院　姚硕辉

二、银行卡纠纷

10

持卡人服刑期间其亲属的用卡行为不属于盗刷行为

——吴某某诉某银行信用卡中心等信用卡案

【案件基本信息】

1. 裁判书字号

福建省厦门市思明区人民法院（2023）闽0203民初16717号民事判决书

2. 案由：信用卡纠纷

3. 当事人

原告：吴某某

被告：某银行信用卡中心、某银行信用卡中心厦门分中心、某银行厦门分行

【基本案情】

2013年8月22日，某银行信用卡中心向吴某某发放了尾号为7646的信用卡。该信用卡管理系统显示“是否需要消费密码：是”“是否设置交易密码：是”。《领用合约》约定：“持卡人应亲自妥善保管及谨慎使用信用卡卡片及密码，不得出借或允许他人使用、保管。”

2021年9月13日，南京市看守所作出《刑满释放证明书》，载明：“兹有

吴某某……因犯帮助信息网络犯罪活动罪于2021年6月17日被江苏省南京市高淳区人民法院判处有期徒刑一年二个月……（2020年7月14日至2021年9月13日）……现因执行期满，予以释放。特此证明。”

2021年3月至10月，案涉信用卡账号存在多笔逾期还款记录被个人征信报告采集。

吴某某曾于2021年10月2日拨打银行客服电话，通话过程中吴某某提到：“我有一张信用卡，是白金卡……但是我去年7月的时候就已经被逮捕了……我现在刚释放……后面出来查询到我的信用卡透支了9万多元……其间是我家人使用了……”“但是我亲戚和律师就是说代给他们保管，就给他们保管了，但是也是我在不知情的情况下我的信用卡被我弟弟刷了。”

某银行信用卡中心提交的银行流水显示，案涉信用卡在2021年3月3日至5月1日频繁存在“他行ATM取现”操作；2021年4月14日，尾号9078的账号“自助”转入案涉信用卡10200元。

吴某某称其曾就案涉信用卡报警，但经法庭询问吴某某明确表示其无法提供报警记录等证据。吴某某刑满释放后已将案涉信用卡欠款全部结清。

吴某某主张其在服刑期间客观上无法使用案涉信用卡，既无消费行为，亦无逾期还款行为，在此期间的信用卡逾期还款行为属于信用卡被盗刷的情形，由此导致的后果不应由其承担，据此诉请判令某银行厦门分行、某银行信用卡中心及其厦门分中心消除吴某某在2021年期间的不良征信记录。

某银行信用卡中心及其厦门分中心辩称，案涉信用卡并不存在技术手段的盗刷情形，系持卡人家属使用密码的正常刷卡消费行为，其按照相关法律规定上报征信记录并无不当；某银行厦门分行则辩称其与某银行信用卡中心系互相独立的法人，吴某某诉请要求其消除不良征信记录缺乏事实和法律依据。

【案件焦点】

吴某某服刑期间，其信用卡被亲属所使用的行为是否属于信用卡盗刷行为，某银行信用卡中心是否应当为持卡人消除不良征信记录。

【法院裁判要旨】

福建省厦门市思明区人民法院经审理认为：本案的争议焦点在于案涉不良征信记录是否应当予以消除的问题。《最高人民法院关于审理银行卡民事纠纷案件若干问题的规定》第十四条规定："持卡人依据其对伪卡盗刷交易或者网络盗刷交易不承担或者不完全承担责任的事实，请求发卡行及时撤销相应不良征信记录的，人民法院应予支持。"本案中，吴某某与银行客服的通话录音表明，其曾将案涉银行卡交给家人代为保管，该信用卡在其服刑期间被其家人使用，从而导致产生了逾期记录。而根据《最高人民法院关于审理银行卡民事纠纷案件若干问题的规定》第十五条、第十六条的规定，伪卡盗刷交易是指他人使用伪造的银行卡刷卡进行取现、消费、转账等，导致持卡人账户发生非基于本人意思的资金减少或者透支数额增加的行为；网络盗刷交易是指他人盗取并使用持卡人的银行卡网络交易身份识别信息和交易验证信息进行网络交易，导致持卡人账户发生非因本人意思的资金减少或者透支数额增加的行为。鉴于案涉信用卡系被吴某某家人所使用，故不属于伪卡盗刷交易或网络盗刷交易。案涉《领用合约》明确约定"持卡人应亲自妥善保管及谨慎使用信用卡卡片及密码，不得出借或允许他人使用、保管"，吴某某在服刑期间虽然无法使用案涉信用卡，但仍负有妥善保管信用卡及密码的义务，其未尽妥善保管义务致案涉信用卡被家人使用，某银行信用卡中心对该信用卡的逾期记录进行采集并无不当，吴某某要求对相应不良征信记录进行消除缺乏事实和法律依据，不予支持。

福建省厦门市思明区人民法院依照《最高人民法院关于审理银行卡民事纠纷案件若干问题的规定》第十四条、第十五条、第十六条，《中华人民共和国民事诉讼法》第六十七条第一款规定，判决如下：

驳回吴某某的全部诉讼请求。

宣判后，各方均未提出上诉，判决已发生法律效力。

【法官后语】

信用卡被盗刷，现实中主要有两种模式：一是伪卡盗刷交易，指他人通过技术手段读取卡片信息后伪造信用卡进行取现、消费、转账等；二是无卡网络盗刷交易，指他人使用非法手段盗取卡主的身份信息和验证信息后通过网络渠道的盗刷交易。从《最高人民法院关于审理银行卡民事纠纷案件若干问题的规定》第十五条、第十六条的规定看，这两类盗刷行为的共同特点是违背持卡人本人的意思，通过伪造卡片或盗取信息，使信用卡账户金额发生持卡人本人不可控制的变动。

这里的关键问题是，如何判断"本人意思"？这是区分信用卡自用行为和盗用行为的关键。本案中，持卡人主张由于其正在服刑，故对案涉信用卡无法实际控制，其虽然将信用卡交给家属代为保管，却没有让其家属使用消费的意思表示，其家属透支案涉信用卡的行为违背了自己的真实意愿，据此主张信用卡存在盗刷行为，并诉请银行消除相应征信不良记录。

信用卡是发卡行基于持卡人的资信状况进行评估后核发的，银行凭借核对敏感信息中的一项或多项来确认使用者，如果验证信息符合，则默认信用卡系由持卡人使用。持卡人在申请信用卡时签署的《领用合约》明确规定持卡人应亲自妥善保管并谨慎使用信用卡卡片及密码，不得出借或允许他人使用、保管，该义务不因持卡人被采取刑事强制措施或服刑而消灭。

从本案查明的事实看，持卡人在服刑期间将案涉信用卡交由家属保管，在此期间，案涉信用卡不仅有支取记录，还有自助还款的记录，可见案涉信用卡系由持卡人家属实际控制并使用。分析其亲属获知密码的途径，无非有两种可能：一种是持卡人向其亲属透露了该信用卡的密码，另一种是其亲属基于对持卡人生活习惯的了解，自行推断出了密码。无论是哪种情形，持卡人均违反了《领用合约》关于亲自保管卡片及密码的约定，在此情况下可以认定持卡人对信用卡交由他人保管、密码泄露存在过错，故出现逾期记录的本质原因并非盗刷，而是未妥善保管账号密码，从这个意义上说，持卡人亲属的用卡行为并未违背持卡人本人的意思。因此，在持卡人将信用卡交给他人保管的情况下，保管人输入密码的用卡行为属于信用卡凭密码的自用行为，而不属于信用卡盗刷。正因如此，持卡人应承担由此引发的相应责任。

编写人：福建省厦门市思明区人民法院　张艳

11

持卡人主张银行卡被网络盗刷应当就盗刷事实的存在尽到初步的举证责任

——周某某诉某银行借记卡案

【案件基本信息】

1. 裁判书字号

北京金融法院（2023）京74民终1847号民事判决书

2. 案由：借记卡纠纷

3. 当事人

原告：周某某

被告：某银行

【基本案情】

周某某在某银行开通了一张尾号为3292银行卡（以下简称涉案银行卡）。2018年9月7日12时46分，周某某为其涉案银行卡办理手机银行签约业务及网上银行签约业务，并申请电子密盾，绑定手机号为×××××××5763，某银行向该手机号成功发送相应短信通知。当日，涉案银行卡定期转活期收入100028.33元。2018年9月7日14时36分及14时42分，该银行账户分别向案外人陈某某尾号8500的银行账户转账5万元，合计10万元。上述两笔交易行为的IP地址显示分别为中国北京市与中国台北市。周某某在涉案争议交易发生后一直未办理银行卡挂失手续。2019年7月18日，周某某向公安机关报案，公安机关出具的《受案回执》载明2020年1月16日周某某被盗窃案已受理。此外，据某银行某支行了解，周某某与陈某某系朋友关系。

【案件焦点】

涉案争议交易行为是否构成网络盗刷。

【法院裁判要旨】

北京市朝阳区人民法院经审理认为：首先，涉案争议交易系通过手机银行转账发生，该交易一般均需经过手机银行的登录验证，转账操作时需输入短信验证码、交易密码等关键要素才可完成，上述要素均由持卡人完全掌握，部分信息银行亦无法获取。其次，涉案交易发生前后，涉案银行卡存在诸多次交易，周某某亦确认某银行发送的短信。再次，争议交易发生后，涉案银行账户项下存在诸多次交易，且交易方式多样，在此情况下周某某称其一直未发现争议交易，有悖常理。最后，结合本案中争议交易收款主体的名字、某银行酒仙桥支行提供的与周某某妻子的通话录音、《受案回执》中载明的周某某发现争议交易后向公安机关报案的时间、周某某发现争议交易后未对银行卡进行挂失的情况等诸多因素，法院认为，本案中周某某的涉案主张未能达到证明涉案交易系非本人或本人授权操作的初步证明标准。周某某仅凭涉案交易显示的 IP 地址不一致的问题，亦无法达到上述证明标准。且某银行某支行在整个交易过程中正常履行了各项验证及通知义务，现有证据无法证明某银行某支行存在系统风险或安全保障能力不足等导致相关信息泄露的情形。故本院认为周某某的涉案诉讼请求无事实依据，本院不予支持。

北京市朝阳区人民法院依照《最高人民法院关于适用〈中华人民共和国民事诉讼法〉的解释》第九十条之规定，判决如下：

驳回原告周某某的全部诉讼请求。

周某某不服，提起上诉。北京金融法院经审理认为：同意一审裁判意见，判决如下：

驳回上诉，维持原判。

【法官后语】

相关持卡人在遭遇电信诈骗后，以被网络盗刷为由企图将相关被诈骗资金损失转嫁银行的情况偶有发生。为妥善审理相关案件，笔者认为以下两个问题应予重视。

首先，网络盗刷事实的认定基础在于合理分配持卡人与银行的举证责任。笔者认为目前的司法实践中，对于《最高人民法院关于审理银行卡民事纠纷案件若干问题的规定》（以下简称《银行卡规定》）第四条所设定的举证责任分配的理解存在一定的偏差，应予明确。首先，持卡人应对争议交易系网络盗刷交易负有初步的举证责任，只有持卡人通过对相关事实、证据的梳理初步证明相关交易确系网络盗刷交易，足以使人民法院形成存在银行卡盗刷事实的合理怀疑，才可以认定持卡人尽到了初步的举证责任，相关举证责任才会转移至银行。而目前部分案件中，持卡人在仅有报案证明及银行明细的情况下，即主张相关交易为盗刷交易，并由此主张应当由银行来举证证明相关交易系持卡人本人或本人授权交易，笔者认为该种理解有误。理由在于，如果持卡人未能提交初步的证据证明相关交易系盗刷交易，并使法官形成合理怀疑，则因相关交易本身均通过了银行卡密码或短信验证码等信息验证，其本身即应认定为持卡人本人交易或本人授权交易，此时银行不再负有进一步举证的义务，且在客观上亦难以进一步举证。

其次，涉银行卡网络盗刷纠纷中，对于盗刷事实的认定系案件审理的关键。根据《银行卡规定》第十五条，对该问题的认定至少应当包括以下两个方面：一是交易是否系网络交易。实践中该项事实较易识别，一般争议不大。二是交易是否系盗刷。不同于涉实体卡盗刷纠纷中的事实认定，网络交易中，对相关交易是否系本人操作或本人授权操作往往是案件事实认定的基础及最重要的争议焦点。对此，笔者认为可以通过争议交易明细、交易方式、交易 IP 地址、报警记录、挂失记录、持卡人用卡习惯以及庭审询问的事实发生细节等予以认定。考虑到目前司法实践中，持卡人偶有隐瞒被电信诈骗的事实，而主张相关交易为网络盗刷的情况，笔者认为庭审调查中对于相关交易细节进行全面、深入地询问尤为关键。具体到本案中，一方面，虽然周某某提供了涉案争议转账记录、报警记录及争议行为发生时的 IP 地址（指互联网协议地址）信息，但其某某未挂失涉案银行卡，亦未及时报警，且从庭审询问情况来看，其对相关交易的大量解释前后矛盾，难以自圆其说，故虽然其提供的IP地址信息存在争议，但因实践中IP地址篡改难度较低，故仅凭IP地址亦无法证明涉案交易系网络盗刷。另一方面，涉案交易流水显示，周某某在涉案争议交易发生前后均正常将涉案银行卡用于工资收入、医保转账、日常消费等，再结合争议交易收款主体的名字及与该主体周某某的关系等辅助事实，本院认为在本案中周某某未能对涉案网络交易系盗刷发生尽到初步的举证责任。在此情况下，银行不应对争议交易承担赔偿责任。

编写人：北京市朝阳区人民法院　周裕财　熊格

12

电信诈骗中银行责任的认定

——陈某某诉某银行某分行、某银行某支行借记卡案

【案件基本信息】

1. 裁判书字号

浙江省温州市中级人民法院（2023）浙03民终4493号民事判决书

2. 案由：借记卡纠纷

3. 当事人

原告（上诉人）：陈某某

被告（被上诉人）：某银行某分行、某银行某支行

【基本案情】

陈某某在某银行某分行、某银行某支行先后开立尾号1874借记卡、尾号5101信用卡，并均开通了网上银行业务。2021年6月4日、6月7日，尾号5101信用卡账户发生两笔万利金/分期融交易，金额分别为300000元、100000元，均转入尾号1874借记卡账户。2021年6月4日至9日，尾号1874借记卡

账户发生六十余笔借贷记录，转账支出共计2737972元（其中200000元系转入陈某某他行账户），陈某某主张转出账户收款人肖某某、刘某等与其根本不相识，转账行为并非其所为，某银行未尽安全保障义务。故诉请判令：（1）某银行某支行返还万利金信用卡划扣的透支款本金400000元及利息；（2）某银行某分行支付被盗刷存款2337972元，并赔偿利息损失。

法院经审理另查明：陈某某在某银行某分行、某银行某支行先后开立尾号1874借记卡、尾号5101信用卡，签署《某银行股份有限公司个人银行账户管理协议》及《某银行股份有限公司电子渠道个人客户服务协议》，并均开通了网上银行业务，上述协议中已对相关风险进行了提示。陈某某涉案交易渠道均为超级网银，UK数据验签+短信动态密码验证，MAC地址与6月前账户交易的MAC地址、IP地址相同。2021年6月9日17时41分，陈某某向温州市公安局鹿城区分局洪殿派出所报案，报案记录为“报警人陈某某于2021年6月1日至9日，在其家中收到自称温州市公安局的电话称其银行卡在广州市公安局侦办的一起案件中涉案。报警人添加对方QQ，下载软件，后发现银行卡内的款项被对方转走”。次日，温州市公安局鹿城区分局决定对陈某某被诈骗案立案侦查。

另查明，陈某某在申请开立尾号1874借记卡的同时签约网上银行，安全类型USB-KEY数字证书，预留手机号码135××××8848。某银行短信平台管理系统显示：2021年6月4日尾号1874借记卡账户向陈某某农行卡账户、肖某某账户、刘某账户转账时，短信平台均向尾号8848的手机号码发送动态密码及转账后账户余额短信息；14：37：58，短信服务被撤销；之后转账短信平台均仅向尾号8848的手机号码发送动态密码短信息（内容为“动态密码××××××，序号××。您将向收款人×××，尾号××××账户转账××××××元。【温馨提示】转账汇款需谨慎，多方核实防被骗。请勿泄露！〔某银行〕”）。

【案件焦点】

电信诈骗案件中银行责任应如何认定。

【法院裁判要旨】

浙江省温州市鹿城区人民法院经审理认为：陈某某在某银行处申请开立银行卡，双方之间建立借记卡存款合同关系，双方均应依法行使权利并履行各自义务。首先，陈某某申请开通网上银行业务时签署的《个人银行账户管理协议》《电子渠道个人客户服务协议》中多处对借记卡、银行账号、密码、短信验证码、U 盾等要素的重要性及泄露后果进行风险提示，故某银行作为发卡行已履行告知持卡人银行卡具有相关网络支付功能义务。陈某某在个人银行电子渠道专业版服务申请时勾选了网上银行（默认开通短信动态密码）、UK 数字证书①，亦应当知晓 UK 验证、短信验证码具有划转其账户款项的身份识别作用，陈某某作为上述要素、介质的直接保管者和使用者，负有妥善保管之合同义务。其次，根据陈某某的报案记录，案涉账户交易系不法分子通过非法手段获取陈某某信息，进而冒充公检法工作人员，以陈某某需要配合调查为由，要求陈某某添加好友并下载“某防护”APP②，随后诱导陈某某操作并获取账户信息，从而实施诈骗，以致陈某某案涉账户资金被转移。陈某某主张仅根据诈骗分子要求下载所谓的防护 APP、插入 U 盾即造成账户内资金全部流失，亦与该院向公安刑侦部门征询结果不符。最后，根据案涉交易的网银交易日志及转账短信验证记录，6 月 4 日至 9 日陈某某所持银行卡的账户款项转账均进行了短信验证码验证与 UK 验证，交易时间正常，转账交易的 IP 地址、MAC 地址③亦与持卡人常用地址一致，故案涉交易特征并无异常。某银行在收到绑定设备和转款的交易指令后，向预留的手机号码发送短信验证码，以此进行身份验证并按照指令转款的行为，符合双方的约定，亦符合相关规定。综上，某银行根据电子银行业务的相应规则，在验证了相应关键要素之后通过并完成案涉转账交易并无过错。本案尚无充分证据证明某银行未尽安全保障义务，应对案涉转账交易的发生负有法律责任。遂判决如下：

---

① 指一种存储设备，内置了用于网上交易的数字证书，以下不另外提示。

② 指手机应用软件，以下不另外提示。

③ 指媒体存取控制位址，也称为局域网地址，以下不另外提示。

驳回陈某某的诉讼请求。

陈某某不服一审判决，提起上诉。

浙江省温州市中级人民法院经审理判决：

驳回上诉，维持原判。

【法官后语】

近年来，随着网络技术的发展，电信诈骗案件高发，受害人发现被骗后由于难以向犯罪分子追回被骗款项，为了挽回损失往往主张经办的银行承担赔偿责任。在电信诈骗案件中银行是否需要承担民事责任，承担民事责任的依据、责任的归责原则及举证责任应如何分配在实践中亟须统一。

一、电信诈骗案件中银行承担民事责任的依据

借记卡属于典型的储蓄合同，储蓄合同具有保管合同和服务合同的属性。银行在提供账户服务的同时，实际支配了账户的存款利益。在储蓄合同关系中，银行在充分保障存款人对账户资金自由支取的权利外，还对账户存款安全负有充分保障义务。《中华人民共和国反电信网络诈骗法》第四十六条第二款规定："电信业务经营者、银行业金融机构、非银行支付机构、互联网服务提供者等违反本法规定，造成他人损害的，依照《中华人民共和国民法典》等法律的规定承担民事责任。"《中华人民共和国民法典》第一千一百九十八条规定："宾馆、商场、银行、车站、机场、体育场馆、娱乐场所等经营场所、公共场所的经营者、管理者或者群众性活动的组织者，未尽到安全保障义务，造成他人损害的，应当承担侵权责任。因第三人的行为造成他人损害的，由第三人承担侵权责任；经营者、管理者或者组织者未尽到安全保障义务的，承担相应的补充责任。经营者、管理者或者组织者承担补充责任后，可以向第三人追偿。"《中华人民共和国商业银行法》第六条规定："商业银行应当保障存款人的合法权益不受任何单位和个人的侵犯。"因此，根据上述规定，因电信网络诈骗而引起的民事诉讼，法院应予受理且银行为适格的被告，银行是否应承担责任的判断标准为银行是否尽到安全保障义务。

二、电信诈骗案件中的归责原则

银行的安全保障义务属于储蓄合同的附属义务，银行违反安全保障义务属于侵权责任的范畴，应以过错责任为归责原则。在电信诈骗案件中适用过错责任原则认定侵权责任的法理基础在于：首先，互联网的发展促进了金融便利，这种金融便利让银行获得了更多合同利益，也正是这种金融便利，让电诈有机可乘，但安全的法益高于金融便利和效率，若银行业存在过错，未尽安全保障义务，让银行承担一定的责任符合风险和收益相对等的原则，也能有效推动银行业对安全保障技术的有效投入，降低电信诈骗发生的概率。其次，此类案件的审理既要维护电信诈骗中受害人的合法权益，督促银行提高技术水平、改善服务，又要避免银行成为“深口袋”，影响金融安全稳定，因此，应以银行在安全保障义务方面具有过错为责任承担的前提。最后，安全保障义务责任的归责原则以过错责任为原则，亦符合民法典关于侵权责任归责原则的规定。

三、电信诈骗案件中举证责任的分配

由于在银行卡交易中，有关支付授权的所有记录和数据、录像等都掌握在发卡行等主体手中，持卡人难以获得和掌握，若按照民诉法“谁主张，谁举证”的证明责任，由持卡人对交易中银行的过错承担证明责任，这无疑加大了受害人举证责任的难度，或者说基本上就是举证不能，故应依据证据法中“谁占有证据谁举证”的举证责任分配原则，占有上述证据的主体即银行方应对其已经尽到安全保障义务提供证据加以证明，即从证明分配的公允角度而言，银行应当自证其明。申言之，法院应要求银行提供反映持卡人同意交易的形式以及动态交易监管等后台数据以证明其已尽到安全保障义务。在电信诈骗中，认定银行是否尽到安全保障义务主要应从以下几个方面考虑：银行是否为客户开通线上服务充分告知风险；U 盾等网上银行支付是否存在安全漏洞，是否采取动态密码、脸谱等有效技术安保措施；银行是否依据结算合同尽到支付提示义务；银行对于用户的身份信息、个人密码等是否存在违法泄露情形；针对老年人等易被诈骗人员是否设置必要限额；等等。若有证据显示银行未尽到安全保障义务，则银行应就受害人的损失按照其过错程度承担一定比例的赔偿责任。

本案中，陈某某轻信他人下载诈骗软件，银行提供其后台的相关数据证明其已尽到安全保障义务，陈某某亦无其他相关证据证明银行违反安全保障义务，故陈某某的诉讼请求不能成立。

编写人：浙江省温州市中级人民法院　李劼

13

金融机构在电信诈骗导致的网络盗刷交易中的责任认定

——李某诉某银行借记卡案

【案件基本信息】

1. 裁判书字号

广东省深圳市中级人民法院（2022）粤03民终19505号民事判决书

2. 案由：借记卡纠纷

3. 当事人

原告（被上诉人）：李某

被告（上诉人）：某银行

【基本案情】

李某系年逾八十的高龄老人。2012年李某在某银行开通借记卡账户及网上银行，以手机动态口令即短信验证码作为支付指令验证方式。2019年6月，李某接到"公检法"的电话，称其涉嫌犯罪要被刑事逮捕，银行账户资金需要冻结，所有银行账户资金、基金股票抛售后要转到李某在某银行的借记卡账户以备审查。李某恐惧之下，在一个月内将1100余万元陆续转存到该借记卡账户内。

后公安机关民警来到李某家中，提醒李某可能遭遇电信网络诈骗。当晚李某让其子登录手机银行，发现登录密码错误，重置登录密码后，发现账户内仅剩 35 元。次日，李某向公安机关报警。因电信网络诈骗刑事案件未能破获，李某向法院提起民事诉讼，请求银行赔偿资金损失。

法院审理查明，涉案银行卡在收到李某从其他账户转账后，资金在几分钟之内被迅速转出。其中某日分 69 笔转出 500 万元后，因超出了当日限额于次日 0 时又多笔转出 155 万元。在一个月内，涉案账户共分 179 笔转出 1100 余万元，账户余额仅 35 元。上述交易的 IP 地址与 MAC 地址均位于外省，而在交易过程中李某未收到某银行发送的短信验证码。

某银行辩称，李某系遭遇电信网络诈骗转出资金，账户资金减少不排除本人操作或其授权操作，应由其自身承担相应后果。

【案件焦点】

1. 涉案交易能否认定为网络盗刷交易；2. 如构成网络盗刷交易，金融机构是否应当承担责任以及责任比例。

【法院裁判要旨】

广东省深圳市南山区人民法院经审理认为：涉案账户的转账行为均表现出转账人意欲在账户存在余额后在最短的时间内转出全部款项的特点，与李某之前的交易习惯不符。且无证据证实李某与收款方存在基础交易，而一次性手机验证码的方式登录网银存在安全漏洞，涉案交易构成网络盗刷具有高度盖然性。某银行应当采用适当的加密技术和措施，保证电子交易数据传输的安全性与保密性，应当对交易器具、交易场所加强安全管理，对各项软硬件设施及时进行更新升级，以最大限度地防范资金交易安全漏洞。在未尽到相关安全保障义务的情况下，某银行应当对被网络盗刷的本金承担 70%的赔偿责任。同时，李某在频繁使用涉案账户收取款项的情况下，没有尽到作为储户的安全注意义务，导致后续损失进一步扩大，应当自行承担 30%的责任。

广东省深圳市南山区人民法院判决如下：

一、某银行应于判决生效之日起十日内向李某赔偿存款本金 7805700 元及利息损失（利息自 2019 年 7 月 26 日起按中国人民银行同期同档次存款利率计算至本金赔偿之日止）；

二、驳回李某的其他诉讼请求。

某银行不服一审判决，提出上诉。广东省深圳市中级人民法院经审理认为：涉案交易存在账户资金集中转入、分散转出，快进快出、过渡性质明显，账户余额相对于交易额比例较低，长期未使用的账户突然发生频繁、大额交易，跨行收款并跨行转账等特征，符合电信诈骗可疑交易的条件。综合报警情况、交易地址、交易系统的安全性等情况，可以认定构成网络盗刷。某银行未尽到安全保障义务，包括未尽到风险告知义务，未采用安全可靠的支付指令验证方式，未进行大额交易提醒，也未进行电信网络诈骗可疑交易监测并采取核实交易情况、暂停账户非柜面业务、交易背景调查等安全防范措施，对因网络盗刷造成的资金损失承担主要责任。深圳市中级人民法院依照《中华人民共和国民事诉讼法》第一百七十条第一款第一项之规定，作出如下判决：

驳回上诉，维持原判。

【法官后语】

电信网络诈骗犯罪作为一种远程非接触性犯罪，具有技术含量高、迷惑性强、防范难度大等特点，近年持续多发，严重侵害人民群众的财产安全和其他合法权益，引起社会高度关注。

为预防、遏制和惩治电信网络诈骗犯罪活动，第十三届全国人民代表大会常务委员会审议通过了《中华人民共和国反电信网络诈骗法》（以下简称反电信网络诈骗法）并于 2022 年 12 月起施行；最高人民法院也制定了《最高人民法院关于审理银行卡民事纠纷案件若干问题的规定》并自 2021 年 5 月 25 日起施行。反电信网络诈骗法立足综合治理、源头治理和依法治理，侧重前端防范，明确电信业务经营者、银行业金融机构和非银行支付机构、互联网服务提供者负有安全主体责任，违反相关规定，造成他人损害的，可能要承担民事责任。《最高人民法院关于审理银行卡民事纠纷案件若干问题的规定》在持卡人与发卡行之间成立银行卡合同法律关系情形下，对因银行卡盗刷发生纠纷的银行责任认定问题，确立了无过错归责原则。适用无过错归责原则认定违约责任的法理基础在于：首先，作为银行卡产品与服务的推行者，发卡行在提供银行卡产品获得收益的同时应当以更加安全的技术保障持卡人的用卡安全，这符合制造风险者应防范风险的法理以及风险与收益相对等原则。其次，发卡行具有相较于持卡人更为强大的风险预防、控制和承受能力。规定无过错归责原则有利于鼓励发卡行提供安全性更高的银行卡产品和服务，尤其是随着电子银行业务的发展，银行既是电子交易系统的开发者、设计者、维护者，也是电子交易的获利者，相较于持卡人，银行更有能力采取措施防范风险和解决问题，从源头上降低风险发生概率，防控金融风险，促进银行卡产业安全稳定发展。最后，符合民法典关于违约责任归责原则的规定。该规定有利于减轻非违约方责任，保护非违约方利益，增强当事人的守约意识。

本案电信网络诈骗发生时，反电信网络诈骗法尚未实施，但商业银行法规定了商业银行对储户存款具有安全保障义务，《电子银行业务管理办法》《中国人民银行关于加强支付结算管理防范电信网络新型违法犯罪有关事项的通知》等监管规范明确了电子银行的风险告知义务、交易系统与技术的安全保障义务、涉电信诈骗可疑交易的监测与审慎核实义务以及相应的风险控制义务。本案依据《最高人民法院关于审理银行卡民事纠纷案件若干问题的规定》，认定金融机构对账户安全负有保障义务，对网络盗刷造成的资金损失承担无过错责任；持卡人对账户安全负有注意义务，对网络盗刷造成的资金损失承担过错责任。该裁判标准符合《中华人民共和国反电信网络诈骗法》综合治理、源头治理和依法治理原则，有利于督促金融机构等各相关业务经营主体积极落实风险管理措施，加强防范性制度措施建设，深入推进行业治理，强化企业社会责任，同时也督促持卡人增强识别和防范电信网络诈骗的意识，共同筑起防范电信网络诈骗的“防火墙”。

编写人：广东省深圳市中级人民法院　孙妍

14

金融交易合同中单方变更条款的效力认定规则

——郝某某诉某银行股份有限公司、某银行股份有限公司信用卡中心信用卡案

【案件基本信息】

1. 裁判书字号

北京金融法院（2023）京74民终1616号民事裁定书

2. 案由：信用卡纠纷

3. 当事人

原告（被上诉人）：郝某某

被告（上诉人）：某银行股份有限公司信用卡中心（以下简称某银行信用卡中心）

被告：某银行股份有限公司

【基本案情】

2019年8月，某银行信用卡中心官网发布“零钱包积分赚不停”活动。按照规则，持卡人向该银行零钱包账户充值达到日均存款额25万元以上，银行即向持卡人赠送积分，最高可获得180万积分。原告参加了该活动，并于2019年12月30日获赠了全部180万积分。2020年3月20日，某银行信用卡中心发布《调整积分兑换里程规则的公告》，将信用卡客户积分兑换我国航空公司里程比例由原本的25∶1调整为50∶1，新规在45日后生效。原告认为，某银行股份有限公司在其获得180万全部活动积分3个月后将里程兑换比例由25∶1提高为50∶1的做法，损害了其合法利益，且在其参加涉案活动时未尽到积分可能

贬值的风险告知和提醒义务，故将某银行及某信用卡中心诉至法院，要求其对其获赠积分继续按照 25∶1 的兑换比例进行兑换，并免除年费及已扣除的 6 万积分。

某银行及某银行信用卡中心共同辩称，其已按照活动规则向郝某某赠送 180 万积分。零钱包活动规则中未对所赠送的积分指定用途，积分的使用规则应当以被告的《积分计划条款与细则》为准。《积分计划条款与细则》第八条规定，银行信用卡中心有权根据政策要求及市场经营情况修改或取消本积分计划，故其对积分兑换航空里程比例进行调整具有合同依据，且积分兑换规则的调整与变动属于行业惯例。

【案件焦点】

某银行股份有限公司及某银行信用卡中心是否有权利修改涉案信用卡积分兑换规则。

【法院裁判要旨】

北京市朝阳区人民法院经审理认为：涉案银行零钱包活动系以赠送积分作为最核心的营销点，且存入零钱包的款项均不计利息，故该活动开展时所确定的积分奖励计划、兑换规则及相应积分背后所蕴含的价值，对消费者是否参与该活动具有决定性的影响，属于可能影响消费者重大决策的关键信息。郝某某按照活动规则，将相应的存款转入了零钱包账户，以放弃相应存款利息，乃至丧失相应资金支配利益为代价，获得了相应的积分。其在该活动项下所获得的积分，有别于一般的因持卡人消费而获赠的积分。换言之，该积分具有一定的利息替代物及财产价值属性。郝某某作为活动参与方，对于相应积分价值具有合理的预期利益，该预期利益应予以保护。但本案中，一方面，某银行信用卡中心在开展涉案零钱包活动时，在其活动宣传界面，并未对积分到账后，其可能随时对积分兑换规则进行调整，并由此对积分价值产生重大影响等影响消费者重大决策的关键信息尽到充分的提示说明义务；另一方面，某银行信用卡中心在涉案积分全部到达郝某某积分账户仅 3 个月后，即行调整兑换规则，时间间隔较为短暂，且造成涉案积分价值明显低于郝某某参与涉案活动时的合理预期。某银行股份有限公司信用卡中心涉案调整行为不具有合理性。

本案中，某银行信用卡中心制定的信用卡领用合约及其在官网发布的《积分计划条款与细则》均符合格式条款的认定标准，应被认定为格式条款。但某银行信用卡中心仅在其信用卡领用合约中对积分计划进行了名词解释，在涉案零钱包活动开展过程中，未对《积分计划条款与细则》中可能影响零钱包活动参与人利益的相关条款尽到提示说明义务。故依据《中华人民共和国民法典》第四百九十六条第二款之规定，在涉案零钱包活动项下，《积分计划条款与细则》第八条不应成为合同的内容，某银行信用卡中心涉案调整行为不具有合同依据。

同时，某银行信用卡中心涉案调整行为，相较于一般的将积分商城中单个商品上架或下架的影响，明显更为重大，对积分价值必然产生直接影响。且某银行信用卡中心未能举证证明在其规则调整后的缓冲期内，保障了郝某某以原积分兑换比例进行航空里程兑换的合法权利，应属违约。

综上，北京市朝阳区人民法院判决如下：

一、某银行信用卡中心于本判决生效之日起45日内，针对郝某某参加某银行信用卡中心“零钱包积分赚不停”活动项下所获180万积分中剩余的154万积分，继续按照某银行信用卡中心于2020年3月20日发布《关于调整某银行积分兑换航空里程规则的公告》前的积分兑换航空里程的兑换比例，即25：1的比例进行航空里程的兑换；

二、某银行信用卡中心免除原告郝某某所持有的卡号为6226××××××××3081信用卡2021年9月6日至本判决生效之日起45日内的年费；

三、驳回郝某某的其他诉讼请求。

某银行信用卡中心不服一审判决，提出上诉。二审过程中，某银行信用卡中心撤回上诉，一审判决现已生效。

【法官后语】

目前格式合同广泛适用于金融消费、影视服务、交通出行等领域，且普遍呈现“一对多”的特点。而格式合同的提供方为保障其随时调整合同内容的权利，往往在合同中设定“单方变更权条款”，即约定其享有单方变更合同条款，而无须相对方同意的权利。近年来，因该做法导致的消费者权益保护与合同提供方变更权之间的矛盾日益显现，本案即属于因该种矛盾引发的典型案例。目前我国民法典对于本案所涉“格式条款单方变更权”核心争议问题尚未有制度化的规定，且司法实践的认定思路及裁判尺度亦尚存不完善、不统一之处。笔者认为，本案对该问题的解决具有以下参考价值：

一是金融机构或商家对格式条款的单方变更行为，实际涉及对合同中“单方变更权条款”本身及“变更后条款”内容两个方面的审查。简言之，机构欲单方变更合同条款内容，需要同时满足两个条件，一是合同中约定合同提供方享有“单方变更权”的条款本身应当合法有效；二是合同提供方依据“单方变更权条款”所作出的“变更后条款”内容应当合法有效，二者缺一不可。

二是关于“单方变更权条款”本身是否合法有效。一方面，应当严格依照民法典第四百九十六条关于格式条款的相关法律规定进行认定；另一方面，“单方变更权条款”应符合可期待性的判断标准，即格式条款使用人负有使相对人在不持有偏见的情况下，能够准确理解，并预见可能变更的情形的义务。具体表现为对条款变更的前提、内容、方式等应尽量明确具体。类似于“认为必要时可以变更”等表述方式可能被认定无法满足可期待性原则。比如本案中某银行信用卡中心在条款中约定其行使修改权的前提是“政策要求”及“市场经营情况”，其中“市场经营情况”明显过于宽泛，可能给合同相对方造成极大的不安定，且存在银行借此转移经营风险的嫌疑，该种“单方变更权条款”即有可能被认定不具有可期待性，进而被认定为无效。

三是关于“变更后条款”是否合法有效。该问题包括实体及程序两个方面。实体上，应当考虑变更后条款的内容是否“符合相对人的一般利益及预期”及“合理性”两项标准。例如本案中，郝某某对于银行设定的积分奖励及适用规则明显具有合理的预期利益，银行不应随意更改。同时，合理性问题还应当重点考察相关条款的变更原因、条件、后果、目的、是否损害另一方的合法权益、相关业务是否具备特殊性等因素。例如本案中，原告因参加“零钱包”活动获得的积分具有特殊性，而银行基于其与航空公司之间的合作变化及获取航空里程的成本增加等原因，随意调整积分兑换规则，具有重大的转嫁商业风险之嫌，不具有合理性。

程序上，欲使“变更后条款”内容产生效力，也必须将该变更后的条款内容以合理、有效的方式送达相对方，而对于送达方式的选择，则可结合被送达对象的规模、送达成本、困难程度及变更内容的实质影响等因素综合认定。例如本案中，银行对于其变更的内容，仅通过官网进行发布，实际上对于持卡人获知规则变更内容以及在合理期间内行使权利均亦是不利的。

编写人：北京市朝阳区人民法院　周裕财

15

跨境消费中信用卡预授权后超额结算的司法审查

——余某诉某银行信用卡中心信用卡案

【案件基本信息】

1. 裁判书字号

上海市浦东新区人民法院（2022）沪 0115 民初 30608 号民事判决书

2. 案由：信用卡纠纷

3. 当事人

原告：余某

被告：某银行信用卡中心

【基本案情】

2019 年 10 月，余某与朋友一行赴 A 国旅游。2019 年 10 月 28 日，为入住酒店，余某持尾号 8674 的信用卡在酒店刷卡交易 6000A 国货币用于支付酒店房间入住押金。2019 年 10 月 31 日下午，余某收到某银行信用卡中心电话询问一笔交易的真实性，余某予以否认。其后，某银行信用卡中心以可疑交易需要核对为由对余某的信用卡进行保护，余某随后办理信用卡挂失。2019 年 11 月 2 日，某银行信用卡中心在余某信用卡账户中入账 45000A 国货币。2019 年 11 月 7 日，余某与某银行信用卡中心客服人员电话协商系争事宜。余某表示酒店住宿费用已经通过其他方式支付，某银行信用卡中心客服人员询问了具体交易过程，并表示需要余某提供酒店订单详情等材料以便反馈沟通。2019 年 11 月 8 日，余某与某银行信用卡中心客服人员电话协商，客服人员告知余某没有酒店入住信息，仍需进一步完善。2019 年 11 月 13 日，余某与某银行信用卡中心客服人员电话协商，某银行信用卡中心表示余某提供的截图中的付款方式是隐藏的，建议提供原图。某银行称根据万事达卡组织退单指引（mc－Chargeback Guide），以其他方式支付进行拒付必须提供详尽的支持文档，余某无法提交有效的支持材料，未能进行后续拒付处理。

余某认为 A 国酒店住宿费用已通过其他方式支付，发生 45000A 国货币交易时余某不在现场且未经本人签字，该笔交易系被他人盗刷，某银行信用卡中心在余某否认交易的情况下仍然进行入账清算明显存在过错，应当向余某退还 45000A 国货币。

【案件焦点】

1. 案涉交易是否为盗刷；2. 在余某不在场且已否认交易的情况下，某银行信用卡中心将系争交易清算入账是否存在过错；3. 余某是否有权要求某银行信用卡中心退还系争款项。

【法院裁判要旨】

上海市浦东新区人民法院经审理认为：关于本案交易是否为盗刷，本案中，余某认可 6000A 国货币的授权交易系本人实施，发卡行亦提交了卡组织授权记录和核心系统入账记录，载明后续 45000A 国货币的交易系基于同一授权号的请款交易产生，故法院对余某盗刷的主张不予支持。

关于在余某不在场且已否认交易的情况下，某银行信用卡中心将系争交易清算入账是否存在过错的问题，本案中，在发生异常交易后，余某及时否认交易并挂失，某银行信用卡中心及时提醒余某并调整卡片状态，双方均采取了必要的风险管控措施。至于系争的45000A国货币交易最终清算入账，某银行信用卡中心解释为系挂失前的正常6000A国货币授权交易的后续请款行为所致，根据万事达卡组织规则，请款金额可以与授权金额不一致，某银行信用卡中心作为发卡行无权拒绝请款清算。法院认为，某银行信用卡中心方的解释具有一定的合理性，且提供了相应证据在案佐证，余某虽然不予认可，但未举证证明某银行信用卡中心的清算入账行为违反了合同约定或万事达卡组织相关清算规则，在银行卡组织提供了事后争议解决和申请退单渠道的情况下，法院认定某银行信用卡中心清算入账系争交易的行为不存在明显过错。

在系争交易未能成功退单的情况下，某银行信用卡中心是否负有赔偿责任。从国际信用卡管理运营的通常情况来看，发生信用卡争议交易并不鲜见，争议发生后持卡人、发卡行、收单行、特约商户等各方可通过卡组织的争议解决机制申请进行退单等操作。在这一过程中，发卡行应负责积极申请处理以维护持卡人合法权益，持卡人亦应积极配合调查并提供必要的证明材料。本案系争交易发生后，某银行信用卡中心多次要求余某提供证明材料以供核查，余某虽提供了部分单据，但单据所载商户名称与系争信用卡交易商户名称不一致，部分单据信息被隐藏，且未提交其他证据予以佐证，在此情况下，某银行信用卡中心未能成功完成退单操作，难言其存在违约或侵权行为。

综上，上海市浦东新区人民法院依照《中华人民共和国民法典》第五百零九条第一款、《最高人民法院关于审理银行卡民事纠纷案件若干问题的规定》第四条、《最高人民法院关于适用〈中华人民共和国民事诉讼法〉的解释》第九十条之规定，判决如下：

驳回原告余某的全部诉讼请求。

判决后，双方当事人均未上诉，本判决现已生效。

【法官后语】

跨境预授权交易作为信用卡的特殊业务形式，为持卡人的境外消费带来便利，但因其与普通的信用卡交易方式不同，持卡人对跨境预授权存在交易授权与资金清算不同步、预计消费金额与实际结算金额不一致的特点缺乏充分认知，导致司法实践中争议频发。本案系预授权交易纠纷的典型案件，预授权的法律性质、发卡行的责任认定及持卡人权益保护均是审理中的难点。本案根据国内法律规定及国际信用卡组织规则，就上述问题进行了较为系统深入的剖析，尤其是跨境预授权的超额结算问题，并确立了涉预授权信用卡纠纷的审查路径。

一、信用卡预授权视为发卡银行对特约商户的付款承诺

信用卡预授权是指基于持卡人与特约商户之间的基础交易关系和持卡人的信息确认及同意授权，发卡行对持卡人预计可能支付的金额向特约商户作出付款承诺。这一过程涉及三层法律关系：一是信用卡持卡人与发卡行之间的服务合同关系是预授权交易的前提要件；二是信用卡持卡人与特约商户之间的基础交易关系是发生预授权交易的原因关系，预授权虽源于基础交易关系，但其一旦设立后即具有相当的独立性；三是发卡行与特约商户之间独立的担保付款关系是上述前提关系与原因关系的结果和目的。[①] 基于上述法律关系，预授权交易可以视为发卡银行对特约商户作出的付款承诺，该承诺一经作出，信用卡预授权即告设立，成为独立的法律关系。

本案中，余某在某银行信用卡中心处申办信用卡一张，其在境外旅游时为入住A国当地酒店，使用该信用卡在酒店商户刷卡6000A国货币的联机授权交易，用于办理酒店房间的入住，本案诉讼过程中，某银行信用卡中心陈述此时发卡系统仅是冻结余某信用卡账户6000A国货币的额度，并未真正入账。余某的授权交易及某银行信用卡中心冻结额度的行为符合预授权交易的法律特征，在余某刷卡当日，某银行信用卡中心其向入住的A国酒店作出付款承诺，发卡行与特约商户之间的担保付款关系成立。

---

① 王一鹤：《论信用卡预授权的法律性质及持卡人保护》，载《暨南学报（哲学社会科学版）》2015年第5期。

二、发卡行及持卡人需遵循国际信用卡组织交易关于超限额度的规则

持卡人境外消费时的复杂资金清算过程离不开国际信用卡组织的参与。当前，在信用卡跨境支付与清算问题缺少统一规则的情况下，国际信用卡组织的会员银行应当遵守国际卡组织规则。对金融消费者而言，不同的卡组织有相应的支付清算渠道及收费标准，在选择办理境外消费的信用卡时，应当赋予消费者完全自主选择的权利，一旦消费者确认选择某卡组织的信用卡，应视为持卡人接受该国际信用卡组织的相应规则。

信用卡领域中持卡人超出信用卡授予额度的使用是国际惯例。一般来说，中国银联设置的预授权交易完成的最高限度为持卡人信用卡账户内被冻结额度的115%，而国际信用卡组织如万事达组织规则约定“请款交易中，原始金额可能与持卡人在授权请求交易中的原始金额不同”。预授权设立时，持卡人与特约商户仅是对将来之服务达成合同准入的约定，尚未确定最终结算金额或债务种类，因此，在预授权交易结算时，最终结算金额可能超过预授权设立时冻结的额度，且超过的范围需要遵循持卡人信用卡所属的国际卡组织规则。本案中，余某所持有的系万事达信用卡，其在A国酒店进行预授权设立的冻结额度为6000A国货币，最终结算45000A国货币，并未超过万事达国际组织规则的限制。

三、发卡行根据预授权及卡组织请款指令清算不构成侵权

预授权设立后，持卡人否认交易发生认为构成盗刷，并据此向发卡行申请挂失止付，发卡行在此情况下仍然依据预授权及卡组织的请款指令进行交易清算是否构成侵权成为当前司法实践的难点。对此，本案从预授权与信用卡盗刷的区别、挂失状态能否对此预授权结算两个角度明确裁判路径：

第一，预授权交易与信用卡盗刷的本质区别为是否被第三方冒用。预授权交易的完成存在预授权设立与预授权结算两个关键环节，具有预授权担保的合同准入与最终的实际清算环节不同步、冻结额度存在超额结算可能性两个特点。因发卡行的承诺与结算存在时滞性，持卡人在完成消费后的一段时间内均可能收到信用卡账单，该消费入账当日持卡人可能不在现场也未签字，但该交易清

算与预授权设立属于同一授权，持卡人的签字或密码确认并非预授权结算的必要步骤，因而与信用卡盗刷具有实质区别，不存在被第三方冒用的可能性。本案中，发生45000A国货币交易并入账时，余某本人虽不在现场且未签字，但发卡行提交的相关材料证明45000A国货币与6000A国货币的交易系基于同一授权号的请款交易产生，故本案不存在盗刷。

第二，挂失信用卡原则上不能对抗预授权结算。持卡人挂失信用卡后能否对抗预授权结算实际反映了发卡行能否自行撤销预授权的问题。就预授权交易的独立担保性质而言，发卡行作出的付款承诺应当是不可撤销之担保，信用卡挂失状态原则上不影响预授权结算的效力。即使持卡人的信用卡账户在预授权结算前就已在挂失状态，发卡行仍然应当履行其对特约商户的付款承诺，发卡行根据预授权及卡组织请款指令清算不构成对持卡人的侵权。本案中，持卡人余某在系争交易发生后即向发卡行办理了挂失手续，但挂失后仍不能阻却45000A国货币以预授权结算方式入账。

四、持卡人在预授权争议解决机制中应履行证明义务

当发生跨境信用卡纠纷时，当事人自主协商解决不成的，发卡行应当协助持卡人在国际卡组织规则约定的时限范围内发起流程内争议解决流程，且持卡人应当遵循卡组织的规则，承担其理应履行的证明义务，有效提供卡组织所需的支持材料，如持卡人应当证明已就预授权交易所依据的基础交易履行了支付义务，提供持卡人或其他人的支付凭证、预授权确认单、结算单等材料。若持卡人在规定的时间内未能提交有效证明材料，应当承担相应的不利后果。本案中，余某主张其在A国酒店的住宿费已通过网络支付，某银行信用卡中心告知余某可在120日内发起争议和退单，后因余某未能提供符合要求的证明材料，最终未在规定时间内通过退单程序解决争议。

此外，持卡人合法权益保护还有赖于发卡行对持卡人知情权的保障，考虑到当前信用卡境外消费的普及性，如维萨、万事达等国际信用卡组织的规则在消费者境外用卡时使用的频率较高，发卡行应向持卡人披露国际信用卡组织关

于预授权的相关信息，如预授权的授权期限、超限额度及异议处理方式等。[①] 本案中，法院虽最终判决驳回余某的诉讼请求，但也对持卡人的知情权进行了提示。

编写人：上海市浦东新区人民法院　余韬　刘月

16

网络盗刷银行卡案件的举证责任分配

——王某某诉某银行某支行借记卡案

【案件基本信息】

1. 裁判书字号

江西省赣州市中级人民法院（2023）赣07民终593号民事判决书

2. 案由：借记卡纠纷

3. 当事人

原告（被上诉人）：王某某

被告（上诉人）：某银行某支行

第三人：某公司分公司

【基本案情】

2019年7月29日，王某某在某银行某支行申请办理了一张借记卡，卡号尾号为6572。原告开立该卡时，一并开通了个人网上银行、个人电话银行、个人手机银行及短信银行等服务业务，但未开通银行短信通知功能。借记卡章程第一条载明：某银行借记卡是某银行发行的金融支付工具，具有结算、消费、

① 参见何颖：《金融消费者权益保护制度》，北京大学出版社2011年版，第66页。

理财等全部或部分功能，不提供透支业务；借记卡在中华人民共和国境内及其他指定的国家和地区使用。

2019 年 11 月 12 日，原告的案涉借记卡收到转存的款项 20 万元，同年 11 月 20 日，该借记卡被刷卡消费了 48381.22 元，当月 24 日，原告通过手机银行查询发现案涉借记卡被刷卡消费 48381.22 元后立即打电话给被告对案涉借记卡进行了口头挂失。同年 11 月 25 日，原告在其父母的陪同下一起前往被告的营业部，就案涉借记卡被刷卡消费一事造成的损失与被告交涉未果。原告遂至赣州某派出所报警，认为其借记卡存款系被人盗刷，但该派出所并未对案涉借记卡是否存在被盗刷作出立案处理。

另查明：某公司分公司提供的司法查询结果及银行卡交易明细查询显示：2021 年 11 月 20 日 08 时 24 分 40 秒原告的案涉借记卡发起消费交易，同日 08 时 25 分 48 秒中国银联股份有限公司向原告发送了付款验证码，同日 08 时 25 分 50 秒原告收到付款验证码，08 时 26 分 07 秒原告的验证码验证成功，08 时 26 分 12 秒原告的案涉借记卡扣款成功。

【案件焦点】

案涉交易能否认定为盗刷，举证责任如何分配。

【法院裁判要旨】

江西省赣州市章贡区人民法院经审理认为：对于案涉借记卡是否被盗刷的问题，原告通过查询发现案涉借记卡被刷卡消费后立即打电话给被告对借记卡进行了口头挂失，第二天原告与被告交涉无果后，又至公安机关作报案处理。虽然公安机关未对案涉借记卡是否存在被人盗刷进行立案处理，但依据原告提供的接处警记录及银行交易明细清单，原告已完成了相应的举证责任，且被告不能举证证明原告作为持卡人存在故意或过失泄露借记卡信息或密码导致借记卡被盗刷，故在对于案涉借记卡原告并不存在遗失以及被告不能证明原告对其银行卡、密码、验证码等身份信息、交易验证信息未妥善保管具有过错的情况下，应当由被告承担举证不能的法律后果，认定原告借记卡被刷卡消费系被他人盗刷所致。对于原告借记卡被盗刷所造成的损失承担问题，被告作为专业金融机构应对原告卡内的资金负有保障存款安全以及对银行卡信息防盗技术及识别伪卡技术的责任。在现有证据不能证明原告存在过错导致卡内资金被盗刷的情况下，被告应对案涉银行卡被盗刷所造成的损失承担相应的赔偿责任。对被告就本案提出的抗辩意见，本院不予采纳。据此，江西省赣州市赣区人民法院依照《中华人民共和国民法典》第五百零九条、第五百七十七条，《最高人民法院关于审理银行卡民事纠纷案件若干问题的规定》第四条、第七条第一款，《中华人民共和国民事诉讼法》第六十七条之规定，判决如下：

一、某银行某支行于本判决生效之日起七日内向原告赔付银行卡本金损失48381.22元；二、某银行某支行于本判决生效之日起七日内赔付王某某损失银行卡本金的利息（以损失银行卡本金48381.22元为基数，自2019年11月20日起至该本金损失赔付完毕止，按中国人民银行规定的同期活期存款利率支付利息）。

某银行某支行不服，提起上诉。

江西省赣州市中级人民法院经审理认为：本案的争议焦点问题归纳为：第一，案涉交易能否认定为盗刷；第二，某银行某支行是否应向王某某赔偿48381.22元及利息。

关于争议焦点一，依据《最高人民法院关于审理银行卡民事纠纷案件若干问题的规定》第六条规定：人民法院应当全面审查当事人提交的证据，结合银行卡交易行为地与真卡所在地的距离、持卡人是否进行了基础交易、交易时间和报警时间、持卡人用卡习惯、银行卡被盗刷的次数及频率、交易系统、技术和设备是否具有安全性等事实，综合判断是否存在伪卡盗刷交易或者网络盗刷交易。在本案中，首先，从交易次数和金额来看，案涉银行卡于2019年11月20日发生一笔48381.22元的交易后，此时卡内仍有余额151626.28元，直至2019年11月24日王某某对案涉借记卡进行口头挂失，在此期间未再发生交易；其次，从查明的资金流向来看，案涉交易的收单机构为某支付网络有限公司，交易类型为消费，商户名称为“The Cards Group Ltd”，交易渠道为个人电脑；最后，从交易方式来看，案涉交易的付款方式为卡号+验证码，而王某某本人确实在 2021 年 11 月 20 日 08 时 25 分 50 秒收到付款验证码，随后才发生案涉交易。综合考虑案涉交易时间、报警时间、银行卡交易的次数及频率、交易系统、技术是否具备安全性等因素，根据民事证据的经验法则和高度盖然性标准，本院对被上诉人关于案涉交易系盗刷的主张不予支持。

关于争议焦点二，银行作为金融机构，确应当采取适当的加密措施和适当的技术、识别与验证使用电子银行服务客户的真实、有效身份，但保障金融交易和账户资金安全的义务，不应当全部依赖、转嫁给银行，根据权利义务相一致原则，在银行不断优化系统安全防护、加大系统技术支持力度的同时，持卡人也应当对个人银行账户尽到力所能及的审慎管理义务。因根据现查明的事实难以认定案涉交易系盗刷，王某某要求某银行某支行赔偿 48381.22 元及利息缺乏事实和法律依据，应予驳回。

江西省赣州市中级人民法院经审理判决：

一、撤销一审判决；

二、驳回王某某的诉讼请求。

王某某不服二审判决，提起再审。

江西省高级人民法院经审理判决：驳回申请人王某某的再审申请。

【法官后语】

所谓网络盗刷，是指他人冒用持卡人名义，使用持卡人网络交易身份认证信息进行网络交易，导致持卡人银行卡账户资金减少或者透支金额增加的行为。不同于传统支付方式，网络支付不需要银行卡这一物理介质，仅凭银行卡号、密码等身份验证信息即可完成交易，因此，在网络盗刷银行卡案件的审理中，存在事实查明难、过错认定难及责任分担难的问题。

一、网络盗刷事实举证责任分配的分歧

在数据关联紧密的大数据时代，网上银行在依赖互联网提供服务和产品的同时，大量的信息和资金均以数据形式通过网络与设备进行存储及传输，实现网上银行安全保障义务首先需要保证信息安全系统和数据信息不被侵害。[①] 目前，在司法实践中，关于是否存在网络盗刷事实举证责任的分配，主要存在以下分歧：有的法院根据“谁主张，谁举证”原则，交易密码只为持卡人知悉、修改和保管，持卡人无法举证证明是银行过错导致银行卡被盗刷的，则由其承担举证不能的法律后果，应由持卡人承担全部损失；有的法院根据《电子银行业务管理办法》第八十九条的规定，在银行无法举证证明系持卡人原因导致资金损失及自身系统不存在安全缺陷的情况下，应由银行承担全部损失；有的法院则是在双方均无法举证证明对方存在过错的情况下，综合考虑双方当事人的合同义务，依据公平原则由双方按一定比例分担损失。

二、网络盗刷事实举证责任的分配路径

在传统银行卡盗刷案件中，其争议焦点主要集中在是否存在伪卡，持卡人可以通过举证交易发生时真卡不在交易地点来完成对银行存在过错的举证，而在网络盗刷银行卡案件中，其争议焦点有两点：一是非授权交易是否系网络盗刷？二是网络盗刷行为的发生是何原因所致？是电子银行系统存在安全隐患、金融机构内部违规操作或其他非客户原因所致，还是持卡人有意泄露交易密码，或者未按照服务协议尽到应尽的安全防范与保密义务所致？因网上支付行为不需要银行卡这一物理介质且涉及技术问题，仅凭银行卡号、密码等身份验证信息即可完成交易，在此种情况下，举证责任的分配应聚焦以下两方面：

对于持卡人而言，需就以下几个方面进行举证：(1) 是否开通了网络支付业务；(2) 是否妥善保管银行卡信息、密码等；(3) 是否收到验证码及采取相应措施；(4) 案涉交易特征是否显著异常（异常时间、异地异国、多人次）；(5) 网络交易 IP 地址是否与持卡人常用地址一致；(6) 持卡人知晓案涉交易后如何行为（是否挂失或冻结止付、报案等）。

对于发卡银行而言，需就以下几个方面进行举证：(1) 是否开通了网络支付业务；(2) 是否进行风险提示与告知；(3) 案涉交易发生时是否发送验证码

① 李晗：《大数据时代网上银行的信息安全保障义务研究》，载《法学杂志》2021 年第 4 期。

验证或及时提醒与通知；（4）是否存在其他异常交易实为授权交易的情形；（5）是否监控异常交易；（6）发生异常交易时是否采取防范或应对措施；（7）接到持卡人反映异常交易时是否告知冻结或采取冻结止付措施。

概言之，持卡人与银行的举证应贯穿网络支付业务开通——网络支付行为发生——网络支付行为发生后全过程。法院应综合考察上述证据，运用逻辑推理和日常生活经验，对证据有无证明力和证明力大小进行判断，依据高度盖然性标准来认定是否构成网络盗刷事实。①

在本案中，首先，从交易次数和金额来看，案涉银行卡于2019年11月20日发生一笔48381.22元的交易后，此时卡内仍有余额151626.28元，直至2019年11月24日王某某对案涉借记卡进行口头挂失，在此期间未再发生交易；其次，从查明的资金流向来看，案涉交易的收单机构为某支付网络有限公司，交易类型为消费，商户名称为“The Cards Group Ltd”，交易渠道为个人电脑；最后，从交易方式来看，案涉交易的付款方式为卡号+验证码，而王某某本人确实在2021年11月20日08时25分50秒收到付款验证码，随后才发生案涉交易。综合考虑案涉交易时间、报警时间、银行卡交易的次数及频率、交易系统、技术是否具备安全性等因素，根据民事证据的经验法则和高度盖然性标准，对于案涉交易系盗刷的事实不予认定。

三、银行安全保障义务的审查路径

对于银行安全保障义务标准的确定，需要综合考虑风险的大小、风险控制的可能性、风险控制人的能力、受害人自我保护的能力和危害结果的严重性等因素，对具体的个案形成合理的安全保障义务标准。网上银行具有风险大、技术依赖强和专业性强的特点，用户的信息保障很大程度上依赖于网上银行自身的安全保障技术和格式合同约定等。网上银行由于本身的专业性和在信息收集、保护中占有的优势地位，承担的安全保障义务应当超过一般理性人应该具有的审慎义务，即网上银行的注意义务不是在危害结果预见和危害结果控制这两种义务中平衡分配，而是应该更新自身的安全技术，随时监控、排查，做到更优

① 张雪楳：《银行卡网上盗刷的责任认定》，载《法律适用（司法案例）》2017年第18期。

先地预见到风险的存在，主动排查危险。当网上银行尽到了这种注意义务时，即为履行了安全保障义务。[①] 本案中，银行作为金融机构，已采取适当的加密措施和适当的技术、识别与验证使用电子银行服务客户的真实、有效身份，已尽到安全保障义务。且根据现已查明的事实难以认定案涉交易系盗刷，故王某某要求某银行某支行赔偿48381.22元及利息缺乏事实和法律依据。

编写人：江西省赣州市中级人民法院　徐俊　葛文

江西省赣州市章贡区人民法院　李晓霞

17

为避税提起虚假诉讼，法院应不许撤诉并驳回诉请和予以罚款

——孙某某诉某银行小关支行银行卡案

【案件基本信息】

1. 裁判书字号

北京市朝阳区人民法院（2022）京0105民初57839号民事判决书

2. 案由：银行卡纠纷

3. 当事人

原告：孙某某

被告：某银行小关支行

【基本案情】

2016年，孙某某为在国外购买房产，委托一家国外贷款中介机构申请银行贷款。贷款申请材料包含国内某公司为孙某某出具的收入证明、工资表、利润

① 刘召成：《安全保障义务的扩展适用与违法性判断标准的发展》，载《法学》2014年第5期。

表、现金流量表、资产负债表以及五个国内招行账户交易明细表。此后，贷款申请获得通过。2019 年 9 月 17 日，国外税务机关向孙某某发送了调查问卷，因可能涉及补税，故要求孙某某就其在贷款时提交的国内银行账户交易明细表相关的银行卡补充提交开户信息。为证明交易明细不存在从而达到避税的目的，孙某某要求该银行提供其在某银行小关支行并不存在银行交易明细的证明，遭其拒绝。孙某某认为，作为持卡人应当依法享有索取该卡相关信息材料的权利，亦享有合法的知情权，而某银行小关支行拒不提供该卡相关信息材料的行为已构成严重违约，侵犯其合法权益，故将国内某银行小关支行诉至北京市朝阳区人民法院，要求银行履行合同义务，向孙某某提供银行卡签订协议、该卡使用说明资料、该卡自办理后至今的对账服务资料等相关信息。

庭前会议中某银行小关支行代理人表示，孙某某未在银行开立账户，其银行交易明细并非银行出具。对此，孙某某亦承认银行账户交易明细为虚假材料，但坚持认为银行应向其出具交易明细表所示交易实际不存在的证明材料。

庭前会议后，孙某某向法院提出撤诉申请。

【案件焦点】

1. 孙某某的撤诉申请是否应当准许；2. 孙某某与某银行小关支行是否存在合同关系；3. 对孙某某明知银行账户交易明细等均为虚假材料仍然提起诉讼的行为应如何处理。

【法院裁判要旨】

北京市朝阳区人民法院经审理认为：孙某某未说明合理理由而申请撤诉，故对其撤诉申请不予准许。关于孙某某提供的交易明细表，某银行小关支行对该证据的真实性不予认可，孙某某亦自认上述交易明细表系由贷款中介公司伪造，故双方不存在合同关系。《中华人民共和国民法典》第七条规定：“民事主体从事民事活动，应当遵循诚信原则，秉持诚实，恪守承诺。”本案中，从来源角度看，中介机构取得该类银行卡材料的途径仅可能为孙某某提供、孙某某授权查询以及孙某某授意或者默许贷款中介机构伪造，在上述途径下孙某某都应对此明确知悉；从使用角度看，孙某某对向贷款银行提供的贷款申请材料亦应知悉并对真实性负责。换言之，孙某某在提起本次诉讼之前便已知道《某银行户口交易明细表》为虚假材料，但为达到由某银行小关支行证明该账户不存在从而免除向国外税务局补缴税款的目的，执意提起本次诉讼，其行为直接损害了当事人合法权益，妨害了正常的民事诉讼秩序，严重违背了诚实信用原则，与社会主义核心价值观相悖，应当予以谴责。

北京市朝阳区人民法院判决如下：

驳回孙某某的诉讼请求。

判决后，双方当事人均未上诉，本判决现已生效。

【法官后语】

一、虚假诉讼的概念和类型

根据《中华人民共和国民事诉讼法》第一百一十五条的规定，虚假诉讼既包括当事人之间恶意串通的情形，也包括当事人单方捏造事实的情形，而本案就是一起“单方捏造型”的虚假诉讼，孙某某凭伪造的银行交易明细表将某银行小关支行诉至法院，企图达到自己的不当目的，妨害了银行的经营秩序，也浪费了司法资源。

二、“单方捏造型”虚假诉讼的识别

“单方捏造型”虚假诉讼的识别重点与相对更为常见的“双方串通型”虚假诉讼有一定区别，可以从以下三个方面入手：

第一，穷尽送达方式，重视抗辩意见。因“单方捏造型”虚假诉讼不存在双方恶意串通的情形，被告一旦获悉诉讼情况将提出强烈抗辩，故对于原告对未送达成功毫不意外，反而积极要求法院公告送达的，需要保持高度警惕。被告的抗辩意见将成为法院查明原告诉请真实性的突破口，若被告在抗辩意见中提出原告存在虚假诉讼行为，法院应当予以重点审查。

第二，审查交易背景，探寻诉讼目的。法院应充分利用法庭询问的机会，了解深层背景信息，注意识别原告的陈述能否形成完整的逻辑闭环，能否对不合理之处进行合理说明。

第三，传唤原告本人到庭，接受法庭询问。虚假诉讼的原告本人通常会因为担心“露馅”而选择不出现在审判人员和对方当事人面前。在缺乏对方当事人配合的情况下，诉讼代理人往往对无法解释的内容闪烁其词，继续追问则表示自己现在不清楚，需要庭后与原告本人核实。针对存在虚假诉讼嫌疑的案件，应当传唤原告本人到庭接受法庭询问，以各种理由拒绝到现场的，可以通过当庭拨打电话并记入庭审笔录的方式进行询问。

三、虚假诉讼不准许撤诉的正当性

《中华人民共和国民事诉讼法》第一百四十八条第一款规定：“宣判前，原告申请撤诉的，是否准许，由人民法院裁定。”《最高人民法院关于适用〈中华人民共和国民事诉讼法〉的解释》第二百三十八条第一款规定：“当事人申请撤诉或者依法可以按撤诉处理的案件，如果当事人有违反法律的行为需要依法处理的，人民法院可以不准许撤诉或者不按撤诉处理。”孙某某在庭前会议后自知虚假诉讼行为暴露，申请撤诉，但其向法院提交的撤诉申请书中未明确撤诉的原因，企图通过撤回起诉后，更换立案法院，再行提起诉讼的方式达到其不法目的，故法院不准许其撤诉。

四、对虚假诉讼的处罚

打击和预防虚假诉讼一直以来都是人民法院的一个重大课题。惩罚力度不足、违法成本不高是目前惩治虚假诉讼工作中面临的问题之一，以本案为例，即便未能达成目的，此次虚假诉讼行为的违法成本也仅为70元诉讼费。实践中，“低成本、高收益”的特征使得许多人铤而走险，虚假诉讼案件屡禁不止。因此，必须加大虚假诉讼的处罚力度，对主观恶意明显、客观危害性较大的虚假诉讼行为，通过司法制裁、移交公安机关等手段予以严厉打击，从而起到更好的震慑效果。

编写人：北京市朝阳区人民法院 李林强 于一帆

18

信用卡被盗刷的法律适用及刑事退赃与民事赔偿之间的衔接

——宋某某诉某银行股份有限公司信用卡中心信用卡案

【案件基本信息】

1. 裁判书字号

上海金融法院（2023）沪74民终2309号民事判决书

2. 案由：信用卡纠纷

3. 当事人

原告（被诉人）：宋某某

被告（上诉人）：某银行股份有限公司信用卡中心

【基本案情】

2017年6月28日，宋某某在某银行股份有限公司信用卡中心（以下简称某银行）处申领了一张卡号尾号为0939的信用卡。领用合约第2.4.2条约定："凡因交易性质或习惯，并按甲方规定或依乙方选择不使用密码的交易……经密码或验证要素校验通过，交易即视为乙方本人所为并由乙方承担交易款项。特约商户、收单机构或甲方核验乙方签名，按行业通行的一般识别标准执行。"第五条第一款约定："乙方应遵守甲方关于安全用卡的各项规定，采取所有合理谨慎措施，妥善保管信用卡，以及身份证件、交易凭证和甲方不时向乙方发送的卡函、对账单等文件，防止可能被用作验证乙方身份或确认交易的各项信息（包括但不限于验证要素和各种密码、个人私密信息、信用卡交易信息以及指纹等个人生物特征信息）丢失或泄露。"第五条第二款约定："乙方发生信用卡遗失、被盗或被他人占有，或密码遗忘、泄露等情形的，应立即通过客服热线、电子银行或甲方认可的其他方式办理挂失或密码重置手续。挂失和密码重置自甲方办理完毕时生效；但乙方仍应对挂失生效前已发生的或密码重置生效前凭原密码已进行的所有交易（包括尚未入账的交易），以及挂失生效后发生的电子现金脱机消费承担全部责任。"《信用卡重要提示》第二条约定："为加强用卡安全，推荐设定交易密码，并在适用的场合尽可能使用密码交易确认方式。"

被告于 2018 年 4 月开始报送涉案信用卡的不良征信记录，原告提交的《个人信用报告》显示，原告于 2018 年 4 月逾期 9765 元，2018 年 5 月逾期 16487 元，2018 年 6 月逾期 24691 元，2018 年 7 月逾期 47927 元，2018 年 8 月逾期 48605 元，2018 年 9 月逾期 49316 元，2018 年 10 月逾期 50037 元，2018 年 11 月逾期 50746 元，2018 年 12 月逾期 51491 元，此后 2019 年 1 月至 2021 年 5 月每月的状态均为："账户已开立，但当月状态未知。"自 2021 年 6 月起，被告继续报送原告的不良征信记录，2021 年 6 月逾期 76366 元，此后不良征信记录一直持续至 2023 年 2 月，逾期金额逐渐增加。

2018 年 9 月 21 日，山西省临汾市尧都区人民法院作出（2018）晋 1002 刑初 429 号刑事判决，刑事判决经审理查明：2017 年 12 月 17 日凌晨，田某某伙同李某某来到酒店停车场，田某某将原告的晋×××黑色奔驰轿车右后玻璃砸毁，由田某某望风李某某钻进原告车内，将原告车内的现金 500 元及银行卡包盗走，后该二人逃窜至李某某住处，田某某根据原告的身份证试出密码后，用 POS 机将盗来的原告的 10 余张银行卡内的钱分 20 余次盗刷出 55200 元。刑事判决认为，田某某以非法占有为目的，盗窃他人财物价值 70776 元，李某某以非法占有为目的，盗窃他人财物价值 90776 元，其行为已构成盗窃罪，判处田某某犯盗窃罪，判处有期徒刑四年六个月，被告人李某某犯盗窃罪，判处有期徒刑四年五个月，责令田某某、李某某向被害人宋某某退赔赃款。审理中，原告确认未收到该二人的任何退赔款项，承办法官经与山西省临汾市尧都区人民法院执行法官沟通，对方对原告的陈述予以确认。

涉案信用卡消费记录显示，2017年12月17日凌晨4点01分至凌晨5点51分，涉案信用卡共计消费17笔，金额共计42200元，为此原告提供了上述17笔消费的POS签购单，签购单中持卡人签名均为“李某”。后原告于2017年12月17日10点45分致电被告要求挂失涉案信用卡。同日，原告向临汾市公安局经济技术开发区分局报案，2017年12月18日12时，临汾市公安局经济技术开发区分局出具立案告知书，对原告银行卡内钱被盗刷一案予以立案。2017年12月18日15点45分，原告拨打被告电话要求补办新卡，被告为其核发了新卡（卡号：622×××7）。

2018年1月11日，原告通过电子邮件向被告客户服务部申请交易异议处理，提供否认交易声明，并提交相应资料。同日，被告对原告提出异议的16笔消费记录进行了消费代调。2018年1月12日，原告填写《贷记卡客户否认交易确认函》，确认尾号0939的信用卡账单中的16笔交易合计42000元，为非本人或本人授权他人使用。审理中，原告解释其仅对16笔交易提出异议的原因系其遗漏了一笔交易，其提交异议的交易总计应为17笔。后因交易争议失败，被告于2017年1月25日对原告争议的16笔消费进行了消费借调。

另，被告提供的涉案信用卡消费记录显示，截至2017年12月16日，涉案信用卡余额为0.02元，未存在透支款项。2017年12月17日凌晨4点01分至凌晨5点51分，产生涉案争议消费17笔共计42200元。2017年12月18日产生补发新卡工本费15元（该笔工本费的到期还款日为2018年1月15日，因原告未还款，故于2018年1月21日账单日产生违约金10元）；2018年1月18日产生消费38999元，2018年1月22日原告还款4482元；2018年2月14日原告还款35271元；2019年2月13日原告分别还款100元和1900元。

【案件焦点】

涉案信用卡被盗刷产生的损失应当如何承担。

【法院裁判要旨】

上海市浦东新区人民法院经审理认为：确定信用卡被盗刷产生的损失如何

承担，应结合各方的过错程度加以认定。就本案而言，宋某某持有的涉案尾号0939的信用卡被盗刷非原告宋某某未妥善保管所致。被告辩称原告未设置POS机刷卡密码，然而根据《信用卡申请表》，“设定交易密码”仅为双方约定的推荐内容，持卡人可以选择设置或不设置交易密码，不能据此苛责原告承担相应的不利后果。本案中，宋某某在信用卡被盗刷后的当天即办理了信用卡挂失，并向公安机关报案，可以证明原告采取了其可以采取的相关积极措施，以避免涉案信用卡损失的产生或防止损失的进一步扩大，故难以认定宋某某对涉案信用卡的损失发生具有相应过错。

反观涉案信用卡被盗刷的过程，涉案17笔消费POS签购单中的签名与信用卡持卡人姓名明显不一致，对此被告辩称，签名审核是特约商户的义务，而非被告的义务，特约商户的过错责任不应由被告承担。然而信用卡交易过程涉及发卡行、收单行以及特约商户等多方主体，多方主体均应履行各自的义务来促成交易的安全进行。被告作为发卡行，负有采取安全合适的措施确认银行卡交易为持卡人本人或其授权交易的义务。根据原告提供的消费POS签购单，持卡人签名与信用卡持卡人姓名明显不一致，故法院难以认定被告在确认涉案17笔消费为原告本人或其授权交易时尽到了审慎审核的义务，由此产生的损失应由被告自行承担，其承担责任后可以依法向存在过错的收单行或特约商户另行主张。关于被告提出根据《信用卡领用合约》，信用卡被盗挂失生效前发生的所有交易产生的损失应由原告自行承担的意见，法院认为根据上述约定的文义，该条款调整的内容为持卡人对使用其真实的身份识别信息和交易验证信息产生的交易的责任承担问题，无论该条款的效力如何，均不适用于本案，本案情形属于发卡行未能审慎审核持卡人的身份识别信息和交易验证信息，上述约定并不能免除发卡行在确认交易为原告本人或其授权交易时的审核义务，被告依据该条款提出的抗辩意见，法院难以采纳。综上，原告对涉案信用卡被盗刷款项及由此产生的相应违约金、利息不承担还款责任。

此外，虽刑事判决判令案外人田某某等向原告退赔包括涉案信用卡被盗刷在内的赃款。但原告尚未收到任何退赔款项，其不应承担涉案信用卡项下的还款责任，故若今后原告收到刑事判决中的任何退赔款项，应当及时将收到的款项全部转付至被告。

对于原告提出撤销其不良征信记录的诉请，法院认为，征信系统功能在于通过收集信用信息数据对被记录者的真实信用进行评价，从而引导社会对被记录者凭其信用参与其他社会活动形成公平、正确的反馈。在被记录者对其还款义务提出重大质疑并已提供证据的情况下，其暂不还款的行为系行使抗辩权利而非信用缺失的体现，应有别于一般的失信行为，不应因此而遭受不良征信之记录。本案原告虽在客观上存在逾期还款的记录，但在双方当事人就原告是否负有还款义务存在重大争议，尚未认定当事人各自应承担的法律责任之前，原告对系争款项暂不还款的行为，并非失信的体现，应当将该失信记载及时加以纠正，否则将对原告的个人信用形成错误的评价。综上，上海市浦东新区人民法院根据《中华人民共和国民法典》第五百零九条第一款、《最高人民法院关于适用〈中华人民共和国民事诉讼法〉的解释》第九十一条之规定，判决如下：

一、确认宋某某对涉案信用卡（原卡号：622×××9，新卡号：622×××7）项下于2017年12月17日凌晨4时01分至凌晨5时51分产生的17笔争议消费共计42200元以及由此产生的相应利息、违约金不承担还款责任；

二、某银行股份有限公司信用卡中心应于本判决生效之日起十日内撤销宋某某名下卡号为622×××7的某银行信用卡不良征信记录。

某银行股份有限公司信用卡中心不服一审判决，提出上诉。上海市金融法院经审理同意一审意见，判决：

驳回上诉，维持原判。

【法官后语】

近年来，因信用卡被盗刷引起的民事和刑事案件呈上升趋势。在持卡人作为受害人的信用卡盗刷刑事案件中，刑事判决一般判处犯罪分子将盗刷赃款退还至持卡人处，同时发卡行与持卡人产生民事纠纷，由发卡行起诉要求持卡人归还逾期款项或持卡人起诉发卡行主张对被盗刷的款项不承担还款责任以及撤销不良征信记录。对于该类案件还款责任的认定，司法实践中存在较大争议。

本案有两个问题值得关注和探讨，其一，真卡被盗刷的法律适用及盗刷责任认定；其二，刑事判决赃款退还至持卡人与持卡人对发卡行的还款责任如何衔接。

对于第一个问题，《最高人民法院关于审理银行卡民事纠纷案件若干问题的规定》对伪卡盗刷及网络盗刷进行了明确规定，伪卡盗刷强调他人持伪造的银行卡进行盗刷，网络盗刷则强调他人通过使用持卡人的银行网络交易身份信息和交易验证信息等进行网络交易，而真卡被盗刷虽在外观形式上与二者有区别，但其本质都是非因持卡人主观意思表示发生银行卡被盗刷的结果，故在认定盗刷责任时可以参照适用《最高人民法院关于审理银行卡民事纠纷案件若干问题的规定》。本案中，《信用卡领用合约》中关于在信用卡被盗刷，持卡人对挂失生效前的所有交易承担全部责任的约定，根据《最高人民法院关于审理银行卡民事纠纷案件若干问题的规定》，银行仅得主张持卡人未妥善保管密码或未及时挂失的减损、免损抗辩，因此，该约定属于不合理减轻或免除己方责任、加重对方责任的格式条款，不具有法律效力。

对于第二个问题，发卡行负有保障持卡人资金安全、交易安全的法定义务，而持卡人应当合理审慎保管信用卡及密码。在信用卡盗刷事实成立的情况下，除非发卡行举证证明其尽到了安全保障、信息提示等法定义务，被盗刷系持卡人不规范使用信用卡等原因所致，否则银行应当承担信用卡被盗刷的损失后果。在持卡人作为受害者对信用卡被盗刷无过错的刑事案件中，即便刑事判决判处犯罪分子将赃款退还至持卡人处，从现实情况看，刑事退赃由于犯罪分子退赃意愿及退赃经济能力等因素的制约，持卡人是否能够得到退赔以及退赔的时间及具体金额也并不确定，在持卡人尚未收到犯罪分子退赔的情况下，若在民事纠纷中判令持卡人将被盗刷款返还至发卡行处，则会出现应当由发卡行承担的法律风险转由持卡人承担，发卡行与持卡人之间的权利义务出现失衡。对此，人民法院在审理此类信用卡民事案件时，应当实质审查刑事案件的执行情况，确定持卡人是否获得退赔以及退赔的金额，若持卡人已经实际获得部分或全部刑事赔偿，则人民法院应当判决持卡人将此款项归还至发卡行；若持卡人尚未获得刑事赔偿，人民法院应当驳回发卡行请求持卡人归还款项的诉请，并在说理部分对持卡人获得赔偿后的还款责任进行说明。

综上，本案确立了真卡盗刷的法律适用及信用卡盗刷刑事退赔与民事赔偿衔接的裁判思路，依法衡平持卡人与发卡行之间的权利义务，判决支持持卡人的合理诉求，对类案的审理及保护持卡人的合法权益具有一定的参考借鉴意义。

编写人：上海市浦东新区人民法院　孙猛　王晓雷

19

以第三人实施欺诈为由主张撤销合同的司法审查要点

——秦某诉某银行北京分行信用卡案

【案件基本信息】

1. 裁判书字号

北京金融法院（2023）京74民终332号民事判决书

2. 案由：信用卡纠纷

3. 当事人

原告（上诉人）：秦某

被告（被上诉人）：某银行北京分行

【基本案情】

2022年3月3日，秦某与某银行北京分行签订信用卡业务合同，约定：信用卡分期业务本金219000元，按逐期等额方式分摊至60期偿还，一期为一个月，若秦某未能全面履行按时足额偿还分期债务的义务，则构成违约，某银行北京分行可向金融信用信息基础数据库、银行业协会报送秦某违约的失信信息，并且授权相关银行业协会可以通过适宜的方式将秦某的失信信息在银行业金融机构之间共享乃至向社会公示。2022年3月4日，某银行北京分行向秦某在合同中预留的银行账户发放款项219000元。后贷款发生逾期，秦某个人征信记录中被记载了涉案借款的违约信息。

秦某称，其系在案外人李某、贷款中介公司及某银行北京分行客户经理串通欺诈才签订的涉案合同，相关贷款均由李某使用，故要求确认合同无效并消除其不良征信记录。

北京市公安局朝阳分局于2022年6月29日决定对秦某被诈骗案立案侦查，于2022年7月11日将李某拘留，后因人民检察院做出不批准逮捕决定，于2022年8月17日将李某释放，并于2022年8月18日对李某采取取保候审措施，对案件继续进行侦查。

在公安机关的笔录中，李某和秦某均承认双方此前为情侣关系后分手，李某称2022年2月底，其因欠付外债需要贷款，但因个人征信不好故求助秦某帮其贷款。秦某其称未仔细看与贷款中介公司及银行所签的贷款资料就签字了，以为只是帮李某提升征信分值，后某银行北京分行催收后才知道李某用自己的名字申请了贷款并已逾期，产生了不良征信记录。

某银行北京分行否认与李某或贷款中介公司串通欺诈秦某。在某银行北京分行提交的贷款面签视频中，秦某回答已确认是本人申请贷款并知晓还款事项。

【案件焦点】

1. 秦某是否系基于李某的欺诈行为与某银行北京分行签订涉案信用卡业务合同；2. 秦某是否有权以李某对其存在欺诈为由要求撤销涉案信用卡业务合同或确认该合同无效。

【法院裁判要旨】

北京市朝阳区人民法院经审理认为：无论李某是否构成诈骗罪，涉案信用卡业务合同系在秦某与某银行北京分行之间订立。秦某提交的证据尚不足以证明某银行北京分行工作人员与李某恶意串通的事实，某银行北京分行与秦某订立信用卡业务合同的过程中，充分履行了告知、说明义务，秦某作为具有完全民事行为能力的经济理性人，应当注意对自身征信信息等个人信息的保护，亦应当清楚其在银行办理相应业务的法律后果将由其自行承受，现其主张信用卡业务合同无效，缺乏事实和法律依据，本院不予支持。

关于秦某要求某银行北京分行清除其不良征信记录的请求，根据《征信业管理条例》的规定，秦某发生信用卡逾期还款的情形时，某银行北京分行有义务向金融信用信息基础数据库报送相关信息。信用卡业务合同中亦约定，在秦某发生违约时，某银行北京分行有权向金融信用信息基础数据库报送相关信息。故本院对秦某的该项请求不予支持。北京市朝阳区人民法院判决如下：

驳回秦某的全部诉讼请求。

秦某不服一审判决，提起上诉。

北京金融法院经审理认为：秦某与某银行北京分行签订信用卡业务合同，应按合同约定的用途和方式使用信用卡分期资金，并依约按时足额偿还分期业务本金和手续费。秦某称某银行北京分行工作人员与李某恶意串通，但其提交的证据不足以证明其主张的事实。

北京金融法院同意一审法院的审理意见，判决如下：

驳回上诉，维持原判。

【法官后语】

《中华人民共和国民法典》第一百四十九条规定，第三人实施欺诈行为，使一方在违背真实意思的情况下实施的民事法律行为，对方知道或者应当知道该欺诈行为的，受欺诈方有权请求人民法院或者仲裁机构予以撤销。

本案中，秦某以案外人李某与某银行工作人员串通，共同对其实施欺诈，致使其陷入错误认识，方与某银行北京分行签订涉案信用卡业务合同为由，要求确认该合同无效。因撤销合同与确认合同无效的法律后果均是导致该合同自始不发生法律效力，而经过开庭审理可知，无论主张无效还是撤销，秦某的请求都无法得到支持，故未释明秦某变更诉讼请求。但本案的审理对于明确以第三人实施欺诈为由主张撤销合同的审查标准仍具有典型意义。

第一，要以存在第三人实施的欺诈行为为前提。所谓“第三人”，必须是合同相对人以外的人。如果是合同相对人或者其他与合同相对人存在密切关系的人实施欺诈，则不属于本条规定的适用范围，应适用相对人欺诈的法律规定。

本案中，根据李某在公安机关所做询问笔录中的自认，李某向秦某称系李某贷款，贷款由李某偿还，找秦某帮忙是为了提升李某的征信分值，只需要秦某配合签字并提供账号即可，但最终贷款系以秦某的名义办理，秦某需承担还款义务，显然李某对秦某实施了欺诈。李某并非合同相对人，与作为合同相对人的某银行北京分行亦不存在其他密切的关系，故构成第三人实施欺诈。

第二，欺诈行为与受欺诈一方实施的法律行为存在因果关系。受欺诈一方系因第三人的欺诈才实施了相关民事法律行为，如果没有第三人实施的欺诈行为，受欺诈方就不会实施该民事法律行为。

本案中，李某的欺骗导致秦某陷入错误认识，秦某基于此种错误认识与某银行北京分行签订了涉案信用卡业务合同。若无李某的欺诈行为，秦某根本不会签订涉案信用卡业务合同，该合同并非秦某的真实意思表示，秦某签约的行为与李某的欺诈行为存在直接和充分的因果关系。

第三，法律行为相对人知道或者应当知道受欺诈一方是因为受到第三人的欺诈才实施了该法律行为，即相对人非善意，这也是合同相对人不具有信赖利益保护价值的原因。

本案中，秦某主张某银行北京分行工作人员与李某串通欺诈秦某，若秦某主张的事实成立，那么“串通”的程度自然要高于“知道或者应当知道”，将足以认定某银行北京银行作为相对人为非善意，或直接认定其存在恶意，进而撤销涉案信用卡业务合同。但关于相对人非善意的举证责任在受欺诈一方，因秦某在本案中未能完成该项举证责任，故法律规定的第三人实施欺诈进而导致合同可撤销的要件未具备，某银行北京分行的信赖利益应予以保护，涉案信用卡业务合同不具有可撤销性。

第四，以第三人实施欺诈为由主张撤销合同并不要求受欺诈一方无过错。在受第三人欺诈而实施法律行为的情形下，受欺诈一方往往都存在轻信他人、不注意保护个人信息、未尽到谨慎交易的注意义务等过错。根据民法典的规定，第三人欺诈导致法律行为可撤销并不要求受欺诈方存在过错。审判实践中，受欺诈一方的过错程度将会影响最终责任比例的划分或损失赔偿数额的认定，受欺诈一方存在明显过错的，可能需要自行承担部分损失。

编写人：北京市朝阳区人民法院　赵靓　乔楠

20

银行卡伪卡盗刷案件中发卡行责任的认定与处理

——李某某诉某银行银行卡案

【案件基本信息】

1. 裁判书字号

江西省铜鼓县人民法院（2023）赣0926民初499号民事判决书

2. 案由：银行卡纠纷

3. 当事人

原告：李某某

被告：某银行

【基本案情】

李某某系某银行的储户，持有卡号尾号为1384的银行卡一张。2023年1月24日，李某某发现银行卡中的存款丢失后向铜鼓县公安局刑警大队报案，根据公安机关调查发现，2022年10月30日至2023年1月2日，李某某所持有的账户在广东省汕头市的多个ATM机[①]多次取现和转账，经调取取款银行网点及

① 指自动取款机。

周边路面监控，发现取款人员均佩戴头盔、手套、口罩，身体及面部特征均无法识别，手持用于转账或取现的印有“VIP”字样的蓝色卡片，交通工具为一辆无法识别车牌的电动车，无法识别操作取款人员身份信息。李某某被盗刷存款本金共计 146900 元，并产生取款手续费 70 元，李某某遂诉至法院，要求某银行赔偿损失。

【案件焦点】

在银行卡盗刷事实认定的情况下，某银行在合同履行过程中错误支付款项造成李某某损失，根据现有证据又无法确定李某某存在泄露信息等直接过错的，某银行的责任如何认定。

【法院裁判要旨】

江西省铜鼓县人民法院经审理认为：银行卡的发卡行及相关技术、设备和操作平台的提供者，应当对交易机具、交易场所加强安全管理，对各项软硬件设施及时更新升级，以最大限度地防范资金交易安全漏洞。李某某将存款存入发卡行后，即失去了对存款的控制，某银行作为储蓄机构，有义务保护储户存款的安全。而 ATM 机未能辨别真卡、伪卡，以致李某某持有的银行卡上的 146900 元被他人取走，并产生手续费 70 元。某银行认为李某某没有及时将磁条银行卡更换成芯片银行卡存在过错，芯片银行卡的安全性能较磁条银行卡更高，但中国人民银行及某银行均通过公告方式告知广大储蓄用户更换磁条银行卡，被告在公告中强调“存量磁条卡仍可继续使用”，既然某银行默许磁条银行卡可继续使用，就应对储户账户资金尽到安全保障义务。现李某某的银行卡被他人盗刷，某银行应当承担全部赔偿责任。故江西省铜鼓县人民法院判决如下：

由某银行于判决生效后十日内向李某某支付存款本金及手续费合计 146970 元。

判决后，双方当事人均未上诉，本判决现已生效。

【法官后语】

本案在审理过程中对于处理方式存在两种分歧意见：一是合同法思路，以发卡行与持卡人的银行卡合同为基本依据，以合同通常理念构建事实认定范畴与论证体系，考察双方当事人的履约事实及过错状态，根据双方过错大小认定责任。二是证券规则思路，以银行卡的资格证券性质为逻辑起点，查明事实时只判断权利人识别是否有误，确认盗刷责任时只考察发卡行是否有过错，根据发卡行识别权利人错误的结果认定责任。本案采纳第一种意见。

一、银行卡伪卡盗刷的归责模式

银行卡盗刷归责应把握以下特殊性：其一，盗刷责任主要是发卡行识别错误的赔偿责任，需要经过当事人履约事实来判断责任归属。其二，银行卡的一次支付往往要通过多个主体环节，因此归责时要根据业务链形成原因，先确定责任端，再确定责任环节。对于用卡人占有卡的原因，义务人通常无权审核，接受支付指令者无能力审核，持卡人通常也不允许其被审核，责任端往往就在发卡行一边。其三，持卡人过错是必须考量的因素，《最高人民法院关于审理银行卡民事纠纷案件若干问题的规定》（以下简称《银行卡规定》）第七条也持此观点。

二、伪卡盗刷责任认定的基本逻辑处理

（一）不能机械推定持卡人泄密

持卡人是否泄密极难证明，应脱离其具体行为进行推定，在违法犯罪人有预谋的情况下，持卡人较难防范，对于银行卡信息的泄露并无明显过错，不能机械推定系持卡人对泄密存在过错。本案中，违法犯罪人手持印有“VIP”字样的蓝色卡片即完成了盗刷，无法直接推定持卡人有泄密的行为，也无法排除发卡行泄密的可能。

（二）持卡人泄密与发卡行识别错误之间应具有法律上的因果关系

即使持卡人存在泄密的情形，也无法直接论证其未妥善保管银行卡相关信息泄密是导致发卡行识别错误的原因从而具有法律上的因果关系。此外，《银行卡规定》也确定了端点责任，即由发卡行一端对持卡人一端先行承担赔偿责任。根据该法第十一条的规定，发生伪卡盗刷时持卡人可直接请求发卡行等承担赔偿责任。

（三）发卡行的抗风险能力和社会责任相对更大

从双方当事人抵御风险的能力以及所应当承担的社会责任方面来看，相对于持卡人，发卡行处于更加优势的地位，抵御风险的能力更强，也应当承担更多的社会责任。而且从长远考虑，银行势必要升级系统、提高安全保障技术，通过判决由银行承担责任也能够推动银行防伪技术的升级进步。本案中，某银行及被告均通过公告方式告知广大储蓄用户更换磁条银行卡，被告在公告中强调“存量磁条卡仍可继续使用”，但磁条卡仍然被盗刷，更能说明被告安全保障技术的不足。

综上，在银行卡盗刷事实认定的情况下，发卡行在合同履行过程中未尽到安全保障义务错误支付款项造成持卡人损失，又未提供证据证明盗刷损失系持卡人违反信息妥善保管等义务造成，仅以持卡人未及时更换其倡议的高安全性卡或者存在泄密可能为由主张减免赔偿责任的，人民法院不予支持。

编写人：江西省铜鼓县人民法院　柯书盛　吴丽红

三、融资租赁合同纠纷

21

融资租赁出租人自行收回并处置租赁物的，因可归责于出租人事由造成租赁物价值贬损，出租人应承担不利后果

——某融资租赁公司诉钟某某融资租赁合同案

【案件基本信息】

1. 裁判书字号

福建省厦门市思明区人民法院（2023）闽0203民初16568号民事判决书

2. 案由：融资租赁合同纠纷

3. 当事人

原告：某融资租赁公司

被告：钟某某

【基本案情】

2019年5月18日，某融资租赁公司与钟某某签订《融资租赁合同》，约定：某融资租赁公司根据钟某某的选择购买汽车一辆并出租给钟某某使用，租赁物出售（转让）价款115000元；融资总额157068元，租赁期限36个月，租金4363元/月，租赁保证金9200元；承租人未能按照本合同的约定按期足额支付首期款、租金、垫付款和其他应付款项（包括双方约定的与本合同或租赁物

全部相关联的欠款），经催告后在合理期限内仍未履行时，出租人可以自行或者委托第三人立即通知承租人或其继承人解除本合同，并收回、处分租赁物件；提前收回全部租金，承租人立即支付合同项下所有租金及其他应付款项（含已经到期但未支付的租金和未到期租金，本合同项下所约定的违约金等）；承租人按时足额支付租金及其他应付款项、留购价格，租赁期限届满租赁物归承租人所有。

合同签订当日，租赁物完成交付。2019 年 10 月 25 日，钟某某逾期支付租金 4363 元/期×32 期=139616 元（某融资租赁公司确认已经收取案涉合同项下的前四期租金合计 17452 元）。2019 年 10 月 28 日，某融资租赁公司回收租赁物。2020 年 4 月 7 日，某融资租赁公司将租赁物出售，得款 86000 元。

某融资租赁公司诉请：（1）确认《融资租赁合同》于 2019 年 10 月 28 日解除；（2）钟某某向某融资租赁公司赔偿损失 44416 元。

【案件焦点】

1. 合同解除的时间如何认定；2. 某融资租赁公司的损失如何计算。

【法院裁判要旨】

福建省厦门市思明区人民法院经审理认为：某融资租赁公司与钟某某成立合法有效的融资租赁关系。因钟某某欠付租金，某融资租赁公司诉请解除合同并要求钟某某赔偿损失，符合法律规定及合同约定，可予支持。本案的争议焦点为解除时间及损失金额。

关于合同之解除。钟某某未能依约支付租金，某融资租赁公司依约有权解除合同，收回租赁物。某融资租赁公司主张以收回租赁物的方式通知解除合同，且已实际收回租赁物，可视为回收之日为合同解除通知到达之日，故法院对 2019 年 10 月 28 日为合同解除之日予以确认。

关于损失之计算。根据《最高人民法院关于审理融资租赁合同纠纷案件适用法律问题的解释》第十一条第二款的规定，损失赔偿范围为承租人全部未付租金及其他费用与收回租赁物价值的差额。某融资租赁公司主张的损失为全部未付租金139616元-保证金9200元-车辆处置款86000元=44416元，对此，法院认为，某融资租赁公司于2019年10月28日回收租赁物，但迟至2020年4月7日方才以86000元的价格将该租赁物售与他人，某融资租赁公司处置租赁物时间延后，钟某某归还租赁物后的价值贬损不应由其个人承担。2019年5月18日至2020年4月7日案涉租赁车辆在二手市场的价格贬值约为（115000元-86000元）÷325天=89.23元/天，某融资租赁公司直到2020年4月7日才处置租赁物，距2019年10月28日钟某某归还车辆已经过162日，此期间的价值贬损89.23元/天×162天=14455元应由某融资租赁公司自行承担。据此，某融资租赁公司的损失应为139616元-86000元-14455元=39161元。某融资租赁公司自愿在赔偿损失范围内扣除保证金9200元，系对自身权利的处分，法院予以照准，故扣除保证金后钟某某应赔偿的损失金额为29961元。某融资租赁公司请求钟某某赔偿损失的金额，在法院核定范围内予以支持，超出部分，不予支持。故判决如下：

一、确认某融资租赁公司与钟某某签订的《融资租赁合同》于2019年10月28日解除；

二、钟某某应于本判决生效之日起十日内赔偿某融资租赁公司损失29961元；

三、驳回某融资租赁公司的其他诉讼请求。

判决后，双方当事人均未上诉，本判决现已生效。

【法官后语】

融资租赁是一种贸易与信贷相结合，融资与融物合一的交易模式。本案出租人与承租人成立合法有效的融资租赁合同关系。在承租人欠付租金且经催告后在合理期限内仍不支付的情况下，出租人可以请求支付全部租金，也可以解除合同，收回租赁物。本案出租人选择行使合同解除权，收回租赁物，并主张承租人赔偿损失。

1. 出租人损失之认定，应先行清算。根据《最高人民法院关于审理融资租赁合同纠纷案件适用法律问题的解释》第十一条的规定，损失赔偿范围=承租人全部未付租金+其他费用−收回租赁物价值。应考虑到，该公式计算结果可能为正值、负值或0。因此，该公式计算的不仅是出租人所受损失，当计算结果为负值时，所计算的实际上也是出租人领受的超出合同正常履行情况下本可获得利益之外的额外利益。合同约定租赁期限届满租赁物归承租人所有时，出租人所享有的权益为租金债权，承租人已支付的租金不仅包括租赁物的使用对价，亦包括租赁物购买成本及合理利润的分摊对价。此时，融资租赁物实际上是担保财产，出租人并不当然享有收回租赁物的价值。因此，在出租人收回租赁物并处置后，应就主债权（租金债权）与担保财产（收回的租赁物）之间的价值进行清算，实行“多退少补”。若承租人全部未付租金+其他费用−收回租赁物价值=正值，则出租人有权向承租人请求损失赔偿；若为负值，则代表收回租赁物的价值超过租金债权，出租人就超额领受部分构成不当得利，承租人有权请求返还；若为0，则收回租赁物的价值与租金债权相当，出租人领受收回租赁物的价值后，租金债权因抵销而消灭。

2. 清算的难点在于收回租赁物价值的认定。收回租赁物价值的认定是损失得以正确清算的基础，因此经常成为当事人的争议焦点。收回租赁物价值可以通过融资租赁合同约定、约定的租赁物折旧以及合同到期后租赁物的残值、有资质的机构评估或者拍卖等方式确定。出租人自行收回并处置租赁物的，应对其处置程序的公平性及处置价格的合理性承担举证责任。本案出租人作为专业的融资租赁公司，且车辆作为常见的融资租赁物，根据常情常理及市场交易习惯，出租人知道或者应当知道二手车辆贬值快的特点。出租人处置租赁物时间延后、怠于处置或处置不当，致使租赁物价值贬损的，出租人应对贬损价值承担责任。

综上，司法裁判中，无论是计算出租人所受损失还是计算出租人超额领受金额，均应先行清算。清算的核心是收回租赁物价值的认定。确定收回租赁物价值时，重点审查租赁物价值是否合理、是否贬损及贬损的原因。出租人自行收回并处置租赁物的，因可归责于出租人事由造成租赁物价值贬损，出租人应承担不利后果。

本案判决为类案处理提供了新思路，对融资租赁公司也起到规范引导作用。融资租赁公司应完善合同条款，提高合规意识，在收回租赁物后，作为租赁物的实际控制人、管理人、处置人，应善尽义务，公平、及时、合理地处置租赁物。

编写人：福建省厦门市思明区人民法院　林秋虹

22

融资租赁公司从事融资担保的合同效力

——某融资租赁公司诉翁某某、某物流公司追偿权案

【案件基本信息】

1. 裁判书字号

上海市浦东新区人民法院（2023）沪0115民初3971号民事判决书

2. 案由：追偿权纠纷

3. 当事人

原告：某融资租赁公司

被告：翁某某、某物流公司

【基本案情】

2019年9月26日，翁某某与某银行签订《某银行个人网络贷款借款及担保额度合同》《某银行个人额度借款支用单》，约定借款人为翁某某，贷款人为某银行，借款金额为560000元，期限为36个月，年利率为8%，罚息年利率为12%，并约定还款方式、违约责任等。同日，某银行向翁某某发放贷款56万元。

2019年9月24日，某融资租赁公司与某银行、案外人叶某签订《最高额

保证合同》，约定为翁某某在与某银行在2019年9月26日至2022年9月24日签订的所有主合同项下的债权本金最高余额560000元的各笔债权提供连带保证责任。同日，某融资租赁公司向某银行出具《担保承诺函》。

2019年9月26日，某融资租赁公司与翁某某签订《借款担保服务合同》，约定由某融资租赁公司为翁某某的前述借款向某银行提供担保服务，某融资租赁公司为翁某某提供的担保内容、担保费用和保证金等合同主要内容均存在空白。同日，某融资租赁公司与翁某某、某物流公司签订《借款反担保合同》，约定某物流公司作为某融资租赁公司为翁某某担保的反担保，承担连带保证责任。某物流公司出具了《公司股东会决议》。

2022年7月12日，因翁某某未能按时偿还借款，某融资租赁公司向某银行支付本金149457.37元、利息4572.47元和罚息3408.57元，共计157438.41元。次日，某银行出具《代偿证明》载明，2021年12月20日该笔贷款逾期后，担保人某融资租赁公司代偿本息总金额合计157438.41元。

庭审中，某融资租赁公司自认其曾于2019年9月27日向翁某某收取过保证金56000元和服务费6750元，共计62750元；某融资租赁公司确认《借款反担保合同》为《借款担保服务合同》的从合同，若《借款反担保合同》无效，则向某物流公司主张不超过翁某某不能清偿部分三分之一的赔偿责任。

【案件焦点】

1. 某融资租赁公司与翁某某签署的《借款担保服务合同》是否有效；2. 某融资租赁公司向翁某某追偿的范围。

【法院裁判要旨】

上海市浦东新区人民法院经审理认为：针对第一项争议焦点，首先，某融资租赁公司为翁某某的借款提供担保，应认定为融资担保，某融资租赁公司与翁某某签署的《借款担保服务合同》属于从事融资担保业务。其次，某融资租赁公司在未经监管部门批准的情况下，从事融资担保业务，违反了《融资担保公司监督管理条例》的强制性规定。最后，因某融资租赁公司违反行政法规的强制性规定，故其与翁某某签署的《借款担保服务合同》无效。

针对第二项争议焦点，首先，某融资租赁公司基于《借款担保服务合同》收取的翁某某的62750元，应当返还翁某某。其次，某融资租赁公司与某银行签署《最高额保证合同》并在翁某某违约后代其清偿的157438.41元，应当返还某融资租赁公司。最后，因双方互负返还义务，应进行清算。关于资金占用费，应以双方各自占有对方资金的期间，按照一年期LPR计算。某融资租赁公司收取翁某某的费用后至2022年7月12日代偿翁某某欠款时的资金占用费为7459.93元。因翁某某需向某融资租赁公司返还的金额大于某融资租赁公司应向翁某某返还的金额，抵扣后，翁某某还应向某融资租赁公司返还87228.48元以及自2022年7月13日起至实际清偿之日止的资金占用费。

上海市浦东新区人民法院依照《中华人民共和国民法典》第一百五十三条、第一百五十七条、第三百八十八条规定，判决如下：

一、翁某某应返还某融资租赁公司87228.48元；

二、翁某某应返还某融资租赁公司自2022年7月13日起至实际偿付之日止的资金占用费用；

三、某物流公司对翁某某上述第一项至第二项返还义务不能清偿部分的四分之一承担赔偿责任，被告某物流公司履行赔偿责任后，有权向翁某某追偿。

判决后，双方当事人均未上诉，本判决现已生效。

【法官后语】

助贷业务是指助贷机构通过自有系统或渠道筛选目标客群，在完成自有风控流程后，将较为优质的客户输送给持牌金融机构、类金融机构，经持牌金融机构、类金融机构风控终审后，完成发放贷款的一种业务。助贷机构一定程度上解决了中小微企业“融资难”的问题，但由于服务环节的增加，存在以各种名目违规收取高额费用的情况，未能彻底解决“融资贵”的问题。部分融资租赁公司作为助贷机构，除充当信息中介外，还会以自身或其关联企业为借款人提供担保，以提高借款人的还款能力，并向借款人收取相应服务费。融资租赁公司作为地方金融机构，其经营范围包含“租赁交易咨询和担保”，其从事融资担保业务的合同性质存在争议。

一、融资担保属于特许经营

担保分为融资担保和非融资担保，融资担保包括借款类担保、发行债券担保和其他融资担保，非融资担保包括诉讼保全担保、履约担保及其他非融资担保。借款类担保，是指担保人为被担保人贷款、互联网借贷、融资租赁、商业保理、票据承兑、信用证等债务融资提供担保的行为。目前，七类地方金融组织中，仅对于融资担保公司的监管文件层级均属于行政法规，其他六类地方金融组织的监管文件层级属于部门规章或规范性文件。《融资担保公司监督管理条例》规定，未经监督管理部门批准，任何单位和个人不得经营融资担保业务。因此，融资担保属于特许经营。

二、融资租赁公司不得从事融资担保业务

《融资租赁公司监督管理暂行办法》明确了融资租赁公司的经营范围，包括"租赁交易咨询"，而部分融资租赁公司的经营范围为"租赁交易咨询和担保"。从字面意思看，该表述有两种意思，一种为租赁交易担保，另一种为租赁担保，但无论是哪种含义均属于履约担保，均无法解释为融资担保。退一步讲，如果经营范围需要批准，即使营业执照已经登记，亦不能免除批准程序。综上，在未获得监管部门许可经营融资担保业务的情形下，融资租赁公司不得经营融资担保业务。

因此，融资租赁公司为金融消费者的借款提供担保，应认定为融资担保，其与金融消费者签署相关担保服务合同的行为属于从事融资担保业务。融资租赁公司在未经监管部门批准的情况下，从事融资担保业务，违反了行政法规的强制性规定，故助贷机构与金融消费者签署的相关担保服务合同无效。

三、助贷机构从事融资担保业务的风险

包括融资租赁公司在内的助贷机构从事融资担保业务实质上提供增信或者"兜底"时，发放贷款的金融机构存在不承担或少承担的信用风险，部分风险控制措施形同虚设；而助贷机构囿于自身业务水平，存在内控管理不到位、业务流程不健全、资金用途监测不到位等问题，当出现资金断裂难以代偿或受让债权时，风险将直接传导给银行等资金提供方，易引发系统性金融风险。

因此，明确不具有融资担保资质的助贷机构从事融资担保业务的行为无效，并判令助贷机构返还收取的费用及资金占用费，将规范助贷市场，指引助贷机构回归提供信息中介服务主业，这对于切实降低融资成本，维护金融消费者合法权益具有重要意义；此外，对于未获金融监管部门许可的助贷机构从事相关金融交易予以否定性评价，体现了与金融监管之间的协同治理，对于维护金融借款市场秩序，防范化解金融风险具有指引意义。

编写人：上海市浦东新区人民法院　顾权　王朝辉

23

融资租赁合同关系被否定后附属抵押合同的效力认定

——某融资租赁公司诉某进出口公司等破产债权确认案

【案件基本信息】

1. 裁判书字号

上海金融法院（2024）沪 74 民终 341 号民事判决书

2. 案由：破产债权确认纠纷

3. 当事人

原告（被上诉人）：某融资租赁公司

被告（上诉人）：某进出口公司

被告：某饭店管理公司、茹某

第三人：某财税管理合伙企业

【基本案情】

2019 年 4 月 24 日，原告与被告某饭店管理公司订立《融资租赁合同（售后回租)》，约定被告某饭店管理公司将其所有的一批设备，包括 690 套淋浴设备、272 套平面移动类停车设备、25 套中央空调出售给原告，并从原告处租回使用；出租人向承租人交付租赁物的方式为占有改定，承租人签署《所有权转移确认书》即视为出租人已交付租赁物。合同另约定了上述设备的转让价款及租期、租金金额等内容；原告与被告某饭店管理公司签订《所有权转让协议》《所有权转移确认书》。同日，原告与被告茹某签订《保证函》，约定被告茹某对案涉《融资租赁合同（售后回租）》项下被告某饭店管理公司所负债务承担不可撤销的连带责任保证；被告某进出口公司（抵押人）与原告（抵押权人）签订《房地产抵押合同》，约定被告某进出口公司将其所有的若干套房产抵押给原告，约定抵押担保范围为：某饭店管理公司在租赁合同项下对原告负有的一切债务，包括但不限于租金、违约金、损害赔偿金、抵押权人实现债权的费用（如律师费等）等，该合同第 10.5 条约定：在抵押权人实现抵押权时，无论抵押权人对抵押人和承租人的债权是否设定有其他担保（包括物权担保和保证)，均不影响抵押权人实现抵押权的权利。抵押权人有权自行选择实现担保的种类、方法和顺序。5 月 5 日，上述房产均办理了不动产抵押登记，原告被登记为抵押权人。后原告已向被告某饭店管理公司放款，被告某饭店管理公司支付了手续费、保证金及部分租金等。

本案系再审发回重审案件。在原审中，原告向法院提供了一份《资产评估报告书》，载明评估机构为第三人某财税管理合伙企业，委托方为被告某饭店管理公司，评估结论为：确定截至评估基准日 2019 年 4 月 1 日，被告某饭店管理公司拟融资租赁委评的固定资产的评估值为 33533200 元，评估报告中包含上述《融资租赁合同（售后回租）》约定的租赁设备。

2021 年 5 月，被告某进出口公司向财政部门举报第三人就案涉租赁物开展评估业务并涉嫌出具虚假评估报告等，财政部门对此开展调查核实。第三人于 2021 年 7 月 9 日登报发布公开声明，否认曾接受委托和出具上述资产评估报告。因案涉租赁物的真实性存疑，该案被发回重审。

在本案中，原告陈述：被告某饭店管理公司并未向原告提交原始购买租赁物的合同原件及发票；公司区域总监对案涉租赁物进行了现场考察，根据公司租赁物审核制度要求，若能提供第三方权威机构出具的资产评估报告，可无须提供租赁物照片及发票，故当时仅要求某饭店管理公司出具资产评估报告。被告某进出口公司辩称，原告以融资租赁为名行民间借贷之实，应认定融资租赁合同无效，进而抵押合同亦无效。其提供担保是为融资租赁法律关系，为借款法律关系提供担保因欠缺真实意思表示而不成立，且加大了风险，故其不应承担担保责任。

另查明，被告某饭店管理公司已被法院裁定受理破产清算申请。

【案件焦点】

1. 某融资租赁公司展业依据的《资产评估报告书》被证伪后的法律关系认定；2. 融资租赁法律关系被否定后抵押合同的效力认定。

【法院裁判要旨】

上海市浦东新区人民法院经审理认为：因第三人否认出具案涉《资产评估报告书》，而原告并未提供其他任何租赁物相关所有权证明，亦未提供已对租赁物做过特定标识、实物检视、采取实地拍照或办理交接手续等相关证据，《所有权转移确认书》无法作为证明案涉租赁物真实存在的直接证据。作为专业的融资租赁公司，原告未尽上述审查义务，显然不合常理。故本院难以认定案涉租赁物客观存在且具有特定化。融资租赁合同属于以融物的方式实现融资，应当具有融资和融物的双重特征，而本案属于以融资租赁之名行借贷之实，原告与被告某饭店管理公司之间成立借贷合同关系。因尚无证据表明原告存在以违规放贷为主要业务或利润来源等违法情形，故双方之间的借贷合同关系合法有效。

对于被告某进出口公司应否承担抵押担保责任，法院认为，原告与被告某进出口公司签订的《房地产抵押合同》系当事人真实意思表示，未违反法律的强制性规定，依法成立并有效。对合同的定性不影响担保责任范围，租赁物不存在亦不影响某进出口公司承担担保责任。本案从融资租赁合同下的租金之债变更为借贷关系下的本息之债，某进出口公司的担保风险并无不同。融资租赁合同中的租金系由出租人的融资成本及合理利润构成，与借款合同中的本息无实际区别。而且，根据双方签订的《房地产抵押合同》第 10.5 条的约定，即便租赁物真实存在，某饭店管理公司逾期不履行合同约定的付款义务，原告也可以根据自身利益最大化，选择不对租赁物折价、拍卖变卖的价款优先受偿，而是要求实现对某进出口公司的抵押权。某进出口公司在签订合同时对此就应明知，因此，租赁物不存在并不增加其担保风险。

综上，上海市浦东新区人民法院判决如下：

一、确认原告对被告某饭店管理公司享有借款本金、相应利息及律师费的破产债权；

二、若被告某饭店管理公司未履行上述还款义务，原告有权就被告某进出口公司名下的若干不动产行使抵押权，对拍卖、变卖所得价款优先受偿；

三、被告茹某对被告某饭店管理公司的上述还款义务承担连带保证责任。

被告某进出口公司不服一审判决，提出上诉，上海金融法院经审理判决：驳回上诉，维持原判。

【法官后语】

本案的主要问题在于，融资租赁合同关系因租赁物不真实而被认定为借款合同关系后，抵押人为融资租赁合同项下债务履行提供的附属抵押担保效力如何认定。

一、附属抵押合同效力应依据实际构成的法律关系效力认定

《最高人民法院关于审理融资租赁合同纠纷案件适用法律问题的解释》第一条第二款规定："对名为融资租赁合同，但实际不构成融资租赁法律关系的，人民法院应按照其实际构成的法律关系处理。"据此，融资租赁合同性质的否定并不必然导致双方之间的实际法律关系无效，而是应当依据民法典及相关司法解释的规定，对双方之间实际构成的法律关系效力进行认定。本案中，原告在开展融资租赁业务的过程中虽有不规范，导致双方之间的法律关系被认定为借款合同关系，但对于双方之间的借款合同，并无证据表明其存在以违规放贷

为主要业务或利润来源等违法情形，未违反法律、行政法规的强制性规定，故双方之间的借款合同关系合法有效。

融资租赁合同关系因租赁物不真实而被否认后，附属抵押合同的效力应如何认定。根据民法典的相关规定，涉案抵押合同属于融资租赁合同的从合同，若融资租赁合同被认定为无效，则附属抵押合同亦为无效。然而，融资租赁合同的法律关系性质虽发生变更，合同主体之间的债权债务关系仍存在，对附属抵押合同的效力应当按照双方实际构成的法律关系效力进行认定。因此，附属抵押合同成为双方之间借款合同的从合同，其效力并不会因融资租赁合同关系的改变而发生变化。

二、租赁物不真实存在对抵押人担保责任的影响

在肯定附属抵押合同的效力后，需要分析考虑租赁物不真实存在是否对抵押人的抵押担保责任产生影响。

首先，主法律关系由融资租赁合同变更为借款合同后，抵押人的抵押担保范围有无变化。对此，应当结合抵押合同的约定、当事人的主张以及变更后法律关系的性质综合加以认定。本案中，原告自愿将利息调低至8.15%，低于融资租赁合同中约定的租金年化利率，且已将手续费等费用共计200万元从本金中扣除，因此抵押人某进出口公司担保的债务金额并未高于其签订《房地产抵押合同》时的合理预期，不存在担保范围增大的情况。本案从融资租赁合同下的租金之债变更为借贷关系下的本息之债，某进出口公司的担保风险并无不同。

其次，租赁物不存在是否增加抵押人的抵押担保风险。因为在融资租赁合同关系特别是售后回租模式下，租赁物当然地具有为融资租赁合同项下债务履行提供担保的物权属性，而租赁物不真实存在导致抵押人的抵押物增加了被直接行权的风险。对此，也应当依据双方之间的抵押合同的约定来加以分析。虽然民法典第三百九十二条规定了债务人的自物抵押应当优先偿还债务，但是在双方另有约定的情况下，仍应依照双方之间的约定来确定。本案中，抵押合同中未明确约定抵押人提供的抵押须以债务人提供的租赁物抵押为前提条件，反而明确约定了抵押权人有权选择不对租赁物折价、拍卖变卖，而是直接要求实

现对被告某进出口公司的抵押权。可见，某进出口公司在签订抵押合同时即明知原告在实现抵押担保时有权自行选择实现担保的种类、方法和顺序，因此并未超出当时可以预见的合理范围。

最后，需考虑出租人作为抵押权人对租赁物不真实存在是否具有故意或重大过失。如果出租人和承租人双方通谋故意以虚构租赁物的方式签订融资租赁合同，而抵押人对此并不知晓，仍以为融资租赁合同提供担保的意思订立抵押合同，则该种情形下，出租人的抵押权是否受到影响不无疑问。然而本案中并不存在该种情形，出租人用于确定租赁物的《资产评估报告书》系由承租人提供，出租人根据自身内部管理制度未进行现场调查，尚不构成故意或重大过失，也无证据显示出租人对租赁物的不真实具有其他过错情形，故出租人的抵押权不应受到限制，抵押人仍应按照抵押合同约定承担抵押担保责任。

因此，法律关系定性不会影响被担保债务的统一性，在无其他合同无效的情况下，主合同依然有效，担保人不能仅以法律关系定性发生变化为由要求免除己方责任，对于主合同项下的债务依然需要继续承担担保责任。

编写人：上海市浦东新区人民法院　俞硒　孙猛

24

融资租赁合同纠纷中承租人未按约定方式还款、改装车辆构成违约

——罗某诉某融资租赁公司融资租赁合同案

【案件基本信息】

1. 裁判书字号

北京金融法院（2023）京74民终1739号民事判决书

2. 案由：融资租赁合同纠纷

3. 当事人

原告（上诉人）：罗某

被告（被上诉人）：某融资租赁公司

【基本案情】

2019年12月28日，出租人某融资租赁公司与承租人罗某签订《融资租赁合同》及《补充协议》，约定某融资租赁公司以“以租代售”的形式向罗某出售商务车一辆。承租人未能按约按期足额支付租金，有侵犯出租人对车辆所有权和损害租赁物安全的行为，如损毁拆卸破坏零部件或设备、改装等情况，系违约，出租人可采取以下措施：（1）逾期支付租金等应付款项的，要求承租人支付全部到期欠款并停止出租租赁物……（4）立即通知承租人解除本合同，不经司法程序自行取回、处分租赁物，且不退还履约保证金。自出租人将租赁物收回之日起，有权要求承租人限期偿还全部债务并赎回租赁物，承租人逾期未能办理赎回手续的，有权直接或委托他人代为处分租赁物，处置价款优先支付合同项下的应付款项，若不足以清偿，出租人有权继续对承租人进行催收。

合同签订后，罗某支付了首付款、履约保证金及前五期租金。某融资租赁公司称第五期租金存在逾期，罗某认可，并表示其通过APP换绑其名下光大银行账户进行第五期租金还款，但无法扣款。罗某于2020年6月28日、7月28日通过其名下光大银行账户向某融资租赁公司分别转款3245元。某融资租赁公司称还款金额及账户与合同约定不一，罗某明知自主付款不能对应合同约定账户及金额，仍未按约履行付款义务，存在违约。

2020年8月13日，某融资租赁公司将案涉车辆收回，向罗某发送短信，告知因其存在严重违约情形，已根据协议暂时将车辆拖回，通知其在七个工作日联系协商处理后期事宜。

某融资租赁公司称案涉车辆在2020年12月18日被处置，处置价款83600元。

某融资租赁公司提交照片，显示罗某将车辆后排座椅拆除并存放货物。某融资租赁公司称罗某拆除座椅构成违约。罗某称因开设儿童乐园，需要拉游戏机等设备，故自行拆除了后排座椅。

罗某诉请：（1）解除罗某与某融资租赁公司签订的《融资租赁合同》及《补充协议》；（2）某融资租赁公司承担违约责任返还罗某 10980 元车辆首付款，3000 元履约保证金，4866.97 元租赁费。

某融资租赁公司同意解除，但表示合同解除系因罗某在合同履行中出现擅自拆除车辆后座、未按约偿还租金等违约行为。

【案件焦点】

罗某未按合同约定方式还款、改装车辆是否构成违约。

【法院裁判要旨】

北京市朝阳区人民法院经审理认为：案涉《融资租赁合同》及《补充协议》系双方当事人真实意思表示，内容不违反法律法规的强制性规定，应属合法有效，双方应当按约履行义务。本案中，第一，罗某逾期支付第五期租金已构成违约；第二，案涉《融资租赁合同》明确约定承租人不得拆卸破坏车辆上的零部件或设备，不得改装租赁物。道路交通安全法第十六条第一项规定："任何单位或者个人不得……拼装机动车或者擅自改变机动车已登记的结构、构造或者特征。"罗某拆除座椅的行为违反合同约定及法律规定。第三，罗某拆除后排座椅用于拉货，会使车辆重心迁移，造成后轴侧滑，影响车辆的安全性能，车辆转弯及高速行驶时易发生交通事故。综上，罗某已构成严重违约，某融资租赁公司有权依《融资租赁合同》及《补充协议》的约定收回租赁物，案涉车辆于 2020 年 8 月 13 日被某融资租赁公司收回，本院确认《融资租赁合同》及《补充协议》于该日解除。合同解除系罗某的上述违约行为所致，故本院对其主张的其他相关诉讼请求不予支持。

北京市朝阳区人民法院判决如下：

一、确认罗某与某融资租赁公司签订的《融资租赁合同》《融资租赁合同之补充协议》于 2020 年 8 月 13 日解除；

二、驳回罗某的其他诉讼请求。

罗某不服一审判决，提起上诉。

北京金融法院经审理认为：本案的争议焦点为罗某是否可以请求某融资租赁公司返还已支付的首付款、保证金以及租赁费等。罗某认为，其未能依约支付第五期租金系划款未能成功所致，导致这一问题的原因在于某融资租赁公司，而不在于罗某更换银行卡。对此，本院认为，某融资租赁公司是否与光大银行建立了合作关系与罗某主张的更换支付银行卡并无直接关联，更为重要的是，罗某的违约行为除了逾期支付租金外，主要系其存在改装车辆行为，该行为构成违约，故罗某主张其不构成违约没有事实依据，本院不予认可。鉴于此，罗某主张退还首付款、保证金、租赁费用等缺乏合理依据，一审法院不予支持并无不当。北京金融法院判决如下：

驳回上诉，维持原判。

【法官后语】

审判实践中，融资租赁合同纠纷案件多为出租人融资租赁公司认为承租人存在违约情形向法院提起诉讼，要求解除融资租赁合同、取回租赁物并请求赔偿损失，本案的特殊之处在于原告为承租人，被告为出租人融资租赁公司，承租人认为出租人擅自收回租赁物构成违约，要求确认解除合同，返还首期租赁款、保证金及租金。本案的争议焦点为案涉融资租赁合同履行过程中，出租人收车行为系违约行为还是在承租人违约情形下的救济行为。

民法典第五条规定："民事主体从事民事活动，应当遵循自愿原则，按照自己的意思设立、变更、终止民事法律关系。"法院在处理融资租赁合同纠纷案件时，各方当事人签订的《融资租赁合同》为界定各方当事人权利义务的重要依据。

本案中，某融资租赁公司应诉后主张罗某在《融资租赁合同》履行过程中存在未按合同约定还款及改装车辆两大违约情形。就该两种情形，结合《融资租赁合同》进行逐一分析。

第一，未按约定还款。该情形在融资租赁合同纠纷案件中较为常见，双方当事人在签订融资租赁合同时，通常会以《租金支付表》形式确定每期还款金额及日期，并在违约责任一节就逾期支付租金进行约定。而实践中，融资租赁合同通常为出租人提供的格式文本，承租人在签订融资租赁合同时通常未能仔细阅读，甚至不理解“融资租赁”的含义，在合同履行过程中存在随意性，付了部分租金后未按约定还款，导致车被收回，甚至还要继续向出租人赔偿损失，如本案情形。尽管如此，承租人罗某逾期支付第五期租金及未按约定方式支付第六、七期租金的行为，仍构成违约。

第二，改装车辆。《中华人民共和国道路交通安全法》第十六条第一项规定“任何单位或者个人不得……拼装机动车或者擅自改变机动车已登记的结构、构造或者特征”，《融资租赁合同》亦明确约定，承租人不得有损害租赁物安全的行为，不得拆卸破坏车辆上的零部件或设备，不得改装租赁物。实践中，一些承租人罔顾法律规定与合同约定，根据自身使用需求，对车辆进行改装，危害甚大。罗某擅自拆除案涉车辆的后排座椅，会使车辆重心迁移，造成后轴侧滑，影响车辆的安全性能，车辆转弯及高速行驶时易发生严重交通事故。此外，后排座椅拆除还会导致驾驶员及前排乘客与所拉货物“贴身”存放，没有安全阻挡，如果紧急刹车或加速，车后货物会惯性前冲，危及驾驶人及前排乘客的人身安全。因此，罗某改装车辆的行为违反双方的合同约定及法律规定，构成违约。

无论是承租人起诉出租人，还是出租人起诉承租人，融资租赁合同纠纷中，当事人的争议焦点均为融资租赁合同的签订及履行，融资租赁合同条款成为法院判决的重要依据。现实生活中，融资租赁合同多采用线上方式签订，在享受便利的同时，也需注意条款的具体内容。本案中罗某违约在先，根据《融资租赁合同》的约定，在承租人违约情况下，出租人有权解除合同，收回租赁物，故某融资租赁公司取回案涉车辆系对罗某违约行为的救济措施，符合合同约定，罗某诉请某融资租赁公司承担违约责任，并无依据。

编写人：北京市朝阳区人民法院　李林强　史素英

25

融资租赁出租人收回租赁物后的权利限制

——某融资租赁公司诉陈某某融资租赁合同案

【案件基本信息】

1. 裁判书字号

福建省厦门市中级人民法院（2023）闽 02 民终 5106 号民事判决书

2. 案由：融资租赁合同纠纷

3. 当事人

原告（被上诉人）：某融资租赁公司

被告（上诉人）：陈某某

【基本案情】

2022 年 7 月 7 日，某融资租赁公司与陈某某签订了一份《机动车融资租赁合同》，约定陈某某以售后回租的方式向某融资租赁公司租赁车牌号闽××××××的车辆。合同签订后，某融资租赁公司依约向陈某某支付了购车款，车辆由陈某某继续占有、使用，但陈某某自始未支付任何租金。某融资租赁公司自行收回租赁物后，向法院提起诉讼，请求陈某某支付全部剩余租金、逾期违约金、律师费并某融资租赁公司有权以租赁物闽××××××车辆拍卖、变卖后所得价款优先受偿。

【案件焦点】

陈某某未按期足额支付租金，某融资租赁公司的主张是否应当得到支持。

【法院裁判要旨】

福建省厦门市思明区人民法院经审理认为：某融资租赁公司与陈某某签订的融资租赁合同合法有效，双方成立融资租赁法律关系。陈某某自取得租赁物后，未按时足额支付租金，某融资租赁公司于 2022 年 9 月 23 日回收车辆。自车辆被回收后，陈某某无法占有、使用，双方无再履行系争融资租赁合同的可能，案涉融资租赁合同已于 2022 年 9 月 23 日实际解除。陈某某应支付合同解除前的未付租金即截至 2022 年 9 月 23 日的应付租金 8200.64 元。某融资租赁公司诉请陈某某支付全部租金，属于继续履行合同，以承租人仍然占有为前提。经释明后，某融资租赁公司仍坚持原诉讼请求，就超出部分的租金不予支持。某融资租赁公司同时请求陈某某支付逾期付款违约金，符合合同约定，但应以前述认定的未付租金为基数。某融资租赁公司已实际收回所有的租赁物，其请求以租赁物的折价或拍卖、变卖所得价款受偿，于法无据，不予以支持。某融资租赁公司实际支付律师费 2450 元，酌定陈某某按某融资租赁公司的诉讼请求得到支付比例承担已实际发生的律师费。

福建省厦门市思明区人民法院判决如下：

一、陈某某应于本判决生效之日起十日内支付某融资欠付租赁公司的租金 8200.64 元及逾期违约金（自 2023 年 3 月 22 日起以欠付租金为基数，按同期全国银行间同业拆借中心公布的一年期贷款市场报价利率的 4 倍计至实际还款之日止），同时支付律师费 128 元；

二、驳回某融资租赁公司的其他诉讼请求。

陈某某不服一审判决，提起上诉。

福建省厦门市中级人民法院经审理认为：本案讼争的《机动车融资租赁合同》系双方当事人的真实意思表示，内容形式合法，未违反法律、行政法规的强制性规定，合法有效。一审以实际支付金额认定融资款及调整租金并无不当。在合同履行过程中，陈某某未按约定支付租金，已经构成违约，依法应承担相应的违约责任。综上所述，陈某某的上诉请求不能成立，不予支持。一审判决认定事实清楚，适用法律正确，应予维持。福建省厦门市中级人民法院依照

《中华人民共和国民事诉讼法》第一百七十七条第一款第一项规定判决：

驳回上诉，维持原判。

【法官后语】

本案系融资租赁合同出租人在承租人违约后自行收回租赁物，并诉请承租人支付全部剩余租金引发的纠纷。融资租赁法律关系中，出租人是否有权同时请求支付全部租金与收回租赁物，是本案的争议焦点。

一、融资租赁合同的双重属性

融资与融物的结合是融资租赁合同最为重要的法律特征。[①] 一方面，出租人根据承租人的选定购买租赁物，承租人分期向出租人支付租金，承租人免予一次性支付全部租赁物价款即占有租赁物并使用、获得收益，实现资金融通的功能。另一方面，租赁期间，出租人对租赁物享有所有权，以担保出租人租金债权的实现，租赁物承担物权担保的功能；承租人不是从出租人处获得资金，而是获得租赁物，取得对租赁物的占有和使用权，体现了融物的特点。基于融资与融物的双重属性，融资租赁合同承租人支付的租金不仅是租赁物使用收益的对价，还是融资（出租人出资购买租赁物）的对价。租金的构成包含了租赁物的成本、购买租赁物价款的利息以及出租人的合理利润。

二、融资租赁承租人逾期支付租金的救济方式

融资租赁合同中，出租人在履行购买并交付租赁物的主要义务后，其仅需在租赁期限内保证承租人占有、使用租赁物；而承租人的主要义务为在租赁期限内按期支付租金。实践中，融资租赁合同的租赁期限少则三年，多至十年，期限长、经营风险不确定，且出租人已给付了租赁物的全部价款，同时又不实际占有租赁物，承租人逾期支付租金往往成为对融资租赁合同最为常见的违约方式。民法典第七百五十二条规定："承租人应当按照约定支付租金。承租人经催告后在合理期限内仍不支付租金的，出租人可以请求支付全部租金；也可以解除合同，收回租赁物。"

---

① 黄薇：《中华人民共和国民法典合同编解读（下册）》，中国法制出版社2020年版，第861页。

三、支付全部租金与收回租赁物

从前述法律规定看，出租人似可同时请求支付全部租金与收回租赁物，但从两种救济权利的法理基础看，实为相互排斥且对立的。

1. 支付全部租金。出租人请求支付全部租金，包含已到期未支付和未到期的租金，即租金加速到期，承租人仅丧失了分期支付租金的期限利益，但其在租赁期满前仍享有占有、使用租赁物的权利，融资租赁合同仍处于继续履行状态。基于全部租金与融资对价上的对应关系，出租人主张全部租金权利的，承租人亦有权继续占有、使用租赁物。

2. 收回租赁物。占有、使用租赁物是承租人最为主要的合同目的。出租人基于对租赁物享有所有权要求收回租赁物后，融资租赁合同特有的融物功能——承租人对租赁物的占有和使用的合同目的将无法实现，合同已然无法继续履行，无异于出租人行使了合同解除权。

本案中，承租人逾期支付租金，出租人以自行取回的方式回收租赁物，已然行使了合同解除权，融资租赁合同已实际解除，再行起诉请求承租人支付全部租金，在本质上为在解除合同后要求承租人继续履行合同义务，自相矛盾且对承租人有失公平。经释明后，出租人仍坚持原诉讼请求的，仅能获得支持合同解除前已到期的租金。

编写人：福建省厦门市思明区人民法院　黄素梅

26

售后回租融资租赁关系中 名义所有权人有义务协助办理抵押权注销登记

——刘某诉重庆某租赁公司融资租赁合同案

【案件基本信息】

1. 裁判书字号

成渝金融法院（2023）渝87民终4027号民事判决书

2. 案由：融资租赁合同纠纷

3. 当事人

原告（被上诉人）：刘某

被告（上诉人）：重庆某租赁公司

第三人：上海某融资租赁公司

【基本案情】

2018年10月29日，上海某融资租赁公司（出租人）、刘某（承租人）、重庆某租赁公司（保证人）签订汽车融资租赁合同，约定承租人以售后回租型融资租赁方式向出租人租赁车辆，保证人为承租人在本合同项下的所有义务提供不可撤销的连带担保，租赁车辆的销售方系重庆某租赁公司。基于满足车辆运营需要等因素，租赁车辆被登记于第三方名下时，该登记并不表明登记人为车辆的实际所有权人，租赁期内出租人为租赁车辆的唯一所有权人。租赁车辆的融资总额111090元、合同租赁期限36个月，每期还款租金3558.71元。租赁期限届满后，承租人在结清全部租金及本合同项下应付的所有款项的前提下，租赁车辆的所有权转让给承租人。

合同签订后，租赁车辆于2018年11月14日登记在重庆某租赁公司名下。同日，租赁车辆办理了抵押登记，抵押权人为上海某融资租赁公司。

2018年12月27日，重庆某租赁公司（出租方、甲方）与刘某（承租方、乙方）又签订汽车融资租赁合同，约定乙方基于自身需求选定租赁车辆，甲方按乙方的选定和要求向经销商采购车辆。租赁期内车辆以甲方名义登记上牌。租赁期满，若乙方完全履行包括租金在内的付款义务及合同约定的所有其他义务后，甲方将办理过户、解押手续，由此产生的费用由乙方承担。同时以附件形式约定了案涉车辆的租赁期限、租金等。合同签订后，重庆某租赁公司将案涉车辆交付给刘某，刘某按照合同约定向重庆某租赁公司支付租金完毕。

2021年11月3日，上海某融资租赁公司出具结清证明，载明承租人已结清所有融资租金，该公司同意对抵押车辆办理解抵押手续。上海某融资租赁公司将前述结清证明以及解除抵押登记申请表、营业执照复印件、车辆注册登记证书、发票等材料邮寄给刘某。

后刘某前往车辆管理部门办理车辆抵押权注销登记，车管所要求提供车辆登记所有人重庆某租赁公司的营业执照，否则无法办理解除抵押登记。刘某向重庆某租赁公司支付了车辆的解押费用并要求其协助办理，但重庆某租赁公司至今未予以配合，刘某遂起诉至法院要求重庆某租赁公司协助办理案涉租赁车辆的抵押权注销登记。重庆某租赁公司辩称，案涉车辆的抵押权人系上海某融资租赁公司，其不具备办理解除抵押登记的权利。

【案件焦点】

本案的争议焦点为售后回租融资租赁关系中名义所有权人重庆某租赁公司是否有义务协助承租人刘某办理租赁车辆抵押权注销登记。

【法院裁判要旨】

重庆市九龙坡区人民法院经审理认为：刘某与重庆某租赁公司签订的汽车融资租赁合同系双方当事人的真实意思表示，内容未违反法律、行政法规的强制性规定，合法有效，双方均应按照合同的约定履行各自的义务。该合同约定租赁期满若刘某完全履行包括租金在内的付款义务及合同约定的所有其他义务后，刘某将办理过户、解押手续，由此产生的费用由刘某承担。现刘某已按照合同约定支付完毕租金，并支付重庆某租赁公司解除抵押的相关费用，第三人上海某融资租赁公司作为抵押权人也出具了同意解除抵押的书面手续，重庆某租赁公司应按照合同约定协助刘某办理案涉车辆的注销抵押权登记，因此对于刘某要求重庆某租赁公司协助办理案涉车辆的注销抵押权登记的诉讼请求，本院依法予以支持。重庆市九龙坡区人民法院判决如下：

重庆某租赁公司于本判决生效后七日内协助刘某办理车辆的抵押权注销登记。

重庆某租赁公司不服一审判决，提起上诉。成渝金融法院经审理判决：

驳回上诉，维持原判。

【法官后语】

本案的争议焦点为售后回租融资租赁关系中名义所有权人是否有义务协助承租人办理租赁车辆抵押权注销登记。第一种观点认为，名义所有权人并非租赁车辆抵押权人，根据权利义务相一致原则，其不负有办理租赁车辆抵押权注销登记的义务；第二种观点认为，名义所有权人虽并非租赁车辆抵押权人，但根据其与承租人的合意约定及诚实信用原则，其有义务办理租赁车辆抵押权注销登记。笔者赞成第二种观点，具体理由如下。

一、售后回租融资租赁关系中租赁车辆的名义所有权人身份界定

首先，我国立法采取出租人享有所有权的制度规范。从售后回租融资租赁的交易结构来看，出租人向承租人指定的车辆经销商支付融资款后，承租人转让车辆并以占有改定的方式交付给出租人，以代替实际支付，同时视为出租人已将车辆作为租赁车辆并出租给承租人使用。承租人负有支付租金的义务，其履行完毕租赁义务后可以象征价款买回租赁车辆。据此，基于租赁车辆系唯一的融资租赁标的物，其所有权人也应属于提供融资款项的出租人。

其次，车管所登记的车辆所有权不具有表彰权利权属的作用，导致车辆所有权人名不副实。车管所登记系统仅具有行政监管的手段功能，难以发挥类似

于不动产登记系统所蕴含的善意取得对抗要件，且车管所登记系统只能将车辆登记在一人名下，也导致其不能较大程度地体现车辆的真实所有权关系。故即使机动车登记证书上记载的所有权人为非出租人的其他主体，也不能推定该其他主体系车辆所有权人。据此，现有制度尚不能建立出租人与租赁车辆所有权的唯一对应连接规范。

本案中，刘某与上海某融资租赁公司的融资租赁合同约定，基于满足车辆运营需要等因素，租赁车辆被登记于第三方重庆某租赁公司名下，租赁期内上海某融资租赁公司系租赁车辆的唯一所有权人。即使案涉租赁车辆被登记于重庆某租赁公司名下，重庆某租赁公司也仅为案涉租赁车辆的名义所有权人。

二、售后回租融资租赁关系中出租人就租赁车辆设立抵押的目的考量

民法典施行前，司法实务采取就租赁车辆设立抵押的方式保障出租人权益。主要原因在于出租人就租赁车辆设立的抵押权担保的不是普通债权，而是由购置租赁车辆的价款债权转化而来的。承租人回租后向出租人支付的租金由出租人购置租赁车辆价款及利息构成，出租人通过租金回收实现其对购置租赁车辆所支付的价款及预期利益，通常以此种方式收取的租金会比营业性租赁方式获取的利益高。

民法典施行后，立法规定出租人对租赁车辆的所有权采取登记对抗主义。但鉴于只有部分省市将包含车辆在内的特殊动产的担保负担纳入动产融资统一登记公示系统中予以登记，其余暂时不能在该系统中登记的，则继续采取抵押登记公示的做法。对于在动产融资统一登记公示系统中登记的租赁车辆而言，该动产担保登记证明上会载明承租人、出租人、租赁财产信息，外界可以通过查询担保人、担保权人的方式索引融资租赁信息。对于仍采取抵押登记公示的租赁车辆而言，《最高人民法院关于适用〈中华人民共和国民法典〉有关担保制度的解释》第六十五条第一款也为其提供了法律支撑，即只要出租人对租赁车辆享有的所有权已经办理登记，其就可以请求参照民事诉讼法实现担保物权案件的有关规定，以拍卖、变卖租赁车辆所得价款支付租金。

本案中，上海某融资租赁公司作为租赁车辆的唯一所有权人，基于案涉融

资租赁关系成立于2018年（民法典施行之前），其以案涉车辆为刘某的租金债务设立抵押担保，已办理抵押登记，抵押成立并生效。在承租人的租金义务即抵押权所担保的主债权履行完毕的情形下，抵押权也消灭。上海某融资租赁公司有义务办理抵押权的注销登记。现上海某融资租赁公司已向法院出具同意办理抵押车辆注销登记的证明，且也将涉及解除抵押登记的车辆注册登记证书、发票、公司营业执照复印件邮寄给刘某，视为上海某融资租赁公司履行了其作为抵押权人负担的注销抵押登记的义务。

三、售后回租融资租赁关系中租赁车辆名义所有权人协助办理抵押权注销登记的正当性证成

租赁车辆名义所有权人协助办理抵押权注销登记的制度性规范，主要在于车管所规定登记在册的车辆所有权人需提交营业执照予以协助，否则不予办理租赁车辆的注销登记。此种协助义务在民法体系下的正当性，则需结合交易实际及民事主体交易的基本诚信原则。

其一，名义所有权人登记在册的交易背景。刘某与上海某融资租赁公司签订的融资租赁合同约定，基于满足车辆运营需要等因素，租赁车辆被登记于第三方即重庆某租赁公司，同时重庆某租赁公司也作为案涉车辆的销售方。前述融资租赁合同签订后，刘某与重庆某租赁公司另行签订汽车融资租赁合同，约定重庆某租赁公司作为出租人、刘某作为承租人，以及案涉车辆以重庆某租赁公司名义登记上牌。由此可知，刘某与上海某融资租赁公司之间签订的系真正的融资租赁合同。刘某之后与重庆某租赁公司之间签订的系与融资租赁合同有关的销售合同，销售合同中的价款以融资租赁合同中的价款为基准，该合同中关于租赁物所有权的约定实质上不能实现，其他有关过户登记的约定，仍应对双方具有约束力。

其二，承租人与名义所有权人之间的合意约定。承租人与名义所有权人签订合同时，案涉车辆已经登记于名义所有权人名下，该合同约定案涉车辆在承租人支付完毕全部合同款项后办理过户手续，未免除或者减轻名义所有权人的责任，也未加重承租人的责任。由此衍生的根据合同性质、目的和交易习惯履

行协助的义务，应由名义所有权人履行。

其三，诚信原则的遵循。诚信原则作为民商事活动的根本原则，司法裁判要依法保护、鼓励诚实守信的当事人，不让讲诚信的当事人在诉讼中承担不利后果。名义所有权人的协助配合义务主要是基于诚信原则而要求义务主体履行的合同义务，防止义务主体通过合同义务的消极不作为造成合同目的不能实现。本案中，名义所有权人作为名不副实的所有权人，如支持其以非抵押权主体的抗辩，意味着体现双方真实意愿的协议约定不仅对其没有约束力，导致承租人无法取得实质所有权，甚至可能使其获得不正当的利益。这将违背基于诚信原则衍生的协助义务，也将纵容名义所有权人从事违法行为，使合同及协助义务沦为违法行为人追求不正当利益的手段。综上，在刘某已全面履行支付租金、解除抵押的费用等义务的情形下，案涉车辆的名义所有权人重庆某租赁公司有协助解押义务。

编写人：重庆市九龙坡区人民法院　张元甲　李静

四、委托理财合同纠纷

27

民间委托理财合同的效力认定

——刘某诉孙某民间委托理财合同案

【案件基本信息】

1. 裁判书字号

广西壮族自治区南宁市中级人民法院（2022）桂01民终10877号民事判决书

2. 案由：民间委托理财合同纠纷

3. 当事人

原告（被上诉人）：刘某

被告（上诉人）：孙某

【基本案情】

刘某、孙某未签订正式书面委托理财合同，双方之间关于委托理财投资交易的沟通与指示的主要内容均通过微信进行，双方存在事实上的委托理财合同关系，服务内容为刘某委托孙某操作刘某名下的A平台账户进行外汇投资交易。双方约定服务费为人民币10000元/年，除服务费以外，孙某另行收取刘某投资收益的50%作为佣金。刘某于2021年8月16日向孙某支付委托理财服务费10000元，于2021年9月17日向孙某支付佣金12850元。刘某按照孙某的指示向A平台相关账户转账共计392028元人民币，A平台显示入账总金额为60000美元；刘某于2021年9月17日从A平台提出部分款项，到账金额为25700元人民币，A平台显示的提款金额为4046.65美元；后刘某的A平台投资账户出现大额亏损，现刘某的A平台账户余额仅为62.8美元。

A平台系境外设立的外汇交易平台。孙某不具有金融类委托理财资格。其同意刘某提出的投资损失计算公式为：投入资金总额–已提取款项总额–账户余额。

刘某与孙某的微信聊天记录显示：刘某、孙某多次表示止损为30%，后孙某告知刘某止损设定调到40%，刘某未提出异议；刘某知晓账户出现重大亏损后询问孙某，孙某称有很大机会反弹，刘某未要求孙某强制停止投资交易。

刘某要求确认案涉委托理财合同无效，并要求孙某向刘某返还委托理财服务费10000元、佣金12850元及赔偿刘某投资损失292744元（365930元×80%）。孙某主张案涉委托理财合同有效，其不应返还委托理财服务费、佣金及赔偿损失。

【案件焦点】

刘某与孙某之间的委托理财合同是否有效，案涉投资损失应如何负担。

【法院裁判要旨】

广西壮族自治区南宁市西乡塘区人民法院经审理认为：关于合同效力。本案中，刘某委托孙某进行投资交易的外汇买卖平台即A平台系境外平台，未进行备案登记审批手续，孙某也不具有金融类委托理财资格，刘某委托不具备相应业务资格的孙某进行外汇资金交易行为，违反了《中华人民共和国外汇管理条例》第十七条、《个人外汇管理办法》第三十条等国家外汇管理要求。从维护国家金融安全和社会公共利益考虑，以上规定体现了我国外汇交易管理的严格性，属法律的强制性规定，因此刘某与孙某双方之间的委托理财合同因违反上述行政法规的强制性规定而无效；孙某因无效合同取得的财产包括委托理财服务费、佣金应当予以返还。因此，刘某要求确认双方之间的委托理财合同无效，并要求孙某返还委托理财服务费10000元、佣金12850元的诉讼请求，合法有据，法院予以支持。

刘某的投资损失如何承担。根据刘某提交的银行流水、微信转账记录等交易凭证及 A 平台的账户交易信息，刘某向 A 平台相关账户转入、提取的人民币与美元是同步到账的，也未有证据证实 A 平台收取手续费等费用，且孙某认可刘某主张的投资损失计算公式，故刘某主张直接以人民币结算其投资损失数额为 365930 元（转账投入的人民币 392028 元-已提取到账的人民币 25700 元-以结算日即 2022 年 3 月 2 日汇率折算账户余额 62.8 美元所得的 398 元），合法有据，法院予以认可。孙某专门从事代理理财投资工作，具备相应的专业知识，为刘某等多人在 A 平台操作进行外汇投资交易时未注意对投资资金进行风险防控，导致产生重大亏损，对刘某的投资损失应承担主要责任；刘某明知孙某为不具备相应业务资格的人员，仍委托其进行外汇投资，在发现大额亏损时也未及时自行或要求孙某采取相应的止损措施，对其投资损失应承担次要责任。法院现酌情认定，孙某承担刘某投资损失的 60%责任即 219558 元，刘某自行承担投资损失的 40%责任即 146372 元。

广西壮族自治区南宁市西乡塘区人民法院根据《中华人民共和国民法典》第一百五十三条、第一百五十七条，《中华人民共和国民事诉讼法》第六十七条第一款，《最高人民法院关于适用〈中华人民共和国民事诉讼法〉的解释》第九十条，《中华人民共和国外汇管理条例》第十七条，《个人外汇管理办法》第三十条之规定，判决如下：

一、确认原告刘某与被告孙某之间的委托理财合同无效；

二、被告孙某返还原告刘某委托理财服务费 10000 元；

三、被告孙某返还原告刘某佣金 12850 元；

四、被告孙某赔偿原告刘某投资损失 219558 元。

孙某不服一审判决，提起上诉。广西壮族自治区南宁市中级人民法院同意一审法院裁判意见，判决：

驳回上诉，维持原判。

【法官后语】

随着经济的快速发展，民众希望通过投资理财实现财富增长的需求日益旺盛。委托理财是指委托人将其资金、证券等资产委托给受托人，由受托人将该资产投资于股票、期货等交易市场或通过其他金融形式进行管理，所得收益由双方按约定进行分配或由受托人收取代理费的经济活动。民间委托理财的受托主体主要为除商业银行、证券公司、信托公司、保险公司和基金公司之外的资产管理公司、投资咨询公司、一般企事业单位等非金融机构或自然人。

民间委托理财的相关法律规定和监管政策存在一定的空白，关于民间委托理财合同的效力认定标准也未完全统一。司法实践中对于委托理财合同的法律效力，往往以受托人的主体资格来判定。通常分为以下几种情形：第一，受托主体为证券公司、商业银行等金融机构的，如果该受托机构未取得国家经营许可，其签订的委托理财合同因违反国家法律的强制性规定而无效。第二，受托主体为一般企事业单位的，由于当前我国仅对金融、证券以及基金管理机构从事委托理财业务进行了规定，该类主体的受托理财行为仍处于监管空白，相应的合同效力需结合具体案情具体分析。第三，受托主体为自然人的，原则上认定委托理财合同有效，但在该类合同违反国家强制性法律法规的规定时，也会被认定为无效。

根据我国的外汇管理规定，境内机构和境内个人从事境外有价证券、衍生产品发行、交易的，应当办理登记手续，需要批准或者备案的，应当办理批准或者备案手续。设立外汇管理制度的原因在于，外汇投资关系到国家的国际收支平衡以及金融市场秩序的稳定，属于社会公共利益范畴，因此违反外汇管理规定的理财行为，不应受到法律保护，相应的委托理财合同也属无效合同。本案中，刘某委托孙某通过境外理财平台进行外汇投资，案涉平台未进行登记和备案手续，且孙某作为自然人并不具备相应的金融业务资格，因此其接受委托从事外汇投资业务的行为，将构成对《中华人民共和国外汇管理条例》《个人外汇管理办法》等法律法规的违反，不符合我国外汇管理要求。综上，刘某与孙某之间的委托理财合同因违反法律、行政法规的强制性规定而无效，因无效合同取得的财产应予以返还，孙某应就其受托理财不存在违约行为、已尽到审慎注意义务等承担举证责任，并根据其过错程度向刘某赔偿相应的投资损失。

随着互联网技术的不断进步，居民理财手段从传统的基金、证券等拓展至复杂的金融衍生品交易，理财渠道从银行、券商等线下交易发展到互联网、手机等线上交易。由于境外理财、境外金融衍生品交易等投资行为触及国家外汇管理制度，为防范金融风险、依法保护投资者的利益，金融监管部门对此类业务采取了较为严格的监管措施，《商业银行开办代客境外理财业务管理暂行办法》对开办此类业务的准入门槛、流程等事项均有明确规定。但一些未获得国内监管部门批准的境外理财平台通过网络交易手段，推出包括外汇保证金交易等在内的高杠杆、高风险产品，意图逃避金融监管。同时，这些境外理财平台所谓的“代理人”违规接受客户的委托理财，通过频繁交易获取高额佣金，最终损害投资者的利益。本案判决否定了违反外汇管理法律禁止性规定的委托理财合同的法律效力，同时对亏损后果承担作出了界定，有利于遏制此类违法行为，依法维护金融监管秩序。

编写人：广西壮族自治区南宁市西乡塘区人民法院　许晓彤

28

金融机构适当性义务责任减免的认定

——卓某某诉某银行朝天路支行金融委托理财合同案

【案件基本信息】

1. 裁判书字号

广东省广州市中级人民法院（2022）粤01民终27004号民事判决书

2. 案由：金融委托理财合同纠纷

3. 当事人

原告（上诉人）：卓某某

被告（被上诉人）：某银行朝天路支行

【基本案情】

2017 年 4 月 12 日，卓某某在一分钟内通过手机银行完成了 140 万元案涉资管计划的认购，适时其风险承受能力等级为 C3-平衡型，2019 年 5 月 15 日赎回 1181043.16 元。案涉资管产品属于高风险、高收益的投资产品。

关于购买过程，卓某某表示是某银行朝天路支行的销售经理主动向其父亲卓某乙推荐并表示案涉资管计划为保本产品，父子二人根据销售经理的指示将银行卡、身份证提交给工作人员登录个人客户营销管理系统并刷卡，其在柜台外面输入密码，无法看到系统内容；后卓某某把手机交给销售经理，该经理通过操作手机完成了案涉资管计划的认购，某银行朝天路支行从未对卓某某做过风险评级，卓某某没有签字确认过，不清楚自己以及产品的风险等级，从未见过、也没有签署过《资产管理合同》《风险揭示书》。某银行朝天路支行对卓某某的表述均予以否认。

2019 年 5 月至 10 月，卓某乙向客户经理就案涉资管计划发生亏损的问题进行交涉。

某银行朝天路支行提供的案涉资管计划的《风险提示确认书》载明其代为销售，不承诺保本、保收益。某银行朝天路支行提供的案涉资管计划的《风险揭示函》载明的内容与《资产管理合同》的风险提示条款相同。

另查明，卓某某于 2015 年 9 月 14 日通过某行账户购买了 120 万元的某通公司发行的风险等级为 R4-中高风险的“增利 5 号 A”基金产品，当时卓某某的风险承受能力等级为 C4-成长型，截至 2017 年 3 月 24 日投资收益率为 7.44%。卓某某在购买案涉资管计划后至 2021 年 8 月，仍继续通过某行购买“R4-中高风险”的混合型基金、股票型基金。

再查明，在与本案一并起诉的（2022）粤 0104 民初 3514 号案件中［原审案号：（2020）粤 0104 民初 5367 号］，卓某某父亲卓某乙就同款产品投资亏损诉请某银行朝天路支行承担赔偿责任。该案中某银行朝天路支行提交的投资明细显示，父子二人通过各自名下的某行账户购买的金融产品存在高度重合的情形，2015 年 6 月 9 日至 2020 年 2 月 14 日，包含案涉资管计划在内，二人在相近的时间内购买了同一款金融产品的记录共 5 次。

在二审过程中，卓某某承认是接到其父亲卓某乙的电话后，到某银行朝天路支行处购买案涉资管计划产品。

卓某某主张某银行朝天路支行赔偿其全部投资损失。

【案件焦点】

1. 某银行朝天路支行是否尽到适当性义务；2. 某银行朝天路支行应赔偿卓某某损失的范围。

【法院裁判要旨】

广东省广州市越秀区人民法院经审理认为：关于某银行朝天路支行是否尽到适当性义务的问题。首先，某银行朝天路支行作为代理销售方，确认了案涉资管产品属于高风险级别，以及卓某某购买产品时的评级结果是平衡型，在购买过程中已提示风险评级结果不匹配，已完成适当性义务中的“了解客户、了解产品的要求”。其次，在风险匹配和告知说明义务的履行上，卓某某签署了案涉资管产品的电子合同和电子风险揭示书，均列明了资管产品的风险情况，某银行朝天路支行提供的手机银行购买案涉同类型资产管理计划的流程演示、电子签约的流程演示等证明了其在一定程度上已向卓某某履行了风险提示义务。但是，风险告知应当是具体且实质性的，某银行朝天路支行是否充分向卓某某展示了合同和风险提示书的内容，其未提供足够的证据证明，故在告知说明义务的履行上存在瑕疵。

关于某银行朝天路支行应否对卓某某的投资损失承担赔偿责任的问题。综合案涉资管产品的推介及购买过程、卓某某与其父亲卓某乙的投资历史、案涉资管产品亏损后的纠纷解决过程，卓某某主要基于对其父亲的信任而对非某银行朝天路支行代理销售的信赖购买了案涉资管产品，其作为一名理性投资者在基于自主决定而参与投资时应承担相应的投资风险，尤其是在进行重大投资时应负有审慎义务，导致卓某某投资发生亏损的直接原因是金融市场的正常变化和波动，故卓某某应当对投资造成的损失承担主要责任，某银行朝天路支行在向卓某某销售案涉资管产品时未能充分告知说明，在履行适当性义务方面存在瑕疵，应当对卓某某的损失承担次要责任。综合考虑双方当事人的陈述及本案现有证据，酌情确定卓某某、某银行朝天路支行各自承担 90%和 10%的责任。

广东省广州市越秀区人民法院判决如下：

一、自本判决发生法律效力起十日内，某银行朝天路支行向卓某某赔偿损失 21895.68 元以及利息；

二、驳回卓某某的其他诉讼请求。

卓某某不服一审判决，提起上诉。广东省广州市中级人民法院经审理认为：某银行朝天路支行已完成适当性义务中的“了解客户、了解产品的要求”，而在告知说明义务方面虽有瑕疵，但可认定已基本履行了适当性义务。一审法院根据“买者自负，卖者尽责”的原则，酌定卓某某自负投资损失的 90%、某银行朝天路支行负担卓某某损失的 10%，该损失分担比例适当，本院予以维持。

广东省广州市中级人民法院依照《中华人民共和国民事诉讼法》第一百七十条第一款第一项规定，判决如下：

驳回上诉，维持原判。

【法官后语】

适当性义务的法理基础是以信赖为核心的诚实信用原则，同时适当性义务的基本功能和价值在于实现契约的实质公平，其所要保护的对象并非财产利益，而是投资决定。因此，应当以信赖利益作为适当性义务减免的判断标准，对不存在信赖利益或信赖程度较弱的场合减免适当性义务的责任。不过，“信赖”为主观状态，需要通过行为外化来认定，在《全国法院民商事审判工作会议纪要》第七十八条所规定的减免事由的基础上，可从投资者类型、投资者履行信息提供义务的情形、金融机构是否主动推荐等方面完善减免规则。①

一、专业投资者适当性义务的减免

投资者在立法中是抽象的群体，而司法审查为个案调整，形形色色的个案中的投资者确实存在异质性，尤其是个人投资者，其财务状况、生活经验、职业、年龄、风险认知等差异性较大，不宜统一适用同一标准予以保护，宜对投资者进行分类提供差异化保护。②

目前我国金融证券领域相关法律及监管规则对投资者进行了专业投资者与普通投资者的初步分类，比如证券法第八十九条区了分普通投资者与专业投资者，并针对普通投资者与证券公司的纠纷作出了举证责任倒置的安排；《证券期货投资者适当性管理办法》第七条则提出普通投资者享有特别保护，第八条对何谓专业投资者给出定义。在相关案件中，法院可以参照适用上述专业投资者的标准，对投资者是否为专业投资者作出认定，同时参照《证券期货投资者适当性管理办法》中对普通投资者适当性义务的特别要求，从而对金融机构的举证责任倒置、适当性义务履行情况等问题作出相应裁断，在此基础上进行责任的减免认定。

当金融交易的一方为专业投资者时，由于专业投资者自身在金融知识储备、风险认知、信息获取等方面的优势，相较于普通投资者具有更强的独立决策能力，从而对金融机构的信赖程度也显著低于普通投资者，适当性义务所要调整的悬殊的交易地位差异不复存在，继而在此情况下金融机构的适当性义务的标准相对较低，对损失的赔偿责任也应当视情况予以减免，因为在实际交易中金融机构的角色类似于客户指令的执行者。

在本案中，按照《证券期货投资者适当性管理办法》的标准，卓某某虽然具有2年以上的证券、基金的投资经验，但是其金融资产及收入无证据表明符合相应的金额要求，故无法认定为专业投资者。但另一关联案件卓某某父亲卓

---

① 胡改蓉、钱程：《投资者适当性管理制度中金融机构的免责机制——以“信赖利益”判断为核心》，载《证券市场导报》2021年第10期。

② 张馨天：《试论投资者适当性义务减免规则的完善》，载《判解研究》2020年第3辑。

某乙的金融资产及投资经验均符合专业投资者的认定标准，如若将其认定为专业投资者，则按照证券法关于对普通投资者适用举证责任倒置的规定，对卓某乙一案而言则难以适用举证责任倒置，与之冲突的是《全国法院民商事审判工作会议纪要》第七十五条未区分投资者类型，统一对金融机构适用举证责任倒置。本文认为，从效力层级的效力而言，既然证券法明确作出了区分投资者类型适用举证责任倒置的规定，则应当遵照在证券法领域采取该做法，对不同类型的投资者实施差异化保护。

二、投资者故意提供虚假信息情况下的责任减免

投资者故意提供虚假信息的，其与金融机构并未建立起合理的信赖关系甚至缺乏信任，而金融机构在尽到审慎的审查义务之后基于该虚假信息错误地履行或不履行适当性义务的，应当免除由此产生的赔偿责任。投资者故意提供虚假信息意图误导金融机构的，投资者本身则存在严重的过错违反了信息提供义务，也有违诚实信用的基本交易原则。同时，金融机构也应当对投资者提供的信息保持合理谨慎，不能只作形式审查，照单全收，比如在投资者的职业与其申报的财产数额存在有违常理的悬殊或者财产状况表述前后明显矛盾的情形下，金融机构抗辩称对故意提供虚假信息不知情实则其未尽到基本的审查义务，自身存在过失，不能免除赔偿责任，但可降格为减轻责任的承担。

三、投资者的投资决策早于金融机构特定推荐情况下的责任减免

通过投资者购买金融产品或服务的过程能够推断出投资者具备明确的投资意向早于金融机构特定推荐的，则可以说明投资者是非基于对金融机构的信赖而做出的投资决策，投资者与金融机构之间尚未建立特定且高强度的信赖关系，因此金融机构若存在适当性义务履行瑕疵的，赔偿责任可得减免。

在时间性上，投资者的投资决策先于金融机构特定推荐已大致明确，意味着金融机构在后续的销售过程中更多扮演的是配合以及执行客户指令的角色而非取得主导投资者投资决策的优势地位，适当性义务的信赖基础有限，因而适当性义务履行的标准相对较低。

此处的“特定推荐”是指，金融机构对特定投资者提出的投资建议，向非

特定的客户或潜在客户发布广告信息则为提供投资信息，当然发布的投资信息也不得存在虚假宣传等问题。金融机构提供投资信息与投资建议二者有所不同，投资信息无明确的指向性，在（2020）最高法民申4729号一案中，最高人民法院也认为证券公司员工在朋友圈发布期货资讯的行为并未有明确指向性，不能构成对特定人的推介行为。金融机构向特定投资者提供投资建议则为主动推荐。

本案某银行朝天路支行未主动向卓某某推荐案涉资管计划而是向其父亲卓某乙推荐了该产品，卓某某也自认是在接到其父亲卓某乙的电话后前往某银行朝天路支行完成购买，且卓某某在其父亲购买同款资管产品之后以不到一分钟的时间完成了案涉资管产品的认购，可见卓某某受其父亲影响购买案涉产品的意向明确。再则，2015年至2021年，除案涉资管产品外，卓某某与其父亲卓某乙通过各自名下的某行账户在同一日或近7日内购买同一金融产品的情况仍有5次，卓某某与其父亲的投资历史存在高度重合，故二人在金融投资上存在相互影响的情形。又则，在购买案涉资管产品发生亏损后，2019年5月至10月一直通过微信向某银行朝天路支行客户经理协商解决损失以及向监管部门投诉的主体均是卓某乙，可见卓某某信赖通过其父亲解决自己关于案涉资管产品的亏损问题。因此，综合案涉资管产品的推介及购买过程、卓某某与其父亲的投资历史、案涉资管产品亏损后的纠纷解决过程，卓某某具备明确的投资意向早于金融机构的特定推荐，并且与卓某某及卓某乙二人的亲属关系所产生的信任强度相比，可以认定卓某某与金融机构之间尚未建立特定且高强度的信赖关系，金融机构抗辩减免其适当性义务责任，依法予以支持。

编写人：广东省广州市越秀区人民法院　黄倩倩

29

私募基金投资顾问"名顾实管"，应对基金发行管理人负连带赔偿责任

——李某某诉某投资公司、某资产管理公司金融委托理财合同案

【案件基本信息】

1. 裁判书字号

广东省深圳市中级人民法院（2022）粤03民终16422号民事判决书

2. 案由：金融委托理财合同纠纷

3. 当事人

原告（被上诉人）：李某某

被告（上诉人）：某资产管理公司

被告：某投资公司

【基本案情】

2018年4月12日，李某某与某投资公司（案涉基金管理人）、案外人某银行（案涉基金托管人）签订《某供应链私募投资基金合同》，约定基金投资范围为通过银行向案外人某供应链公司发放委托贷款，资金用途为该公司向上游企业采购煤炭，投资期限为6个月，偿还来源包括但不限于该公司利用融资款采购的煤炭销售给下游客户产生的收入以及其他营业收入。李某某按约将投资款100万元转给某投资公司购买案涉基金。同时，某投资公司与某资产管理公司签订《投资顾问协议》，主要内容为：某资产管理公司接受某投资公司的委托，为案涉基金项目运作提供咨询顾问服务。（1）某投资公司就案涉基金项目与相关方签订的任何协议，相应的权利义务均由某资产管理公司享有与承担。

(2) 某投资公司委托某资产管理公司对项目实施具体的风险保障措施。若某资产管理公司风险保障措施不当或其他原因导致项目对投资人及第三方造成的任何损失，均由某资产管理公司承担。(3) 基金终止或者清算后的财产扣除管理费、托管费、委贷费、投资者本金及利息后，剩余财产归某资产管理公司所有等内容。

案涉基金围绕某供应链仓单收益权展开，重要风险保障措施为案涉仓单项下的货物质押，案涉仓单质押登记的质权人亦为某资产管理公司。案涉基金发生风险后，对接处理案涉底层资产项目的某资产管理公司高管吕某与李某某直接沟通本金兑付事宜并表示力争在2—3年内兑付本金，对投资者的追偿请求未提异议和排己责任。在对案涉基金底层资产追索过程中，吕某亦作为某私募基金公司代理人参加司法程序。后经生效仲裁裁决及执行，发现无任何有实质意义的财产可供执行。李某某遂提起诉讼，要求某投资公司、某资产管理公司连带返还投资款100万元及赔偿相应利息损失。

【案件焦点】

1. 作为基金发行管理人的某投资公司是否承担责任；2. 作为投资顾问的某资产管理公司是否负连带赔偿责任。

【法院裁判要旨】

广东省深圳市前海合作区人民法院经审理认为：案涉基金合同约定投资范围为发放委托贷款，此后变更为案涉仓单收益权。基金发行管理人某投资公司未提供证据证明已告知李某某变更投资范围，变相加大投资风险，违反适当性义务。某投资公司单方向投资人发出《基金财产原状分配通知书》将生效仲裁裁决书所确定的债权金额，以保持基金财产原状的方式通知投资人进行所谓"原状分配"，缺乏法律依据，且无证据证明履行案涉基金清算分配程序。在相关底层资产仲裁及执行程序中认定和发现，基金投资底层资产质押仓单与仓单载明货物无法对应，未能进行财产保全和执行，已终结本次执行程序。综合以上情况考虑，应参照《基金合同》约定赔偿本金及计算收益损失判定某投资公司承担赔偿责任。本案《投资顾问协议》约定的权利义务与通常私募基金投资顾问享有和承担的权利义务显著不同，该协议约定某资产管理公司在项目运作过程中承担全程监管，包括资金监督、经营监管、仓单无负债管理等义务或职责。但是，某资产管理公司既未对底层资产为委托贷款变更为仓单收益权向投资者如实告知，又未按合同约定落实底层项目资产公司向监管账户交付 15%的保证金及督促底层项目资产公司完成差额补足的义务。特别是对作为核心底层资产的质押仓单对应货物未能一一核验，在仲裁和执行过程中造成无法保全和执行，直接导致底层资产落空。某资产管理公司无论作为实际管理人还是投资顾问，其对基金项目未能实施合理的风险保障措施，未对基金权益人和投顾委托人勤勉尽责和履行审慎注意义务，既违反合同约定，亦违反对投资者的信义义务，导致投资者损失。综合考量后应认定某资产管理公司对某投资公司的赔偿负连带责任，判决：

一、某投资公司返还李某某本金 100 万元及利息损失（以本金 100 万元为基数，按照年利率 7.2%的标准，从 2018 年 10 月 6 日开始计算至款项清偿之日止）；

二、某资产管理公司对上述判项负连带赔偿责任；

三、驳回李某某的其他诉讼请求。

某资产管理公司不服一审判决，提起上诉。广东省深圳市中级人民法院经审理同意一审法院裁判意见。判决如下：

驳回上诉，维持原判。

【法官后语】

私募基金是经备案具有许可资质的私募基金公司面向风险承受能力强、金融知识和投资经验相对丰富的适格投资者非公开募集，以特定投资方向设立的具备清晰的风险收益特征的资产管理金融产品。私募投资领域涉及募、投、管、退等环节较多，对满足不同风险偏好的投资者的投资需求、拓宽企业融资渠道、促进社会投资和证券市场发展具有积极意义。

《全国法院民商事审判工作会议纪要》第七十四条规定，金融产品发行人、销售者、服务者未尽适当性义务，导致金融消费者在购买金融产品过程中遭受损失的，金融消费者既可以请求金融产品的发行人、销售者承担赔偿责任，也可以请求服务者承担连带赔偿责任。上述适当性义务是“卖者尽责”的主要内容，也是“买者自负”的前提和基础。因此，投资者将财产交给金融机构理财时，后者作为受托人，处于强势地位，其可能为规避自己应负的法律责任，以提供金融服务的“配角”身份变相隐藏销售、管理基金的“主角”实质，这时就需要法院综合具体案情判断。人民法院应当根据全案证据分析，综合整体案情认定投资顾问的角色定位和责任承担。如果私募基金投资顾问仅为中介、居间、顾问，提供媒介服务，投资者请求其承担基金管理人责任的，人民法院不予支持。但如果投资顾问“名顾实管”，其并无私募基金管理人资格，为方便基金发行和备案，其通过《投资顾问协议》约定，委托基金管理人发行基金，实际由投资顾问全程具体运作基金项目，深度参与基金运作，借用私募基金公司资质作为通道规避监理，其后违反约定义务和信义义务，导致投资者损失，理应对基金管理人的责任负连带赔偿责任。例如，本案投资者提供的证据可以形成高度盖然性，证明某资产管理公司在案涉基金项目中名义作为投资顾问，但本案《投资顾问协议》约定投资顾问对案涉基金底层资产项目全程监管，深度参与基金运作，实施具体风险保障措施，若风险保障措施不当或其他原因导致投资者损失，均由投资顾问承担责任；基金终止或者清算后的财产扣除必要费用后均归投资顾问所有；投资顾问直接对接基金底层资产项目运作和财产追索等，即本案投资顾问与基金管理人深度结合，享受主要基金财产权利，实际跟踪基金底层资产运作。

总而言之，在推介、销售私募基金等类似金融委托理财过程中，基金管理人、托管人、投资顾问及其他专业机构的角色和职责不同，允许其合理延伸商业服务内容，满足资本市场多样化需求。但同时应赋予上述金融机构以信义义务即忠实义务和审慎注意义务最大化保障投资者利益：前者要求受托人诚实信用，不得将自己的私利置于与委托人利益相互冲突的位置；后者要求受托人全面履行合同约定，勤勉尽责，以积极姿态，采取合理手段和策略管理金融产品。

在倾斜保护金融消费者和中小投资者的背景下，随着司法实践的进一步探索，信义义务的认定标准及责任标准会逐步明确。金融机构在“受人之托，代客理财”过程中，不仅应严格恪守契约精神，还应保持忠实态度和尽到审慎注意义务，运用专业能力履行职责，才能达到“双赢”效果。

编写人：广东省深圳市中级人民法院　刘雁兵

五、证券纠纷

30

保荐人在出具保荐意见后解除保荐协议的审查标准

——某集团公司诉某证券公司证券上市保荐合同案

【案件基本信息】

1. 裁判书字号

上海金融法院（2023）沪74民终522号民事判决书

2. 案由：证券上市保荐合同纠纷

3. 当事人

原告（上诉人）：某集团公司

被告（被上诉人）：某证券公司

【基本案情】

2020年6月16日，作为甲方的某集团公司与作为乙方的某证券公司签署了《协议书》，该协议书第一部分“推荐恢复上市”第二章第三条约定：“甲方向乙方及时、全面提供股票恢复上市所需的文件、材料及相关信息，并保证所提供文件、材料、信息的真实性、准确性和完整性，不存在虚假记载、误导性陈述或重大遗漏。”第三章第五条约定：“在推荐甲方恢复上市过程中，如果乙方经合适的审核程序，有充分理由认为甲方不具备恢复上市的条件，乙方可以不再推荐甲方恢复上市。”第二部分为“委托股票转让持续督导”的相关约定。

嗣后，某集团公司向深圳证券交易所（以下简称深交所）提交了恢复上市申请，某证券公司作为某集团公司的保荐人出具了保荐书。在收到深交所下发的《受理函》后，某集团公司向某证券公司支付保荐费 300 万元。

2022 年 2 月 7 日，某证券公司向某集团公司发送通知，认为某集团公司持续经营能力有较大的不确定性、对外巨额债务存在重大不确定性风险、股东已出现不和迹象等，已不具备恢复上市条件，故不再为某集团公司恢复上市提供推荐服务，并解除《协议书》中第一部分“推荐恢复上市”的有关约定。

某集团公司回复称，某证券公司不具有单方解除合同的权利，不同意某证券公司单方解除合同的行为。

因某证券公司不再为某集团公司提供保荐服务，故深交所决定不同意某集团公司股票恢复上市的申请。

2022 年 4 月 22 日，深交所决定某集团公司股票终止上市。

2022 年 6 月 14 日，《深圳证券交易所股票终止上市复核决定书》载明：某集团公司不符合暂停上市公司恢复上市的规定，某集团公司称其符合恢复上市标准与事实不符，故维持《决定》对某集团公司作出的股票终止上市决定。

某集团公司诉至法院，请求确认某证券公司的解除通知不发生效力；确认《协议书》第一部分因某证券公司根本违约而解除；某证券公司返还已支付的保荐费、支付资金占用损失及律师费。

【案件焦点】

某证券公司是否有权解除涉案《协议书》第一部分。

【法院裁判要旨】

上海市浦东新区人民法院经审理认为：第一，根据《协议书》的约定，当某证券公司经合适的审核程序、有充分理由认为某集团公司不具备恢复上市条件时，该部分合同目的已然无法实现，此时允许某证券公司不再推荐某集团公司恢复上市，意味着某证券公司有权不再履行该部分合同的核心内容，实际上就是通过条款的约定赋予了某证券公司解除该部分合同的权利。

第二，关于某证券公司解除《协议书》第一部分是否具有合理性。首先，保荐人在依法维护发行人合法利益的同时，还应发挥资本市场“第一看门人”的作用，应审慎履行保荐职责，妥善行使法定及约定权利。其次，保荐人在保荐过程中应持续关注发行人的持续经营能力、公司治理结构等信息，随着某集团公司运营状况变化、此前违规情况被披露等期后事项的发生，某证券公司作为专业保荐人，亦可据客观情况的变化，重新作出某集团公司是否具备恢复上市条件的判断。最后，某证券公司对其判断某集团公司不具备恢复上市条件作出了必要解释，某证券公司综合事实变化，作出某集团公司不具备恢复上市条件的判断，系合法适当履行保荐人职责。

第三，恢复上市制度的初衷是给予存在问题的企业重新上市的机会，而是否符合恢复上市的条件，则由证券交易所依据证券法律法规及证券交易规则进行审核，以确保上市公司整体质量，促进资本市场健康发展。本案中，深交所的决定亦与某证券公司的判断一致，从而亦证明了某集团公司不具备恢复上市条件的事实。

综上，某证券公司解除《协议书》第一部分的行为经过内部相应审核程序，符合合同约定，解除行为发生法律效力。合同解除后，某集团公司亦无权要求某证券公司返还已经支付的费用。

上海市浦东新区人民法院依照《中华人民共和国民法典》第一百四十二条、第四百六十六条、第五百六十二条、第五百六十六条，《中华人民共和国证券法》第十条规定，判决：

驳回某集团公司的诉讼请求。

某集团公司不服，提出上诉，上海金融法院同意一审法院意见。判决如下：

驳回上诉，维持原判。

【法官后语】

我国建立保荐制度的目的是通过法律责任机制提高上市公司质量和证券公司执业水平，从而保护投资者的合法权益，促进证券市场健康发展。在我国全面实行股票发行注册制的背景下，保荐人等中介机构的法律地位和作用更加凸显，保荐人的法律责任也进一步增加。因此，即使保荐人已经出具保荐书，但在通过证券交易所注册前，由于各种原因，保荐人对发行人不予继续保荐的情况将逐渐增加，随之而来的保荐人与发行人关于保荐协议履行纠纷的法律问题亦会越发凸显，因此，有必要深入研究厘定保荐人单方解除保荐协议的司法审查路径。

一、基于保荐人法定职责的判断

保荐人的全面尽职调查职责和义务不仅仅限于保荐之前，在提交保荐书后证券交易所审核、股票上市前，其亦负有相应义务。虽然保荐人已经出具保荐意见，但若保荐人发现发行人经营状况恶化、此前存在违规事项等以及其他证券服务机构提供的专业意见与事实存在差异，保荐人有权结合客观情况的变化，根据证券交易所规定的上市条件，及时调整保荐意见。

二、继续履行的可行性分析

为避免保荐人滥用合同解除权，应当对其行使解除权条件进行严格限制，但当发行人不具备上市条件时，保荐人有权依法依约审慎行使合同解除权。保荐人在出具保荐意见后，发现发行人可能存在持续经营能力问题、此前隐瞒的违规事项被发现、股东之间存在矛盾等重大事项，应当首先考虑向发行人提供进一步的指导意见，督促发行人积极改善存在的问题。发行人若能在短期内改变现状、消除影响，则应考虑继续履行保荐协议；反之，则应允许保荐人在此情形下行使解除权。

三、保荐人自身利益的视角

保荐人监督的发行人向保荐人付费，造成保荐人所进行的业务和收费以及所实现功能存在一种天然的冲突，该冲突导致了保荐人的业务质量无法保证。同时，我国保荐人与承销商同一化，保荐成功后的承销业务收入远高于保荐业务收入，保荐人更有动力促使上市成功。而上述在资本市场中的角色冲突往往能给保荐人带来丰厚的利益。发行人出现可能不具备上市条件的事项时，基于自身利益考量，保荐人在利益冲突影响下，需平衡可能收取的保荐费用、承销费用与上市失败造成的声誉损失、上市成功可能承担的赔偿责任等。若保荐人选择解除保荐协议，可以在一定程度上表明发行人不具备上市条件。

四、金融司法与金融监管的协同考量

人民法院基于金融协同治理的理念，使金融审判的裁判规范与金融监管规范最大化保持协调一致。证券交易所作为证券上市规则的制定者，对于发行人是否符合上市条件更具有权威性，法院应当充分尊重行业专业机构的意见。若证券交易所就发行人是否符合上市条件已经具有明确意见，法院在审查发行人是否具备上市条件时，除特殊原因外，还应当与证券交易所的意见保持一致。若审查认定发行人不具备上市条件，且与证券交易所的意见相同，保荐人的判断亦与证券交易所的意见一致，则可以充分印证发行人不具备上市条件的事实。

编写人：上海市高级人民法院　顾权

上海市浦东新区人民法院　王朝辉

31

基金管理人未尽适当性义务的认定标准及责任承担

——王某诉某投资基金公司证券投资基金交易案

【案件基本信息】

1. 裁判书字号

上海金融法院（2023）沪74民终504号民事裁定书

2. 案由：证券投资基金交易纠纷

3. 当事人

原告：王某

被告：某投资基金公司

【基本案情】

2017 年 12 月，王某与某投资基金公司签订《私募基金合同》，约定王某投资 100 万元认购某投资基金公司管理的某私募基金（以下简称涉案基金），投资期限一年，年化利率 9%，每半年支付一次利息。《私募基金合同》约定，涉案基金的主要投资目标为商业保理公司持有的保理资产收益权，且保理资产应为具有上市公司背景的企业应收账款；该基金属于中等风险投资品种；等等。王某根据某投资基金公司销售人员指导，填写并签署了《合格投资者承诺书》《私募基金投资者风险调查问卷》等文件，但调查问卷风险测试题后的签字经鉴定并非王某本人签署，且王某否认做过相关风险测试题。

王某依约向合同指定的基金托管账户汇款 100 万元。基金募集完毕后，某投资基金公司根据合同约定的投资目标开展投资活动，但涉案基金投资的项目逾期无法兑付，导致包括王某在内的投资者仅收到第一期利息，剩余利息及全额本金均无法受偿。某投资基金公司曾代表涉案基金向债务人及担保人等提起民事诉讼，但经法院强制执行后仍无法执行到财产。

王某向法院起诉，认为某投资基金公司未尽到基金管理人的义务，要求其就王某的本金及利息损失承担全额赔偿责任。

【案件焦点】

1. 私募基金尚未经过清算的情况下，投资者的损失是否实际发生并可以确定；2. 某投资基金公司是否适当履行了基金管理人的义务；3. 如某投资基金公司未适当履行基金管理人的义务，应对投资者的投资损失承担何种责任。

【法院裁判要旨】

上海市嘉定区人民法院经审理认为：关于争议焦点一，基金的清算结果是认定投资损失的重要依据而非唯一依据，有其他证据足以证明投资损失情况的，人民法院可以依法认定损失。根据查明事实，某投资基金公司已通过诉讼方式向债务人及担保人等进行追索，但经法院生效判决及强制执行后仍未获清偿，故涉案基金虽未启动清算程序，但投资者未取得基金投资份额收益分配的损失已经实际发生。

关于争议焦点二，首先，《私募基金投资者风险调查问卷》上的签名经鉴定并非王某所签，因此某投资基金公司未按规定完成对王某的调查问卷测试，即某投资基金公司未尽到对投资者风险识别能力和风险承担能力进行评估的义务。其次，某投资基金公司未提供证据证明涉案基金属于预期风险中等等级的产品，即某投资基金公司未尽到自行或者委托第三方机构对私募基金进行风险评级的义务。因此某投资基金公司在履行基金管理“适当性”义务上存在瑕疵。

关于争议焦点三，王某作为涉案基金的投资者，理应充分了解自身的风险承受能力、所投资产品的交易内容及交易风险等，王某要求将因投资而产生的风险全部归咎于某投资基金公司不尽合理，王某亦应自行承担相应责任。而如前所述，某投资基金公司未尽到充分了解投资者、了解产品并将合适的产品销售给合适的投资者的义务，故应对王某投资涉案基金所产生的损失承担相应责任。

上海市嘉定区人民法院依据《最高人民法院关于适用〈中华人民共和国民法典〉时间效力的若干规定》第一条第二款，《中华人民共和国合同法》第八条、第六十条、第一百零七条，《中华人民共和国证券投资基金法》第九条第一款及第二款、第九十八条、第一百四十五条、《中华人民共和国民事诉讼法》第六十七条第一款之规定，判决如下：

一、被告某投资基金公司应于判决生效之日起十日内赔偿原告王某本金损失 60 万元；

二、被告某投资基金公司应于判决生效之日起十日内偿付原告王某自 2018 年 6 月 8 日起至实际偿付之日止的利息（以 60 万元为基数，按照中国人民银行公布的同期同类存款基准利率计算）；

三、驳回原告王某其他诉讼请求。

一审判决后，王某提出上诉，因其未缴纳上诉费，故按撤回上诉处理。

【法官后语】

本案是保障金融消费者权益的典型案例。私募基金纠纷案件中，投资者通常起诉要求基金公司就其损失承担赔偿责任，损失是否确定往往是双方当事人的争议焦点之一。一般而言，投资者损失的确定需以基金清算为前提，但实践中或因基金管理人怠于履行清算义务，或因基金资产不足以负担清算费用，基金产品逾期后长期未进行清算的情形时有发生。此前的司法实践中，不少案件以基金未经清算程序，投资者的损失无法确定为由，径行驳回投资者的诉讼请求。但若严格坚持清算前置原则，则投资者的损失可能始终无法确定，不利于对投资者利益的保障。本案中，法院考虑到基金管理人向债务人提起诉讼后，经强制执行程序仍无法执行到财产，且涉案基金已无其他资产可供分配，故即便未经过基金清算程序，亦可认定投资者的损失已经实际发生。同时法院明确，如涉案基金事后启动清算程序，且投资者在清算程序中获得了分配，则其应就本案获得的赔偿金向基金管理人员退还已获分配的相应部分金额。该处理思路有效保障了投资者的程序性利益，同时兼顾了基金资产的公平分配。

投资者在金融消费活动中往往处于信息渠道和经验能力的劣势，作为卖方机构的基金管理人，负有了解客户、了解产品、将适当的产品或服务提供给合适的金融消费者的适当性义务。其目的是确保投资者能够在充分了解相关金融产品、投资活动的性质及风险的基础上作出自主决定，并承受由此产生的收益和风险。所谓了解产品，要求卖方机构充分调查了解金融产品、服务的特征以及风险，并建立金融产品的风险评估及相应管理制度。所谓了解客户，要求卖方机构了解投资者的个人基本信息、投资目的、投资经验、财务状况、风险偏好等信息，并对客户进行风险测评。只有在了解产品和了解客户的基础上，卖方机构才能提出适当性匹配意见，将合适的产品推荐给适合的金融消费者。

适当性义务的履行是“卖方尽责”的主要内容，也是“买方自负”的前提和基础。因此卖方机构未履行适当性义务的情况下，需对投资者的损失承担赔偿责任。但投资者作为民事主体应当对其投资的金融产品及可能存在的风险进行充分了解和评估，通常而言亦需对其投资损失自担相应责任。至于责任比例，则需考量卖方机构未尽适当性义务的具体情形，以及投资者的受教育程度、是否具备金融专业知识或从业背景、是否具有既往投资经验等因素综合判断。

编写人：上海市嘉定区人民法院　张晓莉

32

融资融券交易投资人开具两融账户借予他人使用责任承担及损失认定

——某证券公司诉万某融资融券交易案

【案件基本信息】

1. 裁判书字号

北京市东城区人民法院（2022）京0101民初8496号民事判决书

2. 案由：融资融券交易纠纷

3. 当事人

原告（反诉被告）：万某

被告（反诉原告）：某证券公司

【基本案情】

2017年4月7日，万某签署《融资融券业务申请表（自然人）》，向某证券公司申请开立融资融券账户，并签署《自然人客户风险承受能力问卷》《适当性评估结果确认书》等文件，确认已充分了解融资融券交易相关风险，确认融资融券交易系其本人真实自主的意思表示。

同日，万某与某证券公司签订《融资融券交易业务合同书》。该合同约定，万某在某证券公司开立信用账户，开展融资融券交易，融资融券交易是指投资者向证券公司提供担保物，借入资金买入上市证券或借入上述证券并卖出的行为，证券公司向投资者收取融资利息和融券费用，投资者应当在约定的融资融券合约期限届满时偿还对证券公司的债务，投资者合约到期有未偿还融资融券债务的，证券公司有权对投资者信用账户实施强制平仓，并对逾期债务收取罚息。若投资者信用账户维持担保比例低于追保线，投资者需及时追加担保物，使维持担保比例处于追保线之上，如投资者未及时追加担保物，则证券公司有权启动强制平仓程序。

上述合同签订后，万某信用账户发生多次融资融券交易。后万某信用账户维持担保比例跌破追保线，万某连续多次向某证券公司申请暂缓追保，证券公司予以同意。2019 年 11 月，某证券公司不再同意万某申请延缓平仓，于 2019 年 11 月 18 日对万某信用账户予以强制平仓。

另查，万某开立信用账户后，某证券公司多次对其进行电话回访，询问其开户是否为本人办理，账户是否为本人操作，万某均回答“是的”，同时证券公司提醒其不要将账户交由他人代为操作，万某回答“好的”。

庭审中，万某述称，案涉融资融券账户非本人操作，系案外人高某与某证券公司的工作人员操作，高某告知其投资股票回报丰厚，让万某开通账户交给他使用。同时，万某提出抗辩认为，某证券公司违规向其推介融资融券业务，未尽金融适当性义务，同时，某证券公司违规操作其信用账户，对信用账户非万某本人使用亦为明知。

因万某信用账户强制平仓，尚有融资债务未清偿完毕，某证券公司提出诉讼请求，要求法院判令万某偿还融资本金、利息、罚息并支付律师费。万某不同意上述主张，同时认为某证券公司违规操作其账户给其造成侵权损失，要求某证券公司赔偿其保证金损失及相应利息损失。

【案件焦点】

万某开立融资融券账户后借予他人使用，现账户投资发生亏损，相关责任及损失应如何认定。

【法院裁判要旨】

北京市东城区人民法院经审理认为：依法成立的合同，受法律保护。合同当事人应当按照约定全面履行自己的合同义务，一方不履行合同义务或者履行合同义务不符合约定的，应当承担继续履行、采取补救措施或者赔偿损失等违约责任。融资融券业务的实质，对证券公司而言，主要是为客户提供融资或者融券等金融服务；对客户而言，本质上属于“借钱炒股”，投资者自负盈亏，并按照约定偿还融资或者融券的本息。现被告万某开立账户并进行融资融券交易，对其融资融券交易过程中形成的债务理应依约偿还，即使存在被告万某所称的其将账户交由他人操作的情况，作为投资者，对于他人代为操作账户的风险和后果，应为明知，由此产生的相关债务，亦应由其自行负担。证券公司有关要求万某偿还本息的诉讼请求，依据充分，应予支持。

关于原告某证券公司主张的罚息，考虑到证券公司多次同意万某对合约进行展期，现某证券公司仍对合约期限内的债务计收罚息，对该部分罚息，法院不予支持。

对于万某有关某证券公司违反适当性义务的辩称意见，综合考量某证券公司提出的其履行适当性义务的相关证据，法院不予采信。

对于万某有关某证券公司违规操作账户、怠于平仓等侵害其权益的主张，缺乏事实与法律依据，法院不予支持。

北京市东城区人民法院判决如下：

一、被告（反诉原告）万某于本判决生效之日起十五日内偿还原告（反诉被告）某证券公司融资本金 30157962.43 元；

二、被告（反诉原告）万某于本判决生效之日起十五日内支付原告（反诉被告）某证券公司融资利息 3823725.56 元；

三、被告（反诉原告）万某于本判决生效之日起十五日内支付原告（反诉被告）某证券公司罚息（其中，2019 年 11 月 14 日至 12 月 18 日的罚息为 366539.44 元；自 2019 年 12 月 19 日起至实际给付之日止，以 33981687.99 元为基数，利率按照日万分之五计算）；

四、被告（反诉原告）万某于本判决生效之日起十五日内赔偿原告（反诉被告）某证券公司律师费损失160000元；

五、驳回原告（反诉被告）某证券公司的其他诉讼请求；

六、驳回被告（反诉原告）万某的反诉请求。

判决后，双方当事人均未上诉，本判决现已生效。

【法官后语】

融资融券交易，是指在证券交易所或者国务院批准的其他证券交易场所进行的证券交易中，证券公司向客户出借资金供其买入证券或者出借证券供其卖出，并由客户交存相应担保品的经营活动。融资融券的核心特点在于杠杆效应，投资者只需缴纳一定比例的担保物，就可以获得购买或卖出更多证券的能力，实现以较小的资金控制较大的资产规模，实现“以小博大”，反之，如果投资者判断不准确，其遭受的损失也可能扩大成几十倍。正是由于融资融券的杠杆效应，此类交易的风险较高，我国的证券融资融券业务也对开户人设定了严格的申请条件。由此，在部分投资人希望从事融资融券业务却不具备相应资质，或者想谋取更多收益的情况下，就会出现案涉借用融资融券账户的情况。

关于融资融券账户出借后，账户投资出现亏损后责任承担问题。解决此类问题，需要回到融资融券业务所涉及的法律关系。投资者与证券公司签订融资融券合同，双方之间形成了三层法律关系，第一是委托关系，其是证券交易中最基础的法律关系，双方形成委托关系后，投资者就可以在证券公司处开立融资融券信用账户，证券公司也可以为投资者提供相应的结算等服务；第二是担保法律关系，投资者向证券公司缴纳现金或其他财产作为担保，继续向证券公司借入资金或证券，在发生强制平仓情形时，证券公司将直接处分担保物用于投资者债务清偿；第三是借贷法律关系，其是融资融券交易最核心的法律关系，投资者向证券公司借入资金或证券用于投资，双方就形成了此种法律关系，投资者是借款人，证券公司是出借人。在此种情况下，即使投资者实际将账户借予他人使用，主张自己并非账户实际使用者，在证券公司不知情的情况下，基于合同的相对性以及对外观主义的基本信赖，账户强制平仓后未清偿的债务仍应由开立融资融券账户的投资人承担。投资人若想减轻或免除自己的责任，至少要完成如下两方面的举证：一是自己并非账户的实际使用者；二是证券公司对此应为明知。

结合被告万某的抗辩，本案还需关注如下法律问题，即融资融券交易证券公司金融适当性义务履行问题。此类问题是融资融券交易纠纷中争议较多的问题，鉴于融资融券交易风险较高，《证券公司融资融券业务管理办法》对开户人设置了一定条件，如开户前20个交易日的日均金融资产大于50万元等，法院在审查证券公司等是否履行适当性义务时，一方面，要结合上述标准，对开户人是否满足开户标准以及对风险揭示材料等签字进行审查，做好形式审查；另一方面，要秉持实质判断的标准，坚持个案审查，结合投资者的年龄、职业、财务状况等，判断证券公司是否做到了解客户，是否做到告知说明、适当推介，充分尽到金融机构适当性义务。除此之外，《全国法院民商事审判工作会议纪要》第七十八条对证券公司违反适当性义务后免责事由进行了规定，即因金融消费者故意提供虚假信息、拒绝听取卖方机构的建议等自身原因导致其购买产品或者接受服务不适当，卖方机构请求免除相应责任的，人民法院依法予以支持。该条在司法实践适用中容易受到忽视，在投资者拒绝相关信息或者提供虚假信息时，卖方机构无法确定其适当性，此时卖方机构的过错应显著减轻，例如在本案中，万某在庭审中主张其只是开立账户借予案外人使用，但在接受适当性询问以及电话回访时，万某均表示自己了解融资融券相关风险，具备相应的投资经验，对证券公司作出了虚假的陈述，在此种情况下，万某提出的有关证券公司适当性义务履行的抗辩，就要考虑《全国法院民商事审判工作会议纪要》第七十八条免责情形的适用。

编写人：北京市东城区人民法院　冯宁　张烨帅

33

上市公司并购重组财务顾问的独立性应受到保护

——酒业公司诉证券公司证券投资咨询案

【案件基本信息】

1. 裁判书字号

上海金融法院（2022）沪 74 民终 94 号民事判决书

2. 案由：证券投资咨询纠纷

3. 当事人

原告（反诉被告、上诉人）：酒业公司

被告（反诉原告、被上诉人）：证券公司

【基本案情】

酒业公司与证券公司签署了《独立财务顾问协议》，约定证券公司就并购重组计划向酒业公司提供财务顾问服务。本次并购重组标的完成交割后，酒业公司须于 2021 年 1 月 20 日前向证券公司支付上述财务顾问费剩余部分及持续督导费用，费用合计 180 万元。协议签署后，酒业公司依约支付了第一笔财务顾问费 100 万元。但截至 2021 年 1 月 20 日，证券公司并未按协议的约定完成向证券交易所提出申报的工作。酒业公司认为，证券公司的行为，已构成严重违约，导致酒业公司在《独立财务顾问协议》项下的合同目的无法实现，故诉请确认《独立财务顾问协议》于 2021 年 2 月 6 日解除，判令证券公司返还已支付的财务顾问费 100 万元及利息损失、律师费、审计费、评估费 115 万元。

证券公司认为，《独立财务顾问协议》应于 2021 年 3 月 16 日，即酒业公司收到证券公司的律师函之日解除。证券公司不存在违约行为，未能顺利出具相应的项目审核意见系由于酒业公司的并购项目本身存在财务问题，证券公司的审核审议行为不属于违约。证券公司已经按照协议的约定，开展了大量的尽职调查工作，并形成了大量的底稿文件，第一阶段的付款对应上述尽职调查工作，故合同解除后，没有返还款项的义务。证券公司提出反诉，请求判令酒业公司返还全部工作项目底稿；支付第二期财务顾问费80万元、开展财务顾问工作产生的未报销差旅费33596.45元。

二审审理中，酒业公司提出，证券公司于2019年7月5日曾受到中国证监会行政处罚。根据《酒业公司并购重组财务顾问业务管理办法》第九条第三项的规定，证券公司在之后的36个月内不具备担任财务顾问的主体资格。故案涉协议因其欠缺主体资格，而应属无效，证券公司应当返还取得的财产并赔偿损失。

【案件焦点】

1. 案涉《独立财务顾问协议》是否有效；2. 如果案涉《独立财务顾问协议》有效，如何认定协议的履行情况、协议的解除以及解除后相关问题的处理。

【法院裁判要旨】

上海市浦东新区人民法院经审理认为：《独立财务顾问协议》并未约定证券公司完成财务顾问的时间。证券公司对财务顾问报告进行内核审查以及酒业公司虽在召开董事会时未通知证券公司等行为，尚不构成根本违约，故酒业公司并不享有单方解除权。因酒业公司与证券公司均向对方发送解除通知，故确认《独立财务顾问协议》于2021年3月16日解除。证券公司的工作量与酒业公司支付的费用相当，对双方要求返还和支付财务顾问费的请求均不支持；对酒业公司关于律师费、审计费、评估费损失的主张，不予支持；因差旅费系证券公司在履行《独立财务顾问协议》期间所产生的费用，对20149.53元予以支持。证券公司未充分举证证明系争底稿由酒业公司实际控制，故对于要求酒业公司返还工作底稿的主张，不予支持。上海市浦东新区人民法院判决：

一、确认酒业公司与证券公司之间的《独立财务顾问协议》于 2021 年 3 月 16 日解除；

二、酒业公司应于判决生效之日起十日内支付证券公司差旅费用 20149.53 元；

三、驳回酒业公司的其余诉讼请求；

四、驳回证券公司的其余诉讼请求。

酒业公司不服一审判决，提出上诉。上海金融法院经审理认为：首先，证券公司受处罚后仍担任并购重组计划财务顾问的行为虽与相关部门规章的规定相违背，但并未因此受到相关处罚，且在此期间亦接受其他主体的委托，案涉《独立财务顾问协议》不存在法定无效的情形。其次，证券公司在提供相关专业服务时，应当秉持独立、客观的立场，需委托人进一步补充、完善相应的基础材料，证券公司因此不出具最终意见的情形，不应被确认为证券公司的违约行为。最后，鉴于证券公司在订立协议时，未将其受到相关处罚，按有关规定不应担任独立财务顾问的情况如实告知酒业公司，一定程度损害了酒业公司的知情权。证券公司违反诚实信用义务，应承担相应的违约赔偿责任。考虑到证券公司已实际完成相当部分合同义务，未见重大的工作瑕疵，故证券公司可取得已支付的大部分报酬。因其违反诚信义务，本院酌情在其已收取的款项中扣减 20 万元，证券公司应予返还酒业公司并支付自协议解除后起至实际返还时的相应利息损失。上海金融法院判决：

一、维持原审判决第一项、第二项、第三项、第四项；

二、证券公司应于本判决生效之日起十日内返还酒业公司已支付的财务顾问费人民币 200000 元；并支付以人民币 200000 元为基数，自 2021 年 3 月 17 日起至实际清偿日止，按全国银行间同业拆借中心公布的同期贷款市场报价利率计算的利息损失；

三、驳回酒业公司其余上诉请求。

【法官后语】

在上市公司资产并购重组中，独立财务顾问主要提供尽职调查、出具专业意见、持续督导、咨询等服务。当独立财务顾问基于其自身专业判断出具的意见，最终影响独立财务顾问协议约定的目标任务完成时，对于协议解除后的相关责任认定，应充分尊重其履职的独立性。

一、独立财务顾问的职能定位

上市公司独立财务顾问的工作职责主要是对交易方案的合规性、合理性进行独立评价，其根本目的是保护上市公司及上市公司股东和投资者的利益。根据《中华人民共和国证券法》规定，证券服务机构出具财务顾问报告时，应当勤勉尽责，若其制作、出具的文件有虚假记载、误导性陈述或者重大遗漏，给他人造成损失的，应承担相应赔偿责任。由此可见，虽然独立财务顾问收受佣金为上市公司的并购重组活动提供服务，但并不意味其应完全按照上市公司的要求履行合同义务，其实际应具有监督者的角色定位。因此，为保障独立财务顾问履职时审慎尽责，司法应确立并保护证券服务机构提供独立财务顾问服务时的独立性。该等机构有权基于其独立、专业、客观的立场，根据法律法规以及监管规定，出具符合事实情况的核查意见，而不应受其委托人意见的影响。

二、独立财务顾问协议解除后的责任认定

已实际履行的合同解除后，责任承担主要涉及对履行行为的评价，本案争议主要集中于以下两个方面：

（一）未完成目标任务的责任

对于未完成目标任务时违约责任的认定，主要考量是否为证券公司在协议履行中的违规不当行为所致。基于独立财务顾问履职的独立性，若证券公司系根据规范工作流程出具审查意见，即便该文件阻碍了协议约定的目标任务的实现进程，也不能因此认定其构成违约。本案中，证券公司对涉案财务顾问报告进行内核审查后并未通过，系其基于自身职责所作专业判断，由此导致未能向上海证券交易所提交并购重组的申报材料，证券公司不应承担违约责任。

（二）主体资质瑕疵的责任

《上市公司并购重组财务顾问业务管理办法》第九条规定了不得担任财务顾问的具体情形。证券公司在违反上述规定被处罚的禁业期内签订财务顾问协议，其责任承担可从对外和对内两方面来分析。对外，可能因违反相关监管规定而负有行政责任；对内，其缺乏主体资质并不符合法律规定的合同无效情形，且不得担任财务顾问的情形主要是针对违规不当行为的惩戒，该证券公司实际仍具备提供财务顾问服务的业务能力。但隐瞒主体资质瑕疵的行为确实侵害了其服务对象的知情权，有违诚信原则，影响了相对方选择适格服务机构的权利，基于公平原则的考量，在已收取服务费的情况下，可根据协议具体履行情况，酌情要求其返还部分费用，以对其不当执业行为进行警示和惩戒。

独立财务顾问协议兼具服务合同和中介合同的性质，财务顾问费的收取应与证券服务机构提供的具体服务内容相适应，而非仅以最终结果是否交付来衡量。证券公司前期已开展了相关工作，前期对于合同义务的履行未见明显瑕疵，未如约出具财务报告系基于其独立地位及专业判断，不具可归责性，工作内容与所收取的服务费具有相当性，故可以保留已收取的服务费。但因其主体资质存在瑕疵，故酌情判决其返还20%的服务费。

编写人：上海金融法院　吴剑峰　楼雨薇

34

审计机构因严重过失引发虚假陈述侵权可承担比例连带责任

——某基金公司诉某会计师事务所证券虚假陈述责任案

【案件基本信息】

1. 裁判书字号

北京市第二中级人民法院（2020）京02民初376号民事判决书

2. 案由：证券虚假陈述责任纠纷

3. 当事人

原告（上诉人、被上诉人）：某基金公司

被告（上诉人、被上诉人）：某会计师事务所

【基本案情】

2015 年，某基金公司通过二级市场买入福建某某公司公开发行的债券若干张。2019 年，福建某某公司宣告破产，无法兑付债券本息。经法院破产清算，某基金公司损失超过 3600 万元，清偿率未超过 2%。某会计师事务所系福建某某公司发行债券的审计机构，2018 年，因其未向案涉银行函证福建某某公司定期存款是否被质押、用于担保或存在其他使用限制，也未在审计工作底稿中说明未函证的理由。福建证监局向该会计师事务所及相关注册会计师出具《警示函》。2020 年，福建某某公司因上述债券发行和存续期间所披露的财务信息不实，受到中国证监会的行政处罚。某基金公司主张某会计师事务所实施了虚假陈述行为，对案涉债券得以发行、交易存在重大过错，足以影响某基金公司对福建某某公司偿债能力的判断，进而影响投资决策。故根据证券法第一百六十三条的规定，诉讼请求某会计师事务所就某基金公司的全部损失 3600 余万元承担连带赔偿责任，并按照一年期 LPR 的标准支付相应利息。

【案件焦点】

1. 某会计师事务所在案涉债券发行及存续期间是否实施了具有重大性的虚假陈述行为；2. 某会计师事务所是否存在过错；3. 上述虚假陈述行为与某基金公司的损失之间是否具有因果关系；4. 某会计师事务所应承担何种形式责任及责任范围。

【法院裁判要旨】

北京市第二中级人民法院经审理认为：关于案涉债券发行及存续期间所涉及的虚假陈述行为是否具有重大性问题。本案中，依据已查明事实，某会计师事务所接受案涉债券发行人福建某某公司的委托，为福建某某公司出具了 2012

年度、2013 年度、2014 年度及 2015 年度的审计报告，并作出了无保留意见的承诺。案涉债券的《14 募集说明书》引用了经某会计师事务所审计并出具无保留意见的 2012 年至 2014 年三年审计报告，福建某某公司《2015 年年度报告》引用了经某会计师事务所审计并出具的无保留意见 2015 年度审计报告。另查，福建证监局向某会计师事务所发出的《警示函》载明了某会计师事务所在福建某某公司 2014 年和 2015 年公司债券财务报告审计项目的执业过程中存在对于案涉若干账户未函证定期存款是否被质押、用于担保或存在其他使用限制情况，也未在审计工作底稿中说明未函证的理由的问题，依据该《警示函》可以认定某会计师事务所未函证定期存款受限事项的事实客观存在。2020 年 7 月 13 日，证监会向福建某某公司发出的行政处罚决定确定福建某某公司存在的违法事实主要是该公司在《14 募集说明书》《2015 年年度报告》《2016 年半年报告》和《2016 年年度报告》中未如实披露定期存款质押情况。综合以上事实，某基金公司诉讼主张的案涉债券在发行及存续期间存在的虚假陈述行为已经证监会做出的行政处罚决定书确认，故依据证监会向福建某某公司出具的《行政处罚决定书》认定的事实及某会计师事务所未函证定期存款受限的事实，依法认定本案诉争的虚假陈述行为具备重大性的特征。

关于某会计师事务所对虚假陈述行为是否存在过错的问题。虽然某会计师事务所按照审计准则的规定向案涉多家银行发送了询证函，但询证函事项却存在差异，如在向某银行发送的询证函事项中包含核查存款是否质押一栏，其他银行则没有。可见，其对存款是否存在质押应当进行核查是明知的。因此在某银行对存款是否质押一栏未予填写情况下，其应当对此异常情况保持必要的职业谨慎和基本的警觉，追加适当的审计程序，但是，某会计师事务所在收到此回复后，并未向某银行进行进一步的询证或提出疑问。此外，有关行政监管部门亦认定某会计师事务所存在未函证案涉存款是否被质押、用于担保或存在其他使用限制，也未在审计工作底稿中说明未函证的理由等违规行为。据此，法院认定某会计师事务所并未保持注册会计师应有的职业谨慎和特别关注，导致不实审计报告的出具，且客观上的审计差错金额较为巨大，违反了《中国注册会计师审计准则第 1312 号——函证》（以下简称《审计准则第 1312 号》）的相关规定，亦符合《最高人民法院关于审理涉及会计师事务所在审计业务活动中民事侵权赔偿案件的若干规定》（以下简称《审计侵权规定》）第六条规定的会计师事务所存在过失的情形，故应认定某会计师事务所在对福建某某公司的审计业务活动中存在较为严重的过失。

关于某会计师事务所的过错与损害事实之间是否存在因果关系。未披露信息对于发行人的经营状况、财务状况、持续盈利能力等综合能力具有极大影响，某基金公司亦是在参考《募集说明书》中对于发行人财务状况的介绍的基础上作出购买决定，因上述文件中的数据系经某会计师事务所审计后发布，且其就上述报告引用的数据提供了无保留意见的承诺，故在认定某会计师事务所对于其在信息披露文件中关于发行人偿付能力相关内容的重大遗漏存在过错的情况下，依法认定某基金公司的投资行为与某会计师事务所的重大遗漏行为存在因果关系。另查，某基金公司购买案涉债券的时间是在虚假陈述实施日之后，且其因持续持有该证券而产生亏损，亦可认定某基金公司的投资行为及损失与某会计师事务所的重大遗漏行为之间具有因果关系。

关于某会计师事务所承担法律责任及其范围的认定。依照《中华人民共和国证券法》等法律法规规定的立法精神，在判断证券服务机构的责任范围时，应秉持责任承担与其过错程度相适应的原则。本案中，某会计师事务所的过错形态为较为严重的过失，因此应与福建某某公司承担连带赔偿责任。另，由于福建某某公司的欺诈是造成投资人损失的直接原因、主要原因，而某会计师事务所出具不实审计报告的行为只是间接原因、次要原因，其对损害结果的原因力远远不及福建某某公司欺诈行为的原因力，故承担的连带赔偿责任应与其行为原因力程度相一致。另，综合考虑债券投资自身风险、宏观经济风险、行业风险及福建某某公司实际经营状况等因素，依法酌定某会计师事务所赔偿某基金公司损失金额为 100 万元。北京市第二中级人民法院判决：

一、某会计师事务所向某基金公司赔偿 100 万元；

二、驳回某基金公司其他诉讼请求。

某会计师事务所及某基金公司均不服一审判决，提起上诉。

北京市高级人民法院：同意一审法院裁判意见，依照《中华人民共和国民事诉讼法》第一百七十七条第一款第一项、第一百八十一条之规定，判决如下：

驳回上诉，维持原判。

【法官后语】

本案对审计机构承担虚假陈述侵权赔偿责任的构成要件进行了分析，总结了影响赔偿范围的原则及因素，并确定了具体的赔偿比例。本案确定的裁判思路及规则均对后续类案的审理具有借鉴及参考价值。

审理此类案件，应符合审理民事侵权案件的一般思路，同时还应考虑债券行业特殊性，并结合证券服务机构所在行业的具体规范对争议焦点予以综合认定。

一、证券服务机构承担赔偿责任构成要件分析

依据证券法第一百六十三条规定可知，证券服务机构承担赔偿责任应满足四个条件：证券服务机构存在虚假陈述行为；债券投资者等利害关系人遭受损失；虚假陈述行为与遭受损失之间具有因果关系；证券服务机构主观上存在过错。

关于证券服务机构是否存在虚假陈述行为、虚假陈述行为是否因不具有重大性而应免责。《最高人民法院关于审理证券市场虚假陈述侵权民事赔偿案件的若干规定》（以下简称《虚假陈述若干规定》）第四条规定，信息披露义务人在披露的信息中存在虚假记载、误导性陈述或者重大遗漏的，应当认定为虚假陈述。重大遗漏，是指信息披露义务人违反关于信息披露的规定，对重大事件或者重要事项等应当披露的信息未予披露。某会计师事务所未能向银行函证福建某某公司的定期存款是否存在质押等担保情况，导致福建某某公司因在年报及募集报告中未如实披露定期存款质押情况受到证监会处罚，应认定其披露信息存在重大遗漏。关于某会计师事务所依据《虚假陈述若干规定》第十条第三款抗辩该虚假陈述行为因不具有重大性而应免责，《全国法院民商事审判工

作会议纪要》第八十五条指出：重大性是指可能对投资者进行投资决策具有重要影响的信息，虚假陈述已经被监管部门行政处罚的，应当认为是具有重大性的违法行为。如果一方抗辩不具有重大性，应通过行政复议或行政诉讼解决。本案结合证监会向福建某某公司出具的《行政处罚决定书》认定的事实及某会计师事务所未函证定期存款受限的事实，依法认定本案诉争的虚假陈述行为具备重大性特征。

关于债券投资者遭受损失，该要件需要债券投资者对其遭受损失及损失金额予以举证，法院应对投资损失的构成及计算方法进行核实，需要注意的是，扣减债券投资者在发行人破产清算程序中或通过其他方式参与分配等已经清偿的金额。

关于虚假陈述行为与债券投资者损失之间是否具有因果关系的判断。根据《虚假陈述若干规定》第十一条规定，因果关系主要表现于债券投资者的投资决定与虚假陈述行为之间，即债券投资者因信赖证券服务机构披露的信息而作出投资决定，进而发生债券交易导致后期遭受损失。因此本要件关键是要判断债券投资者是否在虚假陈述实施日之后、揭露日或更正日之前实施了相应的交易行为，即在诱多型虚假陈述中买入了相关证券，或者在诱空型虚假陈述中卖出了相关证券，举证义务在原告。若被告能够举证存在《虚假陈述若干规定》第十二条规定的五种法定情形亦可以认定不具有因果关系，本质还在于判断虚假陈述行为与投资决定之间的关联强度。另需注意，《募集说明书》《信用评级报告》等文件虽然明确提醒投资者经营活动产生的现金流量净额“存在巨大波动风险”“可能对公司信用水平产生影响”，但该提醒是对投资者证券市场风险的一般性提示，与虚假陈述行为产生的负面影响明显不同，不能据此得出债券投资人作出自甘冒险的投资决策。

关于证券服务机构主观是否存在过错的认定，《虚假陈述若干规定》第十八条规定，法院应当按照法律、行政法规、监管部门制定的规章和规范性文件，参考行业执业规范规定的工作范围和程序要求等内容，结合其核查、验证工作底稿等相关证据，认定证券服务机构实施虚假陈述行为是否存在过错。本案中的证券服务机构系会计师事务所，故应参考《中华人民共和国注册会计师法》《审计准则第1312号》、中国注册会计师协会发布的应用指南等行业规定。根据上述相关规定可知，会计师事务所的审计行为是否符合独立审计准则是判断其有无过错的依据。银行存款是需要函证的重要信息，函证的内容一般涉及保证、抵押或质押等事项，如果存在对询证函回函的可靠性产生疑虑的因素，注册会计师应当进一步获取审计证据以消除这些疑虑。即注册会计师在执行审计中，不仅要遵守执业准则，还要保持必要的职业谨慎。本案中，某会计师事务所在向银行函证过程中未能保持必要的职业谨慎，应认定其存在过错。《虚假陈述若干规定》第十三条则规定了过错的具体情形，包括故意和严重过失。因尚无证据显示某会计师事务所故意未对存款质押情况进行函证，结合本案查明的事实，应认定其存在较为严重的过失。

综上分析，某会计师事务所应对虚假陈述行为承担侵权赔偿责任。

二、责任形式及责任范围

证券法第一百六十三条规定，存在过错的证券服务机构应与委托人就投资者的损失承担连带赔偿责任。对于连带赔偿损失的范围，实践中，在发生债券无法按时兑付情形时，发行人往往已不具有清偿能力，此时将实施虚假陈述行为且有过错的证券服务机构纳入责任主体，有利于投资人及时得到赔偿，进而弥补损失。但证券服务机构不是发行人的“替罪羊”，在认定其赔偿范围时，基于公平原则，应秉持过罚相当的民事赔偿原则，通过认定虚假陈述行为对造成债券投资者损失的原因力程度及过错程度，据此对责任范围进行酌定，方既能平衡证券服务机构与发行人的利益，又能有效督促证券服务机构谨慎执业、勤勉尽责。

原因力程度的认定则应考虑债券投资自身风险、宏观经济风险、行业风险、债券发行人公司实际经营状况。本案中，依据上述因素可以判断某会计师事务所的虚假陈述行为是造成某基金公司损失的次要原因，故酌定某会计师事务所赔偿某基金公司100万元，赔偿比例为2%—3%。

编写人：北京市第二中级人民法院　王莹莹　王朔

35

特殊情形下证券虚假陈述交易因果关系的认定

——甲证券股份有限公司诉乙股份有限公司等证券虚假陈述责任案

【案件基本信息】

1. 裁判书字号

上海市高级人民法院（2023）沪民终591号民事判决书

2. 案由：证券虚假陈述责任纠纷

3. 当事人

原告（上诉人）：甲证券股份有限公司（以下简称甲证券公司）

被告（被上诉人）：乙股份有限公司（以下简称乙公司）、丙技术有限公司（以下简称丙公司）、丁证券股份有限公司、戊会计师事务所（特殊普通合伙）

【基本案情】

2015年4月，作为A股上市公司的乙公司成立员工持股计划，筹资5000万元；员工持股计划设立后委托甲证券公司成立集合计划进行管理，主要投资范围为购买和持有乙公司股票；员工持股计划共15人参加，均为乙公司子公司及其关联公司的高管或主要负责人，其中周某、吴某某分别系丙公司时任法定代表人和财务负责人，周某、吴某某、付某为管委会委员，代表全体持有人行使股东权利。另外，周某、吴某某还是员工持股计划的主要出资人。

2015年5月，集合计划成立。集合计划A份额：B份额：C份额的初始配比约为9：1：2。A、B份额享有固定收益，C份额即员工持股计划享有扣除A份额和B份额的本金和预期收益及管理费、托管费等费用后的全部剩余资产和收益的分配。C份额及乙公司的实际控制人深圳市某投资有限公司对A、B份额的固定收益承担补偿责任。

集合计划成立后，甲证券公司在员工持股计划约定的时间内买入了乙公司股票。后集合计划多次出现低于预警线或止损线情况，深圳市某投资有限公司于 2016 年 4 月至 2017 年 5 月 5 次向集合计划补仓。

2017 年 5 月，因集合计划再次出现低于止损线的情形，第 5 次补仓未全额补足，甲证券公司遂代表集合计划向差额补偿方发出违约通知书，后卖出持有的乙公司全部股票。

2017 年，就该案同一集合计划，甲证券公司曾至四川省高级人民法院起诉深圳市某投资有限公司要求承担集合计划 A 份额、B 份额的本金及预期收益的补偿责任，并获生效判决支持。

在该案审理之前，其他投资者诉乙公司等被告证券虚假陈述责任纠纷系列案件，已由生效判决作出如下认定：乙公司应承担赔偿责任。丙公司作为重大资产重组的标的公司应向投资者承担连带赔偿责任。深圳市某投资有限公司应对乙公司的证券虚假陈述民事责任承担连带赔偿责任。周某、吴某某作为丙公司时任法定代表人和财务负责人，因虚假陈述行为受到中国证券监督管理委员会行政处罚，但未被判令承担赔偿责任。

【案件焦点】

集合计划投资决定与虚假陈述行为是否存在交易因果关系。

【法院裁判要旨】

上海金融法院经审理认为，如果被告有证据证明投资者投资决定并非被诉虚假陈述行为诱导所致，应当认定交易因果关系不成立。综合被告相关证据和本案实际情形，足以证明集合计划投资决定与虚假陈述行为不存在交易因果关系。主要基于以下因素考量，一是集合计划的成立及对乙公司股票的交易系为履行员工持股计划约定；二是 C 份额员工持股计划持有人中的周某、吴某某两人因实施虚假陈述行为受到行政处罚，其余 13 人亦系实施虚假陈述行为的丙公司及关联公司高管或主要负责人，C 份额持有人对虚假陈述行为应当知情；三是 A、B 份额持有人的投资行为系对 C 份额持有人和深圳市某投资有限公司连带补偿责任的信赖作出。遂根据《最高人民法院关于审理证券市场虚假陈述侵权民事赔偿案件的若干规定》（以下简称《若干规定》）第十二条第五项规定判决：

驳回原告的全部诉讼请求。

原告不服一审判决，提出上诉。上海市高级人民法院经审理认为：集合计划是为落实员工持股计划而成立；购买乙公司股票是基于员工持股计划及其后各方签订的《资管合同》的既定安排；连带补偿责任能否履行才是真正与 A、B 份额持有人利益攸关，也是 A、B 份额持有人关注的焦点所在。判决如下：

驳回上诉，维持原判。

【法官后语】

本案系涉资管计划嵌套员工持股计划的证券虚假陈述责任纠纷案，涉及专业机构投资者的投资决策与证券虚假陈述是否存在交易因果关系的认定问题。本案判决明确：证券虚假陈述案件中交易因果关系的认定，无论是机构投资者还是个人投资者均平等适用信赖推定原则，但该信赖推定可以抗辩。如有证据证明机构投资者的投资决策主要基于其他因素考量而非对虚假陈述的信赖，则应当认定交易因果关系不成立。

本案的原告作为机构投资者，代表集合计划提起诉讼。该集合计划系结构化金融产品，优先级 A 份额、中间级 B 份额享有固定收益，风险级 C 份额由上市公司员工持股计划持有，享受超额收益并承担兜底责任。实践中，有差额补足约定的结构化金融产品普遍存在。本案中，员工持股计划对虚假陈述行为应当知情，而集合计划又是员工持股计划主导设立，集合计划的投资决定并非基于对上市公司信息披露的信赖作出，法院最终判决驳回集合计划的索赔请求，体现了不因违法而获益的价值导向。

一、信赖推定原则应平等适用

现行《中华人民共和国证券法》以及《若干规定》并未对原告投资者的主体身份进行区分规定，即法律和司法解释的规定平等适用于个人投资者和机构投资者。虚假陈述司法解释并未针对机构投资者规定更高的注意义务。虚假陈述司法解释发布后，司法实践对此应有统一认识。即无论是机构投资者还是个人投资者，只要其能够提供证据证明上市公司存在虚假陈述行为、其交易区间在实施日至揭露日或更正日之间，就应推定其交易因果关系成立。要想推翻该信赖推定的，只能由被告提供充分的证据。

二、员工持股计划对虚假陈述应当知情

信赖推定是可抗辩的，知道或者应当知道虚假陈述，构成信赖推定的抗辩事由。本案集合计划中的风险级C份额持有人即员工持股计划，对虚假陈述应当知情。员工持股计划是指上市公司根据员工意愿，通过合法方式使员工获得本公司股票并长期持有，股份权益按约定分配给员工的制度安排。在认定交易因果关系时应当充分考虑员工持股计划的特殊性。员工持股计划的参加对象及其交易安排决定了其与普通二级市场股票投资者有所区别。当员工持股计划持有人均为上市公司或关联公司高级管理人员和核心员工时，员工持股计划作出投资决策时的信息来源并非如普通二级市场投资者一般依赖于上市公司的相关信息披露，不以通过公开渠道获知的有关上市公司信息为主要决策依据，不能认定上述人员决定参加员工持股计划投资于上市公司股票系受上市公司公告中相关虚假陈述的诱导，应当推定上述人员对虚假陈述行为知情。

三、集合计划的信赖推定应当推翻

前已论及，员工持股计划对虚假陈述应当知情，但不足以直接推翻整个集合计划的信赖推定，对此尚需进一步论证。集合计划由员工持股计划主导设立的情形下，若股价波动的最终风险由明知存在虚假陈述的员工持股计划持有人承担，有证据证明其他份额持有人信赖的是增信措施而非虚假陈述，则应当认定集合计划的投资决策与虚假陈述不存在交易因果关系。本案之所以推翻信赖推定是基于多重因素的综合考量。具体包括如下三点。一是集合计划成立并购买上市公司股票系为履行员工持股计划约定。二是员工持股计划持有人对虚假陈述行为应当知情。综合员工持股计划持有人的具体构成、员工持股计划管理委员会成员情况等因素，不能认定其系受上市公司公告虚假陈述的诱导。三是集合计划 A、B 份额持有人的投资行为系基于对连带补偿责任的信赖作出。A、B 份额持有人的目标是获得固定收益，其并未因虚假陈述而采取实质性的止损举措。相反，员工持股计划和上市公司实际控制人未按约按时足额履行补仓义务时，原告即迅速发出违约通知书和集合计划到期终止公告。

编写人：上海金融法院　徐玮　杨立转　石洋洋

36

证券虚假陈述责任纠纷中损失核定方法的选择

——顾某某等投资人诉某科技股份有限公司证券虚假陈述责任案

【案件基本信息】

1. 裁判书字号

北京金融法院（2021）京 74 民初 2117 号民事判决书

2. 案由：证券虚假陈述责任纠纷

3. 当事人

原告：顾某某等投资人

被告：某科技股份有限公司

【基本案情】

2017 年 4 月至 2019 年 3 月，某科技股份有限公司先后为多家公司提供担保。2017 年 4 月，某科技股份有限公司签署相关协议，约定其向某公司回购信托单位，并足额支付标的信托单位转让价款，该价款最高可达 56700 万元。某科技股份有限公司的上述行为因构成《上市公司信息披露管理办法》第二十一条第八项规定的“重大事件”，且未按规定在相对应的年报中披露，就此被中国证监会北京监管局认定违反了 2005 年《中华人民共和国证券法》第六十三条、第六十五条第五项和第六十六条第六项的规定，构成2005年《中华人民共和国证券法》第一百九十三条第一款所述的违法行为，给予某科技股份有限公司警告，同时处以40万元罚款的行政处罚。

上述信息披露后，某科技股份有限公司的股价受影响产生波动。投资者就此请求法院要求某科技股份有限公司赔偿相应损失。

【案件焦点】

法院是否应当采信损失核定机构采用的“多因子迁移同步对比法”对投资人的损失进行的核算。

【法院裁判要旨】

北京金融法院经审理认为：《最高人民法院关于审理证券市场虚假陈述侵权民事赔偿案件的若干规定》第二十四条规定，发行人在证券发行市场虚假陈述，导致原告损失的，原告有权请求按照本规定第二十五条的规定赔偿损失。第二十五条规定，信息披露义务人在证券交易市场承担民事赔偿责任的范围，以原告因虚假陈述而实际发生的损失为限。本案中，北京金融法院委托损失核定机构对投资人的损失进行了核算，损失核定机构采用了其与北京大学光华管理学院共同研发的“多因子迁移同步对比法”对投资人的损失进行核算，投资人对该方法提出异议。北京金融法院认为，首先，从程序上来讲，损失核定机构在报告中列举了可能影响股价的重大事件，各原告对此提出异议，认为影响股价的重大事件举证责任在被告某科技股份有限公司。但本案损失核定机构采用的计算方法并非事件列举法，而是就本案中选择多因子迁移同步对比法进行损失核定工作的背景进行了解释。通过所列举的事件可以看到，本案中对股价产生影响的因素不仅包括证券市场的风险和虚假陈述行为，还包括某科技股份有限公司自身经营情况等风险，故而损失核算机构才采用了本案的计算方法，以更科学、更合理、更公平地计算投资人的损失。其次，对于投资人关注的虚假陈述因素赔付率的计算方法。虚假陈述因素赔付率，是衡量投资者虚假陈述行为导致的损失在其发生的全部损失中所占比例。由于影响股价的因素众多且无法穷尽，无法直接计量虚假陈述行为在所有影响股价因素中所占的比例。因此，损失核定机构运用金融学因子定价理论，通过模拟投资者分别在存在虚假陈述行为和不存在虚假陈述行为两种情形下发生损失的比例，达到间接计算虚假陈述因素赔付率的目的。具体的计算步骤为：（1）分别模拟存在和不存在虚假陈述行为时某科技股份有限公司股价变化。（2）计算模拟损益比例、修正后模拟损益比例。（3）从计算结果可以看出，若股价在高位时买入，虚假陈述因素赔付率较低；若股价在低位时买入，虚假陈述因素赔付率相对较高。该分布也与股票市场变化的一般规律相符，股价在高位时，股价本身累积的市场风险和价格泡沫也越高，非虚假陈述因素风险所占比例较高，虚假陈述因素的影响相对较小，相应的赔付率就低；股价在低位时，非虚假陈述因素风险所占比例较低，虚假陈述因素的影响相对较大，相应的赔付率就高。因此，通常情况下，高位买入股票的投资者其投资差额损失受其他因素的影响要大于相对低位买入的投资者，其投资差额损失可获赔比例相应地也较低。

综上，本案采用多因子同步迁移对比法核算投资人的损失，具有合理性和科学性，北京金融法院予以采纳，某科技股份有限公司应当按照核算结果向投资人进行赔付，对于部分投资人超出该核算结果的损失部分，北京金融法院不予支持。

北京金融法院判决如下：

一、被告某科技股份有限公司于本判决生效之日起十日内赔偿原告损失；

二、驳回原告的其他诉讼请求。

判决后，双方当事人均未上诉，本判决现已生效。

【法官后语】

《最高人民法院关于审理证券市场虚假陈述侵权民事赔偿案件的若干规定》中第二十四条规定，发行人在证券发行市场虚假陈述，导致原告损失的，原告有权请求按照本规定第二十五条的规定赔偿损失。第二十五条规定，信息披露义务人在证券交易市场承担民事赔偿责任的范围，以原告因虚假陈述而实际发生的损失为限。由此可见，发行人应当在其虚假陈述行为的范围内对投资人承担赔偿责任。然而，在证券市场中，由于市场的复杂性和各种风险因素的存在，如社会、经济变动、发行人自身经营情况等，这些因素都会对股价的波动产生影响。因此，在虚假陈述责任纠纷案件中，如何准确认定投资者的损失，一直是一个难点和重点。

在司法实践中，过去主要采用同步指数对比法和收益率曲线同步对比法来计算投资者的损失。同步指数对比法通过对比涉案证券与相关证券市场指数，扣除系统性风险和非系统性风险，以“相对比例法”计算损失。这种方法的优势在于可解释性强，当事人便于理解，且计算复杂度低，对计算资源需求小，在一定程度上能够反映系统性风险对投资者损失的影响。收益率曲线同步对比法则采用了多因子模型法，结合事件分析法，通过对比模拟损益比例和名义损益比例来确定损失。这种方法源自金融量化交易模型，在金融行业有一定的认知度；风格因子包括9个大类46个三级因子，总体考虑因素比较全面。因此其在考虑了更多影响因素的同时，也提高了计算的准确性。

相比前两种方法，本案首次采用“多因子迁移同步对比法”核算投资者损失。从方法上看，引入了虚假陈述因素赔付率的概念，通过模拟的存在虚假陈述行为时投资者的损益比例，及不存在虚假陈述行为时投资者的损益比例，并根据投资者交易记录对相应投资者的损益比例和赔付比例进行计算，从而相对准确地衡量投资者因虚假陈述行为导致的损失在其发生的全部损失中所占比例。从计算结果上看，若投资者在股价高位时买入，虚假陈述因素赔付率较低；若在股价低位时买入，虚假陈述因素赔付率相对较高。这与股票市场变化的一般规律，即股价在高位时，股价本身累积的市场风险和价格泡沫也越高，非虚假陈述因素风险所占比例较高，虚假陈述因素的影响相对较小，相应的赔付率就低；股价在低位时，非虚假陈述因素风险所占比例较低，虚假陈述因素的影响相对较大，相应的赔付率就高非常吻合。故本案所采用的“多因子同步迁移对比法”核算投资人的损失，更合理也更科学。

证券市场虚假陈述民事责任建立的初衷，就是为了保障投资者利益、预防和遏制证券市场违规违法行为的发生，让证券市场上的相关主体为自己的侵权行为承担相应的不利后果。所以，只有在投资者因虚假陈述行为受侵害的利益获得合理赔偿的情况下，才能通过个别交易的公正性实现和维护证券市场整体交易的公正性。北京金融法院通过探索适用“多因子同步迁移对比法”，更加精准、科学地对投资损失予以认定，生动诠释了新司法解释中填补损害功能的价值取向，既使加害人的责任得到承担，又使受害人的损害得到填补，有效地实现投资者利益保护与相关市场参与主体责任负担之间均衡，进一步优化营商环境。

编写人：北京金融法院　李方　王力群

六、信托纠纷

37

“非典型主动管理型信托”中受托管理人的义务范围及责任认定

——某农村商业银行股份有限公司诉某信托股份有限公司营业信托案

【案件基本信息】

1. 裁判书字号

上海市高级人民法院（2023）沪民终 523 号民事判决书

2. 案由：营业信托纠纷

3. 当事人

原告（上诉人、被上诉人）：某农村商业银行股份有限公司（以下简称某农商行）

被告（上诉人、被上诉人）：某信托股份有限公司（以下简称某信托公司）

【基本案情】

一、案涉信托计划设立阶段

2016 年 11 月，某信托公司出具《尽调报告》，载明，某实业公司有意融资，故某信托公司另行设计该股权收益权模式，撰写本报告供审议。项目内容为将信托资金用于受让某实业公司下属子公司某黄金公司15%的股权收益权，信托计划到期时，某实业公司按约定价格回购股权收益权。同时通过数据分析，得出某黄金公司具备较强的偿还能力、某实业公司发生违约风险很小等结论，同时载明了本项目各类风险。为完成上述《尽调报告》，某信托公司获取了某实业公司和某黄金公司近年来的审计报告、近期自行制作的财务报表等材料。

2017年2月28日，某信托公司（受托人）与某农商行（委托人）签订《信托合同》，约定，投资运作方式为全体委托人指定受托人以自己的名义，将信托资金用于受让某实业公司持有的目标股权收益权，并由某实业公司按照约定回购目标股权收益权，受托人为此与某实业公司签署《股权收益权转让与回购合同》，约定当某实业公司违约时，受托人有权要求某实业公司提前支付全部各期回购价款，受托人行使《股权收益权转让与回购合同》项下权利时对受益人有实质影响的，应事先征询全体受益人的意见再行使合同权利。信息披露条款约定，信托计划发生（1）信托财产可能遭受重大损失；（2）某实业公司的财务状况严重恶化等情形，受托人应当在获知有关情况后三个工作日内向受益人披露并提出应对措施。信托计划风险揭示条款披露了各项风险，并载明受托人不保本保收益。委托人的权利条款约定，受托人违反信托目的处分信托财产或者因违背管理职责、处理信托事务不当致使信托财产受到损失的，委托人有权要求受托人恢复信托财产的原状或者予以赔偿。受托人的义务条款约定，为受益人的最大利益处理信托事务，恪尽职守、履行诚实、信用、谨慎、有效管理的义务。同日，某农商行认购该信托计划。

二、案涉信托计划实施阶段

信托计划设立后至某黄金公司违约前，某信托公司向某农商行发送《季度信托事务管理报告》以及项目检查报告，均载明，本信托计划目前尚未发现涉及诉讼或者损害信托财产、受益人利益的情形，回购方按时付息。

三、案涉信托计划违约阶段

2018年5月21日，有媒体公开报道，2018年5月4日，某黄金公司参与的其他信托计划因某黄金公司违约提前到期。某信托公司向某农商行及时告知上述情况。之后，根据某农商行的指令，2018年6月25日，某信托公司向某实业公司发送《提前回购通知函》。

2018年7月4日，某信托公司发函向某农商行征询诉讼相关事宜。某农商行同意授权某信托公司采用诉讼方式处置本项目。某信托公司遂于2018年8月1日起诉某实业公司并获胜诉，但未执行到财产。

2018年至2020年，某信托公司五次向某农商行发送《信托事务临时披露报告》，报告诉讼案件进展情况、未来工作处置重点等事项。并按季度向某农商行发送《季度信托事务管理报告》，汇报债权催收情况。某信托公司还会同各方共同商讨债务清偿事宜，但均后续无果。

2021年12月2日，某信托公司向某农商行发送《信托事务临时披露报告》，称，公司在监管部门要求的自查工作中发现，本项目属于金融同业机构提供通道服务的业务，同时参照相关政府部门的认定，应归类为事务管理类信托……某农商行表示对此不认可，认为该信托计划应归属于主动管理类信托。

四、其他查明事实

（一）某实业公司涉讼信息

2017年3月14日，某实业公司被保全约4.4亿元的财产，2017年4月6日，因某实业公司全部清偿得以解封，该两份文书公布于2017年11月。2017年9月12日，某法院判决某实业公司向案外人支付股权转让款2500万元及相应违约金，该份文书公布于2017年12月。

（二）关于某黄金公司财务数据

某黄金公司编制的2017年3月的合并资产负债表、合并利润表显示，营业收入约119亿元，营业利润约2.3亿元，净利润约1.8亿元。

北交所交易项目公布的由某黄金公司编制的2017年第一季度财务报表显示，该公司营业收入约34亿元，营业利润约-3100万元，净利润约-3100万元。

案涉违约事发后，某农商行诉至法院，称《尽调报告》有多处虚假记载，结论缺乏专业判断，信托财产运营期间受托人未尽到诚实、信用、谨慎、有效管理的受托人义务，应当承担违约责任，据此请求判令：1. 某信托公司赔付某农商行认购资金损失 2.2 亿元；2. 某信托公司赔付某农商行预期收益损失 14002396.72 元。

【案件焦点】

1. 案涉信托类型；2. 某信托公司是否存在违约行为；3. 若存在违约行为，如何认定赔偿范围。

【法院裁判要旨】

上海金融法院经审理认为：首先，关于案涉信托的类型。一方面，案涉信托不属于典型的通道类业务，理由如下：(1) 信托计划的融资模式是由某信托公司根据某实业公司的用资需求和意向进行设计，并制作了《尽调报告》；(2)《信托合同》条款中明确约定，受托人应为受益人的最大利益处理信托事务，应恪尽职守，履行诚实、信用、谨慎、有效管理的义务，以及当信托财产可能遭受重大损失或某实业公司的财务状况严重恶化时，受托人应当在三个工作日内履行披露义务等内容，上述义务设定不符合典型通道类信托业务的特征；(3) 在案涉信托运营期间，某信托公司按信托文件约定主动向某农商行发送项目检查报告以及季度报告，该些行为在性质上应属于受托人履行的主动管理义务。另一方面，案涉信托亦与典型的主动管理型信托有所区别。受托人对信托财产的裁量权与控制权受到一定限制。例如，受托人在行使《股权收益权转让与回购合同》项下的权利时，应事先征询全体受益人的意见，根据全体受益人一致意见行使权利合同。

其次，关于某信托公司在项目成立至后期风险暴露过程中是否存在违约行为。案涉信托属于非典型主动管理型信托，应按照法定化的信义义务结合信托文件的约定具体认定受托人的履职范围。虽然《信托合同》未对尽职调查作出约定，但信托机构负有法定的尽调义务，并应对《尽职报告》的内容尽职履责。本案中，案涉信托为信用融资，信托机构应以更为严格的标准对融资人的财务数据进行审查。但对于涉及某实业公司财务状况、还款能力等核心数据，某信托公司仅根据融资人提供的审计报告以及未经审计的财务数据作出分析并得出结论，不符合相同职业或行业中一个合格的且具有普遍谨慎的从业人员在相同或相似条件下所应采取的行为标准。

最后，关于某信托公司的责任范围如何认定。首先，案涉《信托合同》已向某农商行全面披露了信托产品的交易架构以及风险。其次，某农商行作为专门金融机构和专业机构投资者，应对其中风险均属明知，且在信息获取能力、违约风险发现和防范能力等方面均与某信托公司处于相似水准，因此，某农商行在信托设立阶段亦欠缺谨慎，同样存在过失。

综上，某信托公司在尽调过程中以及信托计划管理过程中的履约瑕疵与某农商行的损失存在一定的因果关系，但所占比重较小，并非导致投资损失的主要原因，上海金融法院酌定某信托公司承担本金部分 10%赔偿比例。上海金融法院判决：

一、某信托公司偿还某农商行认购资金损失 22000000 元；

二、驳回某农商行其余诉讼请求。

某农商行和某信托公司均不服一审判决，提起上诉。

上海市高级人民法院经审理认为：某信托公司提供的《季度信托事务管理报告》中记载“目前尚未发现涉及诉讼或者损害信托财产、受益人利益的情形”，该报告内容与某实业公司涉讼的情况明显不符，某信托公司未尽到审慎勤勉义务。如果某信托公司能及时发现并向投资人告知涉诉情况，某农商行就可能及时采取相应风险控制措施，以减少损失，故可以认定某信托公司的未尽职的行为与投资者的投资损失间具有一定的因果关系。综合考量各种因素，一审法院的酌定责任比例具有合理性。据此，上海市高级人民法院依照《中华人民共和国民事诉讼法》第一百七十条第一款第一项之规定，作出如下判决：

驳回上诉，维持原判。

【法官后语】

对于非典型主动管理型信托，应以委托人和受托人约定的信托文件为依据，遵循信托法的精神，在个案中具体裁量受托人是否尽到了信义义务。对于受托人违反信义义务的，应审查受托人的过错行为与委托人损失之间的因果关系，并根据作用力大小判定受托人的责任比例。

一、信托机构信义义务的边界

信义义务的核心内容通常包括忠实义务和注意义务（亦称谨慎勤勉义务）。为此，我国信托法第二十五条规定："受托人应当遵守信托文件的规定，为受益人的最大利益处理信托事务。受托人管理信托财产，必须恪尽职守，履行诚实、信用、谨慎、有效管理的义务。"该条对受托人的义务和权限作出了原则性的规定，将信托法上以忠实和注意义务为核心的信义义务法定化。

通常我们将信托业务分为主动管理型信托和被动（事务）管理型信托（亦称通道业务）。主动管理型信托中，信托公司可能承担产品设计、项目筛选、尽职调查、投资决策、实施和后续管理等主动管理责任。如果当事人在信托文件中约定，由委托人自主决定信托设立、信托财产运用对象、信托财产管理运用处分方式等事宜，并自行承担信托资产的风险管理责任和相应风险损失，受托人仅提供必要的事务协助或者服务，应当认定为通道业务。通道业务因不具备信托制度的价值，现已明令禁止，但对于过渡期内旧存的通道业务，除非有其他无效事由，否则司法并不否定信托业务的效力。

本案中，对照前述典型的通道类信托、主动管理型信托的核心特征，案涉信托均存在比较明显的区别，故案涉信托在性质上应当归属于非典型的主动管理型信托。

二、非典型主动管理型信托中各阶段的信义义务

信托管理中，受托人需履行尽职调查阶段、管理阶段、清算阶段的信义义务。

（一）尽职调查阶段

对于委托人针对信托项目设立提出的质疑，受托人往往会提出，信托文件未约定受托人负有尽调义务，在信托计划成立之前受托人尚不负有信托法上的信义义务，仅负有基于民法诚实信用原则的先合同义务，若受托人不存在缔约过失行为，不应承担相应的责任。

对此，如前所述，受托人的信义义务为法定义务，当事人的约定只能把受托人的行为义务具体化，但并不意味着受托人只承担约定的责任。《信托公司受托责任尽职指引》等相关文件均要求信托机构履行尽职调查义务。据此，对于非通道业务而言，信托公司在信托计划成立之前就已经负有信义义务。对于如何认定信托公司尽调是否尽职，应当以其他同行业专业金融机构的普遍实践和判断为参照和判断标准，而不应苛求其超越行业认识程度的尽善尽美。但应当注意的是，此种参照仍然是以"合格"和"普通谨慎"为前提。如果全行业均在合格的标准线下，也不能认定受托人已经尽责。

本案中，信托计划属于信用融资，然信托公司既未委托第三方专业机构出具复核的意见，亦未自行对审计报告或财务报表中记载的重要项目和数据进行再查证，不能认为是"合格"的履职行为，信托公司对此负有过错。

（二）管理阶段的信义义务

委托人和受托人通常在信托文件中对受托人在信托项目运营管理过程中的责任和义务进行详细约定。对于非典型主动管理型信托而言，其不享有主动管理型信托中受托人可基于受益人利益最大化角度全权处理信托财产以及制定投资决策的权利，而相较于被动（事务）管理型信托，其又不仅是完全被动听从委托人指令行事。因此在认定受托人的履行标准时，需在结合信托法定化义务的前提下严格审查信托文件的约定。

本案中，信托文件已详细约定了受托人的披露义务，在涉讼信息均能通过开源信息查询的情况下，信托公司未能及时发现交易对手的涉讼情况，向受益人作了虚假报告，违背了信托文件约定的注意义务。

（三）清算阶段的信义义务

清算阶段审查的重点应落在信托机构是否按照信托合同约定的时间、程序、方式进行清算和分配，是否存在不当侵占、挪用信托财产等情形。

三、非典型主动管理型信托中对受托人违反信义义务的责任认定

在确定责任承担的过程中，必须要考量受托人过错与投资人损失之间是否具有原因力，也即，应当反向考察受托人如果尽到了审慎勤勉义务，委托人的

损失是否可以避免或者减少。在确定受托人的失职行为与投资人损失之间具有因果关系后，还要考量受托人过错与投资人损失之间原因力的大小。据此，即便本案中受托人有履约瑕疵且与投资损失有一定的因果关系，但考虑到委托人本身身为专业投资者具有过失，最终认定某信托公司承担投资本金10%的次要责任。

编写人：上海市高级人民法院　张文婷

上海金融法院　周楠

38

“事务管理类信托”中受托人的义务范围及责任认定

——某科技公司诉某信托公司营业信托案

【案件基本信息】

1. 裁判书字号

广东省广州市中级人民法院（2023）粤01民终5278号民事判决书

2. 案由：营业信托纠纷

3. 当事人

原告（上诉人）：某科技公司

被告（被上诉人）：某信托公司

第三人：刘某

【基本案情】

2017年12月，某科技公司、刘某分别与某信托公司签订《信托合同》，约定：信托资金1.1亿元用于购买某上市公司2017年非公开发行可交换公司债券，该债券行权后转为持有某公司流通股权。行权后可依委托人指令于二级市场减持退出；信托的设立、信托财产的运用对象、管理、运用和处分方式等事项，均由委托人自主决定。之后，某信托公司按某科技公司、刘某指令开设证券账户，并将某科技公司、刘某投资的1.1亿元买入案涉股票。

2018年3月16日、19日，某科技公司、刘某分别向某信托公司发出《投资指令书》，要求某信托公司于2018年3月19日至21日在二级市场以不低于10.5元/股的价格出售信托持有的案涉股票750万股。某信托公司称因案涉证券账户未开通网上交易功能，故无法执行上述交易指令。

2018年3月21日，某科技公司、刘某分别向某信托公司发出《投资指令书》，要求某信托公司于2018年3月22日至26日在二级市场以不低于10.5元/股的价格出售信托持有的案涉股票750万股，并开通案涉证券账户的网上交易功能。因市场价格不符合指令交易条件，故某信托公司未执行上述交易指令。

2018年3月23日，案涉证券账户开通网上交易功能。

2018年4月2日，某科技公司与刘某分别向某信托公司发出《投资指令书》，要求某信托公司于2018年4月2日至4日在二级市场以不低于10.59元/股的价格出售信托持有的案涉股票750万股。因市场价格不符合指令交易条件，故某信托公司未执行上述交易指令。

2018年5月21日，某科技公司与刘某分别向某信托公司发出《投资指令书》，要求某信托公司于2018年5月22日通过大宗交易卖出案涉股票750万股，交易价格为每股8.66元。某信托公司最终执行该交易指令。

案涉股票在《信托合同》约定的24个月信托期限内，市场成交最高价为13.63元。

经法院向证券公司调查，证券公司称某信托公司开户时选择不开通网上委托交易权限，只保留柜台委托，某信托公司可通过柜台委托进行二级市场交易。

【案件焦点】

1. 某信托公司在案涉事务管理类信托中是否违反信托义务；2. 某信托公司应予赔偿的损失金额如何认定。

【法院裁判要旨】

广东省广州市天河区人民法院经审理认为：首先，案涉信托合同为集合事务管理类信托，信托财产的管理、运用及处分均由某科技公司及刘某全权决定，某信托公司是被动执行某科技公司的指令。本案中，是否开通案涉标的账户网上交易功能，属于某科技公司及刘某自主决定的对信托财产管理、运用及处分事宜。某科技公司以某信托公司未主动提示及告知开通案涉账户的网上交易功能为由，导致其错失交易时机造成损失并诉请某信托公司赔偿损失，没有合同依据。其次，某信托公司在 2018 年 3 月 19 日收到某科技公司及刘某达成一致的交易指令后，已即时按交易指令执行。从某信托公司对于交易指令的执行及按某科技公司的交易指令要求开通案涉账户网上交易功能的时间节点来看，某信托公司并不存在拖延执行某科技公司及刘某下达的指令的情形。最后，某科技公司及刘某作为合格的投资者，在案涉信托合同中选择对信托财产采取集合事务管理的自主管理信托类型，其理应对案涉信托财产交易市场的各项交易规则及相应规定有熟悉、深入的了解，并能够识别、判断及承担信托计划的相应风险。综上，一审法院驳回某科技公司的诉讼请求。

某科技公司不服一审判决，提起上诉。

广东省广州市中级人民法院经审理认为：第一，关于某信托公司是否违反信托义务。首先，案涉信托为事务管理类信托，但某信托公司只是不承担积极主动管理职责，而仍须承担账户管理以及配合委托人管理信托财产等职责。其次，某科技公司、刘某 2018 年 3 月 16 日、19 日先后发出的两份投资指令书不存在本质差异。某信托公司不应消极地不予执行交易指令。最后，即便案涉证券账户没有开通网上交易功能，某信托公司也可通过柜台委托进行二级市场转让交易，因此某信托公司关于账户未开通网上交易功能导致其无法执行投资指令的抗辩不能成立。综上分析，某信托公司违反了信托义务。

第二，某信托公司应予赔偿的损失金额。因某信托公司未执行 2018 年 3 月 19 日关于以不低于 10.5 元/股价格出售案涉股票的交易指令，案涉股票最终按委托人指令以 8.66 元/股的价格成交，委托人的实际损失为 1380 万元。关于某信托公司应予赔偿的损失金额，分析如下：首先，《信托合同》约定，违约方应赔偿因其违约而给守约方造成的全部损失，包括合同履行后可以获得的利益。某科技公司诉请某信托公司予以赔偿具有合同依据。其次，根据事务管理类信托的特点，对投资损失的责任比例分析如下：一方面，因某信托公司违反信托义务，未执行某科技公司、刘某于2018年3月19日发出的交易指令，导致某科技公司、刘某无法获得以10.5元/股的价格出售案涉股票的预期收益，二者之间存在一定的因果关系。另一方面，某信托公司被动执行某科技公司、刘某以8.66元/股的价格出售案涉股票的投资指令，因此造成的投资差价损失不能归责于某信托公司一方。结合案涉股票在信托期限内市场成交价，某科技公司、刘某具备减少甚至避免投资损失的可能性。因此，本案的投资损失金额是某科技公司、刘某自主指令以8.66元/股卖出案涉股票所最终确定的。综上，某信托公司违反信托义务及《信托合同》约定，系导致投资损失的诱发原因及次要原因；某科技公司、刘某自主决定以较低的卖出价格成交案涉股票，系决定原因及主要原因，故酌情认定某信托公司应对某科技公司、刘某的实际损失1380万元承担10%的赔偿责任。

广东省广州市中级人民法院判决如下：

一、撤销一审判决；

二、某信托公司向某科技公司赔偿1380000元；

三、驳回上诉人某科技公司的其他诉讼请求。

【法官后语】

事务管理类信托与主动管理类信托相对应，指受托人仅作为信托财产的名义所有人，对于信托财产的处分、管理不承担主动、积极的决策和执行职能，而是听从委托人或受益人的指示进行管理行为。[①] 对于事务管理类信托，法院应以信托合同为依据，同时根据信托法关于信义义务的规定，具体裁量受托人

---

① 最高人民法院民二庭编著：《〈全国法院民商事审判工作会议纪要〉理解与适用》，人民法院出版社2019年版，第462页。

是否尽到了信义义务。对于受托人违反信义义务的，应确定受托人的过错行为给委托人造成的损失大小，审查受托人的过错行为与委托人损失之间的因果关系，并根据过错及原因力大小判定受托人承担的责任比例。信义义务包括忠实义务与注意义务，本案的焦点在于受托人是否违反注意义务。

一、受托人在事务管理类信托中应承担法定及约定注意义务

在认定事务管理类信托中受托人是否违反注意义务时，应结合主客观标准进行考量。一方面，受托人的注意义务标准是客观标准，法院要根据受托人所属的社会、经济地位以及专业技能等因素认定其注意义务。① 另一方面，信托法关于注意义务的规定具有任意性规定属性，当事人可以根据信托合同的约定，加重或者减轻注意义务的标准，这使得注意义务兼有法律规定和合同约定的属性。本案中，《信托合同》约定："受托人仅负责账户管理、清算分配及提供或出具必要文件以配合委托人管理信托财产等事务，不承担积极主动管理职责的信托业务。"根据上述合同约定，虽然案涉信托为事务管理类信托，但某信托公司只是不承担积极主动管理职责，而仍须承担账户管理以及配合委托人管理信托财产等职责。另外，信托法第二十五条规定："受托人应当遵守信托文件的规定，为受益人的最大利益处理信托事务。受托人管理信托财产，必须恪尽职守，履行诚实、信用、谨慎、有效管理的义务。"根据上述规定，信托法并未免除受托人在事务管理类信托中的法定义务，某信托公司仍须承担与案涉信托类型相匹配的谨慎有效管理义务。因此无论是根据《信托合同》约定，还是根据信托法规定，均不能免除某信托公司在事务管理类信托中的注意义务。

二、受托人在关键管理环节中应承担特别注意义务

受托人在事务管理类信托中虽然没有主动管理的职责，但在账户管理以及执行指令等关键环节应当承担特别注意义务，否则将影响信托设立目的的有效实现。本案中，《信托合同》明确约定案涉股票"依委托人指令于二级市场减持退出"。某信托公司作为具有专业知识的金融机构，应当清楚案涉证券账户须具备全面便捷的交易功能。因此，信托公司在开通证券账户时应当一并开通

① 赵廉慧：《信托法解释论》，中国法制出版社 2015 年版，第 332 页。

网上交易功能，即便未开通网上交易功能，其也应通过柜台委托及时进行二级市场转让交易。但是，某信托公司在开户和交易两个环节，均未能履行谨慎、有效管理的义务，不仅在开户时选择不开通网上交易功能，而且在收到委托人指令时亦未通过柜台委托执行指令，导致最初的交易指令无法有效执行，违反了受托人应尽的注意义务。

三、委托人的实际损失可包括可得利益损失

根据信托法第二十二条规定，受托人所应承担的赔偿责任通常以信托财产实际损失为限，本质上属于一种填补性赔偿责任。但信托法并未规定损失的具体计算方式，如信托合同对于受托人的赔偿责任有相关约定的，应当遵循当事人的意思自治确定责任范围。《信托合同》约定："违约方应赔偿因其违约而给守约方造成的全部损失，包括合同履行后可以获得的利益，但不得超过违反合同一方订立合同时可以预见或应当预见的因违反合同可能造成的损失。"结合案涉《信托合同》的约定及民法典关于可得利益损失的相关规定，本案中可适用可得利益损失规则计算受托人遭受的损失。[①] 具体到本案，某科技公司的实际损失=（首次可执行交易单价-最终交易单价）×持股数量。

四、受托人的承责范围应根据其过错程度及原因力大小作出认定

事务管理类信托中，由于受托人对信托财产的处理和运用并不享有最终裁量权，受托人所需尽到的注意义务也通过信托合同的约定予以相应弱化，其违反注意义务的行为是否一定会导致信托财产遭受损失，需要根据个案进行分析。在司法审判中，法院应综合考量受托人与委托人的过错程度及造成损失发生的原因力大小，系统性评价受托人行为对损失发生所起的作用，以确定受托人的责任范围。

具体到本案，一方面，若某信托公司成功执行某科技公司的首次指令，将案涉股票以10.5元/股的价格卖出，某信托公司最终可获得的收益将处于确定状态，后续以8.66元/股的价格卖出股票的事实也就不会发生，符合主流的

---

① 钟瑞庆：《"违约所造成的损失"界定：理论与实证研究》，载《法学家》2022年第3期。

"若不存在某种行为，损害就不会发生"的相当因果关系推论。① 另一方面，某信托公司是按某科技公司、刘某的指令最终以8.66元/股的价格出售案涉股票，8.66元/股是某科技公司、刘某认可的交易价格，某信托公司只是被动执行该投资指令，因此造成的投资差价损失不能归责于某信托公司一方。进一步说，在案涉证券账户开通网上交易功能后，某信托公司无法执行投资指令与市场交易价未达到某科技公司、刘某指令的交易价格有关。而且，案涉股票在《信托合同》约定的信托期限内最高市场成交价为13.63元，某科技公司、刘某具备在信托期限内通过自主指定合理交易价格减少甚至避免投资损失的可能性。因此，本案的投资损失金额是某科技公司、刘某自主指令以8.66元/股卖出案涉股票所最终确定的。结合本案双方对案涉信托发生投资损失的过错程度及原因力大小，本案酌情认定某信托公司应对某科技公司、刘某的实际损失承担10%的赔偿责任。

编写人：广东省广州市中级人民法院　叶汉杰　陈然

39

信托财产现状分配的约定
不构成对分配债权声明数额真实性的免责

——程某某诉某某信托公司营业信托案

【案件基本信息】

1. 裁判书字号

北京金融法院（2022）京74民终214号民事判决书

① 杨立新、梁清：《原因力的因果关系理论基础及其具体应用》，载《法学家》2006年第6期。

2. 案由：营业信托纠纷

3. 当事人

原告（上诉人）：程某某

被告（被上诉人）：某某信托公司

【基本案情】

程某某于 2018 年 1 月 19 日与某某信托公司签订《信托合同》，于 2020 年 5 月 27 日签订《信托合同补充协议二》约定信托的终止日变更为 2020 年 6 月 12 日，并约定了信托利益的清算和分配事项，信托公司于 2020 年 6 月 12 日向程某某出具的《信托利益分配通知书》，载明信托公司将《信托贷款合同》项下对卜某某享有的全部债权转让给程某某，通知书附件一《贷款发放明细表》显示卜某某贷款本金金额 89936. 19 元，剩余本金金额 25114. 55 元。附件二《剩余债权预期还款明细表》显示卜某某预期还款合计 26193. 96 元。程某某受让信托公司向其转让的对卜某某 25114. 55 元的借款本金及相应利息的债权后，另案起诉卜某某还款，生效判决认定信托公司仅对卜某某享有 27. 53 元及相应利息的债权，其他部分信托公司声明转让的债权并不真实，故起诉要求信托公司赔偿其本金及利息损失差额 26166. 43 元。一审法院判决驳回程某某的全部诉讼请求。程某某不服一审判决上诉。

【案件焦点】

信托财产现状分配的约定是否构成对分配债权声明数额真实性的免责。

【法院裁判要旨】

北京市东城区人民法院经审理认为：原、被告签订的《信托合同》《信托合同补充协议二》系各方当事人的真实意思表示，内容不违反法律、行政法规的强制性规定，应属合法、有效。依法成立的合同，对当事人具有法律约束力。北京市东城区人民法院依照《中华人民共和国合同法》第八条、第六十条，《最高人民法院关于适用〈中华人民共和国民法典〉时间效力的若干规定》第一条之规定，判决如下：

驳回原告的全部诉讼请求。

程某某不服一审判决，提出上诉。

北京金融法院经审理认为：根据双方之间《信托协议》《信托合同补充协议二》《信托利益分配通知书》的约定，该债权系信托公司基于信托收益分配向程某某进行的转让，该转让为双方之间真实意思表示，合法有效，依法应当受到保护。信托公司作为出让人及信托受托人，应当对其基于信托财产分配出具的《信托利益分配通知书》转让债权声明数额的真实性负责；《信托协议》约定的原状分配及诉讼风险自担的约定，并非声明数额真实性的免责，而是基于对债务人实际履行能力的免责；某某信托公司应当对信托清算和收益分配时转让给程某某债权的差额及利息损失承担赔偿责任。该债权转让系基于信托收益分配，并非无偿赠与，亦非与其他收益分配互为条件，信托公司对于其转让的债权真实性应当负责。根据双方约定，其他分配利益与该笔债权转让均为独立意思表示，并无从属及关联关系，信托公司以程某某在收益分配时有其他获利为由主张不承担债权差额责任缺乏事实及法律依据，法院不予采信。北京金融法院判决：

一、撤销一审判决；

二、信托公司于本判决生效之日起七日内向程某某支付26166.43元；

三、驳回程某某的其他诉讼请求。

【法官后语】

资产管理合同或者信托合同中经常约定，在资产管理计划或信托计划终止时，受托管理人以受托财产的现状向委托人或信托受益人进行返还，此类约定一般称为“现状分配”条款。现状分配条款均具有合法性依据。该条款免除了受托管理人按照受托财产的原状向委托人（或信托受益人）进行返还的义务，而实际以委托/信托关系终止时受托财产的现状进行返还。现状分配条款的存在，使得受托管理人不必承担将受托财产进行变现再向委托人（或权利归属人）返还的义务，很大程度上减少了受托管理人处置变现非标资产的风险和成本。

信托公司应当对其受托管理财产的真实状况负责。案涉债权转让并非一般交易行为中的转让，而是基于信托受托人向受益人进行分配。《中华人民共和国信托法》第二十五条第二款规定，受托人管理信托财产，必须恪尽职守，履行诚实、信用、谨慎、有效管理的义务。本案厘清了“现状分配”的“现状”认定标准，从债权转让和受托人责任两方面分析了声明债权数额差额赔偿义务的责任来源：基于债权转让，“现状分配”中的债权转让系基于信托财产的管理分配以及受托人责任的履行并非无偿赠与，信托清算和收益分配时转让给投资人的债权并非概括性债权的或有转让，而是明确了具体金额的转让，信托公司应当对其转让债权声明数额的真实性负责；基于受托人责任，债权信托公司作为信托受托人将原有信托财产（债权）分配给受益人，基于其对信托财产（债权）的管理职责及受托人义务，应当对信托财产（债权）的真实状况知情，并应诚实对受托人披露真实情况。

合同约定的追偿及诉讼风险自担的本意指受托人“不承担将未偿还贷款本息全部追回并返还受益人的义务”，债权是否能够全部追回和返还取决于债务人的履行能力；而本案债权差额的形成并非基于债务人履行能力的不足或诉讼风险，而是因为声明债权数额的不真实，某某信托公司以追偿及诉讼风险自担的约定抗辩排除债权差额的追偿，与合同约定的本意不符，缺乏事实及法律依据，法院不予采信。

在进行收益分配时的其他获利不影响受益人向信托公司追偿上述债权差额的分配责任。上述债权转让系基于信托收益分配，并非无偿赠与，亦非与其他收益分配互为条件，其他分配利益与该笔债权转让均为独立意思表示，并无从属及关联关系，其他获利不影响债权差额的追偿。

编写人：北京金融法院　蒙瑞　冯海瑞　王萌萌

40

资管产品未完成清算情形下投资者损失的认定

——甲银行诉甲证券公司营业信托案

【案件基本信息】

1. 裁判书字号

河北省石家庄市中级人民法院（2023）冀01民终9511号民事判决书

2. 案由：营业信托纠纷

3. 当事人

原告（被上诉人）：甲银行

被告（上诉人）：甲证券公司

【基本案情】

2016年7月，甲银行资产管理中心代表甲银行与甲证券公司、乙银行签订《资管合同》，约定由甲银行委托甲证券公司全权负责管理与运作某策略1号集合资产管理计划，管理期限为3年，其中投资限制为单一信用类固定收益产品发行主体为民营企业的，主体评级需AA+及以上，资产证券化产品债项需AA+及以上；计划管理人应当自资管计划终止之日起10个工作日内，成立由甲证券公司、计划托管人乙银行、相关专业人士组成的清算小组，资管计划清算小组按照监管机构的相关规定进行清算，清算结束后5个工作日内，管理人和托管人应当在扣除清算费用、管理费、托管费和业绩报酬后，将资管计划资产按照委托人拥有份额的比例或者集合资产管理合同的约定，以货币资金的形式全部分派给委托人；若管理人违反本合同导致资管计划资产损失或损害委托人合法权益时，应承担赔偿责任。

合同签订后，甲证券公司以自有资金参与资管计划，持有份额为1000000份，并于同年10月28日将甲银行30000000元资金投向某公司“某01”债券业务。同日，经联合信用评级有限公司评定：某公司主体长期信用等级为AA级，评级展望为“稳定”，拟公开发行的2016年公司债券（第一期）信用等级为AA。该债券主承销商/受托管理人为乙证券公司，发行面值不超过12亿元的“某01”债券，并于2016年10月24日对债券评级及发行主体评级事项在发行公告中进行了提示。

2018年4月18日，甲证券公司向甲银行发送电子邮件《信用债投后管理报告》称：“某01”债券初始主体评级：AA，初始主体评级展望：稳定，最新主体评级：AA-，最新主体评级展望：调低，最新债项评级：AA-，最新评级日期：2018年4月10日。

2017年10月27日、2018年10月29日，甲银行分别收到该资管计划年化收益率为5%投资收益各1500000元，2019年11月28日收到127500元。

后经三方协商对上述《资管合同》管理期限进行展期，最后到期日为2021年10月30日。

2021年11月22日，甲证券公司作出《某策略1号集合资产管理计划终止的公告》，管理人决定于2021年11月22日终止本资管计划，并将于终止之日起10个工作日内成立资管计划清算小组，资管计划清算小组将按照监督机构的相关规定对本资管计划进行清算。

2021年11月11日，广州中院受理乙证券公司诉某公司、邱某甲、邱某乙、陈某某公司债券交易纠纷一案，于2022年6月6日作出某公司向乙证券公司支付债券本金、利息、逾期利息等内容的民事判决。现该判决正在强制执行过程中。

本案诉讼过程中，管理人、托管人及审计机构有关工作人员于2023年5月29日在《某策略1号清算组成员》文件上签名。该文件载明：管理人负责在产品到期后成立清算组进行清算，清算完毕后进行清算财产（如有）分配。目前，该资管计划尚未清算完毕。甲银行请求法院判令甲证券公司向甲银行支付

30000000 元的委托资金及相应利息损失。

【案件焦点】

1. 甲银行的损失如何确定以及甲证券公司对该损失应否适用与有过错规则承担赔偿责任；2. 资管产品未完成清算情形下管理人应否先行赔付投资者损失。

【法院裁判要旨】

河北省石家庄市桥西区人民法院经审理认为：在《资管合同》履行过程中，甲证券公司擅自突破资管合同对主体评级的限制进行投资，未及时、客观、完整披露可能对资管计划的持续运作产生重大影响的事项，拖延履行清算义务，存在明显过错，致甲银行财产权利遭受严重损害，应依法承担赔偿责任；甲银行作为委托人，对资管计划的运作亦应尽到相应的注意义务，其在收到上述《信用债投后管理报告》后，应对案涉债券发行主体及债券的信用评级予以关注，其未及时指出并有效防止损失扩大，亦存在一定的过错，应自担部分损失。根据甲证券公司和甲银行双方的过错程度，法院酌定双方对损失各负 90%、10%的责任，即甲证券公司承担损失的 90%，甲银行承担损失的 10%。关于损失的具体数额，甲证券公司自 2021 年 11 月 22 日作出资管计划终止公告起至今已一年八个多月，其虽然于近期提交了清算小组名单，但清算工作没有取得实质性进展，“某 01”债券持有人要求支付债券本金、利息的诉求虽已得到生效判决支持，但尚无执行回款，严重损害了甲银行的利益。甲银行投入该资管计划的 30000000 元及相应利息，在扣除其已收到的投资收益 3127500 元后，即为其受到的实际损失。甲证券公司对甲银行的损失应按上述比例先行赔偿，其赔偿后，如果资管计划经清算取得资金，该资金在甲证券公司已赔偿甲银行实际损失数额范围内归甲证券公司所有，超出该范围的，按《资管合同》约定进行分配，即在依照资管合同扣除清算费用、管理费、托管费和业绩报酬费后，分配给甲银行。

河北省石家庄市桥西区人民法院判决：

一、甲证券公司于本判决生效之日起十日内赔偿甲银行资金损失27000000元及利息（已支付的3127500元从应付利息中扣减）；

二、驳回甲银行其他诉讼请求。

甲证券公司不服该判决，提出上诉。河北省石家庄市中级人民法院经审理判决：

驳回上诉，维持原判。

【法官后语】

资管产品未经清算情形下投资者的损失能否认定是目前金融资管案件中常见的争议问题。资管产品到期后，管理人应当按约进行清算，但实践中，受投资项目退出、非现金资产变现、底层资产诉讼程序等各种因素影响，造成资管产品的退出和清算耗时较长，管理人未能及时清算，客观上使投资者利益受损。资管计划项下投资者的损失能否确定原则上应以涉案资管产品清算为前提，但对于诉讼中未经清算的资管产品，若一概以未经清算为由认定损失无法确定，一方面会助长管理人怠于清算的不当行为，另一方面不利于投资者合法权益保护。因此，资管产品未经清算的，应当结合资管产品的具体情况、管理人的过错程度等因素综合认定投资者损失是否客观发生。

"买者自负"的前提是"卖者尽责"。信托法第二十五条规定，受托人应当遵守信托文件的规定，为受益人的最大利益处理信托事务。受托人管理信托财产，必须恪尽职守，履行诚实、信用、谨慎、有效管理的义务。该义务被认为是受托人（管理人）的信义义务，包括忠实和勤勉义务，主要体现为谨慎投资义务。从信托法的发展状况来看，谨慎投资义务趋向于主客观相结合的专家谨慎标准，即对这一义务认定程度要高于"处理自身事务同一的注意"。

对于管理人未按照诚实信用、勤勉尽责原则切实履行受托管理职责，造成投资者损失的，应当依法向投资者承担赔偿责任。2018年4月，由中国人民银行、原中国银行保险监督管理委员会、中国证券监督管理委员会、国家外汇管理局发布实施的《关于规范金融机构资产管理业务的指导意见》即"资管新规"将证券法中的信息披露制度全面引入，要求金融机构应当向投资者主动、真实、准确、完整、及时披露资产管理产品募集信息、资金投向、杠杆水平、收益分配、托管安排、投资账户信息和主要投资风险等内容。金融机构违反法定义务、合同义务进行信息披露，以及未按照诚实信用、勤勉尽责原则切实履行受托管理职责，造成投资者损失的，应当依法向投资者承担赔偿责任，投资者享有民事赔偿请求权。

依约及时启动清算程序是管理人的一项重要受托管理职责，管理人未依约及时启动清算程序，或启动清算程序后未有效组织清算工作，且违反其他合同义务给投资者造成损失的，应当先行赔偿投资者损失，以切实维护投资者合法权益。同时为合理平衡各方当事人的利益，应明确资管计划清算完成后仍有可分配资金的，管理人可按赔付比例扣除相应款项后再将剩余资金依约向投资者进行分配，即采用管理人先赔付后清算再结算的方式处理。

本案是资管计划管理人未按照诚实信用、勤勉尽责原则切实履行受托管理职责，在资管产品未经清算情形下先行赔偿投资者损失的案例。它对于规范信托行为，保护投资者合法权益，平衡信托当事人利益，推动“资管新规”有效实施，促进信托事业健康发展，具有典型意义。

编写人：河北省石家庄市桥西区人民法院　王跃斌

七、保险纠纷

41

保险代理合同中推荐人签署的保证条款的效力认定

——某保险公司诉姜某某、朱某某保险代理合同案

【案件基本信息】

1. 裁判书字号

北京金融法院（2022）京 74 民终 1091 号民事判决书

2. 案由：保险代理合同纠纷

3. 当事人

原告（被上诉人）：某保险公司

被告（上诉人）：姜某某

被告：朱某某

【基本案情】

2009 年 11 月 1 日，朱某某作为某保险公司的保险代理人，以姜某某推荐人、直接主管的身份签署《担保书（内）》，载明“鉴于姜某某同志拟与某保险公司订立保险代理合同，本人愿自该同志的保险代理合同生效之日起提供以下担保：该同志在为公司进行保险代理活动中因过错或越权代理给公司和客户造成的经济损失的清偿责任……本人愿就以上事项承担连带清偿责任，担保期

自公司知道或应当知道上述清偿责任产生之日起四年”。

同日，某保险公司（甲方、委托人）与姜某某（乙方、代理人）签订《保险代理合同书》，约定：“一、双方基于本合同形成委托代理关系，甲方委托乙方代理人身保险业务并支付代理费……七、乙方须遵守国家法律法规、社会公德、诚实信用原则，发生下述行为视为违约：向客户提供虚假资料或误导性的宣传说明、夸大或承诺投资收益及分红红利；阻碍客户履行如实告知义务，明知客户不如实填写单证却不告知甲方；向客户承诺给予保险合同约定以外的保险费回扣或者其他利益……九、甲方应按照基本管理办法及时向乙方支付代理费，犹豫期外，若客户提出退保导致保险合同解除并退还保费，则甲方有权要求乙方退还因该保险合同产生的代理费……二十、乙方越权代理或违反本合同义务，给甲方或客户造成财产损失的，由乙方承担一切责任，如该经济责任确应由甲方先行承担的，甲方有权继续向乙方追偿。乙方违反本合同造成甲方损失的，甲方有权要求乙方担保人承担连带担保责任。”

2013 年 6 月 1 日至 2014 年 10 月 13 日，姜某某通过夸大投资收益及分红、承诺给予额外利益等方法，诱导吴某某在某保险公司处投保了××保险（分红型）、××终身寿险（分红型）等七份保险。吴某某向某保险公司支付保险费后，该保险公司向姜某某支付首期佣金 18836.05 元、续佣 14004.62 元及继续率奖金 4974.98 元。

2020 年 9 月，吴某某向某保险公司反映姜某某存在误导投保的情况，要求退费。某保险公司与吴某某协议解除保险合同，并退还吴某某保费。

后某保险公司诉至北京市丰台区人民法院，主张姜某某退还首期佣金 18836.05 元、续佣 14004.62 元及继续率奖金 4974.98 元，朱某某对上述债务承担连带责任。

【案件焦点】

《担保书（内）》中推荐人朱某某签署的保证条款是否有效。

【法院裁判要旨】

北京市丰台区人民法院经审理认为：某保险公司与姜某某签订的《保险代理合同书》是双方真实意思表示，内容不违反法律及行政法规的强制性规定，合法有效，双方应当全面履行合同义务。姜某某在向吴某某销售保险的过程中存在诱导行为，直接导致了某保险公司与吴某某解除保险合同并退还保费。姜某某对于某保险公司的损失具有明显过错，应按约定承担违约责任。故对某保险公司要求姜某某退还相关佣金的诉请，本院予以支持。

关于争议焦点，即《担保书（内）》中推荐人朱某某签署的保证条款的效力。本院综合考虑以下因素：首先，从双方缔约能力来看，朱某某与某保险公司系保险代理关系，朱某某具有保险代理从业资质，了解该领域的相关规定，且具有一定的工作经验，故朱某某与某保险公司的缔约能力并不悬殊，其对于是否签署保证条款也具有较高的自主性。其次，从保证条款的内容来看，保险公司应当制定个人保险代理人管理制度，通过明确界定负责团队组织管理人员（以下简称团队主管）的职责，将个人保险代理人销售行为的合规性与团队主管的考核、奖惩挂钩，进而个人保险代理人发生违法违规行为的，保险公司按照有关规定对团队主管追责，故某保险公司通过要求推荐人签署保证条款作为对个人保险代理人的一种风控管理措施，符合行业惯例，具有合理性。最后，从权利义务一致的角度来看，朱某某作为姜某某的推荐人和业务主管，对于姜某某成功代理的保单享有一定的提成收益，也理应根据其签署的保证条款履行担保责任。据此，对于某保险公司要求朱某某承担连带清偿责任的诉讼请求，本院亦予支持。

综上，北京市丰台区人民法院判决：

姜某某退还某保险公司首期佣金18836.05元、续佣14004.62元及继续率奖金4974.98元，朱某某对姜某某的上述债务承担连带责任。

姜某某不服一审判决，提起上诉。北京金融法院同意一审法院裁判意见，判决如下：

驳回上诉，维持原判。

【法官后语】

保险代理合同中的推荐保证条款，一般系指推荐人与保险公司约定，被推荐人从事保险代理活动中因过错行为给保险公司造成损失时，由推荐人承担保证责任的条款。相较于传统保证，该类保证条款存在以下特殊性：(1) 保证人身份特殊，作为保证人的推荐人通常为保险公司的现任保险代理人；(2) 保证范围不确定，包括被推荐人代理保险中的过错行为导致的一切损失，其具体金额存在不确定性，且没有上限；(3) 保证期间较长，涵盖被推荐人从事保险代理业务的全部期间，且在主合同终止后不当然结束。

司法实践中，对推荐人签署的保证条款的效力认定并不统一。一种裁判观点认为有效，理由为保证条款是推荐人与保险公司自愿签订，且未违反法律、法规的强制性规定，应属合法有效。另一种裁判观点认为无效：(1) 实践中，不少保险公司将该保证条款设置为准入保险代理行业的必要条件，推荐人就条款内容不能与保险公司协商、更改，有格式条款之嫌；(2) 由于保证的对象是被推荐人违法违规代理保险造成的损失，保证范围没有上限，保证期间跨度较长，且被推荐人的职业操守、业务能力等难以量化评估，要求推荐人承担保证责任有失公平；(3) 推荐人通常也是保险公司的保险代理人，受保险公司管理，类比劳动合同中的保证条款，推荐人处于弱势地位，保险公司要求推荐人承担担保责任以转移风险的约定应属无效。本案采纳保证条款有效的观点。

第一，从法律层面看，推荐人与保险公司系平等主体间的委托代理关系，签署保证条款是推荐人的真实意思表示。依据《保险代理人监管规定》第二条之规定，个人保险代理人是指与保险公司签订委托代理合同，根据保险公司的委托，向保险公司收取佣金，在保险公司授权的范围内从事保险业务的人员。据此，作为推荐人的保险代理人与保险公司是委托代理合同关系，与劳动合同关系不同，保险代理人具有独立的身份，与保险公司不存在隶属关系，不处于明显弱势地位，其在从事保险代理业务时也具有较高的自主能动性。保险公司对保险代理人的规范和管理，但多体现在执业登记、教育培训等方面。据此，保险代理关系与劳动合同关系的管理强度存在显著区别，不应类推适用劳动合同法中关于用人单位招工时不得要求劳动者提供担保的相关规定认定保证条款无效。

第二，从行业惯例看，推荐人获得管理津贴并承担保证责任，符合利益与风险共存的普适准则。目前，从大多数保险公司对推荐人与被推荐人之间关系的内部规定来看，推荐人并非在签订保证条款后就与被推荐人再无关联，为了通过现任保险代理人推荐的途径扩充增员，各个保险公司均规定被推荐人成为保险代理人后，推荐人可以从被推荐人身上获得“增员奖”“师徒奖”等多种收益，这些收益在行业内部统称为“管理津贴”，且为了激励推荐人更好地通过“传帮带”增进新人的保险知识和推销技能，推荐人的管理津贴也与被推荐人的产出呈持续的正相关关系。此外，随着推荐人从普通成员到团队长等级别的逐渐提高，其对于被推荐人业务的介入程度也随之扩大，当推荐人为主任或类似级别时，其对被推荐人做成的保单具有初审的职责。据此，在行业惯例层面，推荐人与被推荐人存在利益关系，在因被推荐人的保险代理行为获取管理津贴的同时理应承担由此可能产生的赔偿风险。

第三，从社会效果看，保证条款强化推荐人责任，有利于保护广大被保险人的合法权益。个人保险代理人制度引入我国保险市场后，凭借其开展业务的灵活性、便捷性，逐渐成为保险公司开发保险业务的主要途径，但随着该从业群体的规模扩大，诱导购买、隐瞒病史等问题也逐渐暴露。各方利益的不同加之各方掌握信息不对称等因素决定了在保险活动中诚信原则至关重要，任由保险代理人违法违规销售保险将严重侵害保险公司和广大被保险人的合法权益，进而影响到整个保险行业的健康发展。《保险代理人监管规定》第三十六条规定，保险公司应当委托品行良好的个人保险代理人，加强对个人保险代理人招录工作的管理，制定规范统一的招录政策、标准和流程。第五十三条第三款规定，个人保险代理人开展保险代理活动有违法违规行为的，其所属保险公司依法承担法律责任。正如前文所述，保险公司与个人代理人系委托代理关系，诚信销售、规范代理更依赖于保险代理人自律性，于此语境下，为确保招录品行良好、规范从业的保险代理人，加强推荐人对拟推荐保险代理人的指导、督促、规范，保险公司将保证条款设置为保险代理人的准入条件，约束推荐人谨慎推荐，也具有现实的合理性。

编写人：北京市丰台区人民法院　谭泽泓

北京金融法院　舒翔

42

雇主责任险中雇员的认定不以劳动关系为限

——某建筑劳务公司诉某保险公司保险合同案

【案件基本信息】

1. 裁判书字号

重庆市第五中级人民法院（2023）渝05民终279号民事判决书

2. 案由：保险合同纠纷

3. 当事人

原告（被上诉人）：某建筑劳务公司

被告（上诉人）：某保险公司

【基本案情】

2017年7月11日，某建筑劳务公司向某保险公司提交建筑施工企业雇主责任保险投保单。同日，某保险公司出具建筑施工企业雇主责任保险保险单，主要载明：投保人与被保险人均为某建筑劳务公司建筑工程项目为某小镇二期项目，每次事故每人人身伤亡责任限额80万元，每次事故每人医疗费用责任限额8万元，累计责任限额1000万元，累计总保险费280800元。建筑施工企业雇主责任保险条款约定，在本保险期间内，被保险人的雇员在本保险合同明细表中列明的区域范围内，从事与被保险人建筑安装工程业务有关的工作时，因遭受意外事故或者患与业务有关的国家规定的职业性疾病致伤、致残或死亡，依据法律规定应由被保险人承担的医疗费用及经济赔偿责任，保险人依据本保险合同的约定负责赔偿。后某建筑劳务公司支付保险费 280800 元。

2017 年 7 月，某建筑劳务公司将其承建的某小镇二期项目的建筑劳动施工中的地下室及主体至屋面的所有脚手架工程转包给自然人曾某，由曾某进行搭设和拆除施工，曾某在组织施工中聘用冉某等人从事脚手架的搭设和拆除工作。2018 年 3 月 11 日，冉某在上述工程项目工作时摔至地面受伤。同日，某建筑劳务公司向某保险公司就发生的事故进行报案。2018 年 10 月 28 日，重庆市璧山区人力资源和社会保障局作出认定工伤决定书，认定冉某该次受伤属于工伤，并认定由某建筑劳务公司承担工伤主体责任。2018 年 12 月 24 日，重庆市璧山区劳动能力鉴定委员会鉴定冉某该次工伤为伤残九级。某建筑劳务公司不服仲裁裁决向法院起诉，法院作出民事调解书，由某建筑劳务公司支付冉某一次性伤残补助金等保险待遇损失 14 万元。后某建筑劳务公司支付完毕前述款项，并向某保险公司提交案涉伤者冉某的住院资料、评残报告等相关索赔书。但某保险公司拒不支付某建筑劳务公司保险费用。某建筑劳务公司遂起诉来院，要求某保险公司支付保险理赔款 14 万元及资金占用利息。

某保险公司辩称，某建筑劳务公司承接案涉工程后将部分业务违法分包给不具备用工主体资格的曾某，且冉某是曾某聘用，不是某建筑劳务公司的雇员，因此案涉事故不属于保险责任的范围。

【案件焦点】

冉某与某建筑劳务公司不存在劳动关系，冉某在建筑施工过程中遭受的意外事故是否属于雇主责任险的保险理赔范围。

【法院裁判要旨】

重庆市九龙坡区人民法院经审理认为：某建筑劳务公司对某保险公司提交的投保单、保险单、保险条款、免责事项明确说明告知书的真实性均无异议，以上证据系双方真实意思表示，内容未违反法律、行政法规的强制性规定，合法有效，对双方具有约束力。关于某保险公司认为冉某并非某建筑劳务公司雇员、不应支付保险赔偿金的问题。案涉保险合同对“雇员”并未作出明确界定，在建筑领域转包较为普遍的情形下，对雇员不宜作狭义理解。本案伤者冉某确系在某建筑劳务公司分包的工地务工，系因工受伤，仲裁裁决书及民事调解书也确认了由某建筑劳务公司向冉某承担工伤赔偿责任，某建筑劳务公司已向冉某实际支付了赔偿款。同时，案涉投保单、保险单并未要求某建筑劳务公司提供或明确保险涉及的雇员名单，某保险公司对此亦存在未严格审查或放任的明显过错。综上，某保险公司的前述抗辩理由不能成立，本院不予支持。冉某在某建筑劳务公司投保的工程项目上因工受伤，所受伤害经鉴定为伤残九级。某建筑劳务公司已经按照民事调解书的约定向冉某赔付了14万元，该金额未超过案涉保险合同约定的九级伤残的最高赔付额。某建筑劳务公司主张某保险公司支付保险理赔款14万元的诉讼请求符合合同约定，本院予以支持。

重庆市九龙坡区人民法院判决如下：被告某保险公司在本判决生效之日起十日内赔偿某建筑劳务公司保险金14万元及资金占用利息（以14万元为基数，自2021年10月20日起按全国银行间同业拆借中心公布的一年期贷款市场报价利率计算至保险金实际付清之日止）。

某保险公司不服一审判决，提起上诉。重庆市第五中级人民法院依照《中华人民共和国民事诉讼法》第一百七十七条第一款第一项的规定，判决如下：

驳回上诉，维持原判。

【法官后语】

本案争议焦点在于，冉某与某建筑劳务公司不存在劳动关系，冉某在建筑施工过程中遭受的意外事故是否属于雇主责任险的保险理赔范围。如何准确把握案涉雇主责任险的保险理赔范围，需结合雇主责任险的功能价值、雇员的边界界定及保险人是否就雇员履行尽责调查义务三要件综合认定。

一、雇主责任险的功能价值

雇主责任险属于建筑领域的主要险种之一，该险种主要系基于雇员向雇主提供一定劳务，雇主为移转分散风险遂向保险人投保，其设立的功能价值主要从制度规范和保障范围体现。一方面，从制度规范来看。民法典第一千一百九十二条规定了“提供劳务一方因劳务受到损害的，根据双方各自的过错承担相应的责任”。雇主对雇员损害依照其过错程度担责。由此，对雇主而言，其仍具有寻求一种兼具转移风险责任与较为全面赔偿雇员事故损害的险种需求。另一方面，从雇主责任险种的保障范围来看。雇主责任险种的保险标的为雇主对雇员承担的经济赔偿责任，其保障的主体为雇主；雇主责任险的保险理赔范围包含事故医疗费用、伤残补助金、停工留薪期待遇、住院护理费等各项保险待遇损失，得以有效保障雇员因事故而造成的损失。据此，雇主责任险种的保障范围相较于其他安全生产保险而言，能够更有效兼顾保护雇主与雇员双方的风险利益，实现建筑领域的安全生产保障的最终目的。

二、雇主责任险中雇员的边界界定

对雇员作狭义理解的做法，不符合雇主责任险的功能价值。雇员通常依附于雇佣关系，雇员的边界界定实则依循于雇佣关系的边界界定。实务中，关于雇主与雇员之间的雇佣关系概念界定存在争议，笔者认为雇主责任险中的雇佣关系不宜作狭义理解。一方面，从文义解释角度来看。雇佣关系是指雇员向雇主提供一定劳务，雇主向雇员支付相应报酬所形成的权利义务关系。该种定义之下的标的为提供劳务本身，并未对雇主、雇员之间的基础合同关系来源予以限定，据此可以得出雇佣关系不仅包含基于雇主与雇员之间的劳动关系，也包括雇员提供实际劳务施工而建立的权利义务关系。另一方面，从适应建筑领域转包较为普遍的实践需求来看。首先，基于建设工程施工项目用工的突发性、临时性与集中性，建筑施工单位通常会将涉及劳务施工的部分转包出去，由接收转包主体另行与实际劳务施工主体建立劳动关系或其他权利义务关系。但实务中，鉴于接收转包主体不具备购买雇主责任险的资质或能力，可能导致实际劳务施工主体遭受意外事故后无法获得全面赔偿。其次，实际劳务施工主体基于建筑施工的行为与建筑施工单位具有事实上的利益关联。若以劳动关系的标准径行切断二者之间的事实用工关系，无法将实际劳务施工主体的事故损害归责于投保人应依法承担经济赔偿责任范畴，与客观情理不符，也可能使投保人期待借助雇主责任险分散风险的目的落空。最后，肯定雇主与雇员的雇佣关系不意味着确认双方具有劳动关系。转包的交易常态导致实际劳务施工主体的流动性与分散性，确认实际劳务施工主体与建筑施工单位的劳动关系也与合同相对性不符，雇佣关系的认定仅系尊重实际劳务施工的客观事实，倾斜保护实际劳务施工者的权利。

本案中，某建筑劳务公司作为投保人，其系将案涉建筑劳动施工转包给自然人曾某，曾某在组织施工中聘用冉某从事案涉建筑脚手架的搭设和拆除工作，后冉某遭受意外事故。经有关部门认定冉某系工伤，由某建筑劳务公司承担工伤主体责任，从合同的相对性来看，冉某与某建筑劳务公司之间确实不存在明确的劳动关系，但不阻碍某建筑劳务公司与冉某基于同一工地务工而建立的实质用工关系的判断。据此，可以认定某建筑劳务公司与冉某之间具有雇佣关系，冉某基于雇佣关系具有雇员身份。

三、雇主责任险中保险人对雇员的尽责调查义务

雇主责任险的法律关系中，实质包含两层法律关系：一是保险人与雇主之间的保险合同关系；二是雇主与雇员之间的赔付关系。雇主作为连接保险人与雇员之间的纽带，在雇主未向保险人披露雇员时，保险人具有就雇员及相关情况履行尽职调查的义务。一方面，法律强化保险人的尽职调查义务。由于雇主责任险以雇主与雇员之间的赔偿关系为前提，保险人如何赔偿、是否免责等保险条款具有专业性与复杂性，为避免保险人利用雇主的不知情减轻或免除其保险责任，立法科予保险人尽职调查义务。在雇主责任险中，保险人有义务要求被保险人提供或明确保险涉及的雇员名单，唯有经保险人尽职调查后才可确保其所承保的保险标的的妥适性。另一方面，保险人未履行尽职调查义务视为具有明显过错。基于保险人作为专业承保机构的职业身份性质，其应当知道雇员的明确对于雇主责任险合同的效力影响，若其仍未要求投保人提供或明确雇员名单并作出合理说明，可以看出保险人主观上不善意，保险人应承担相应的法律后果。雇员在保险人未尽调查义务的事项范围内遭受意外事故，保险人不得违背诚信原则主张雇主与雇员之间的权利义务关系并非劳动关系而拒绝理赔。

本案中，某保险公司在承保案涉雇主责任险种时，并未要求某建筑劳务公司提供或明确保险涉及的雇员名单，其存在未严格审查或放任的明显过错，不得在保险事故发生后据此主张某建筑劳务公司未告知或隐瞒雇员的实际身份，进而免除其保险理赔责任。综上，冉某属于某建筑劳务公司的雇员，其在建筑施工过程中遭受的意外事故属于雇主责任险的保险理赔范围。

编写人：重庆市九龙坡区人民法院　郑曼曼　李静

43

设置赔付年龄上限条款的效力认定

——某物业公司诉某保险公司保险合同案

【案件基本信息】

1. 裁判书字号

成渝金融法院（2023）渝民终 257 号民事判决书

2. 案由：保险合同纠纷

3. 当事人

原告（被上诉人）：某物业公司

被告（上诉人）：某保险公司

【基本案情】

某物业公司向某保险公司投保雇主责任保险，投保人及被保险人均为某物业公司，适用《雇主责任保险条款（2015 版）》。2021 年，某物业公司对上述到期的保险进行续保，保险期间为 1 年，仍适该条款。在本次续保的保险单特别约定一栏中载明：“本保单不承担被保险人 65 岁（含）以上的雇佣人员猝死及突发疾病 48 小时内死亡赔偿责任。”而《雇主责任保险条款（2015 版）》

第三条约定："在保险期间内，被保险人的雇员因从事保险单载明的业务工作而遭受意外……依法应由被保险人承担的经济赔偿责任，保险人按照本保险合同的约定负责赔偿……（六）在工作时间和工作岗位，突发疾病死亡或者在48小时之内经抢救无效死亡。"第五条约定："下列原因造成的损失、费用和责任，保险人不负责赔偿……但属于本条款第三条第（六）项约定的不在此限。"

2022年，某物业公司员工陈某某在作业时，被发现躺地，于当日经医院抢救无效宣布死亡。重庆市巴南区人力资源和社会保障局认定陈某某受到的伤害属于工伤认定范围，认定为视同工伤，某物业公司承担工伤主体责任。案外人张某某（系陈某某之妻）、陈甲、陈乙（系陈某某之子女）申请仲裁，请求某物业公司支付一次性工亡补助金等费用共计895096元，巴南区仲裁委作出《不予受理通知书》。张某某、陈甲、陈乙遂诉至法院，请求判决某物业公司支付一次性工亡补助金等共计895096元，后法院判决某物业公司支付张某某、陈甲、陈乙一次性工亡补助金等共计992868元，扣除已支付的费用，还应当赔偿892868元，驳回张某某、陈甲、陈乙的其他诉讼请求，某物业公司支付了上述款项。

某物业公司向某保险公司申请理赔遭到拒绝。某物公司向法院提起诉讼，请求判令某保险公司支付保险金992868元。

【案件焦点】

雇主责任保险单中关于"本保单不承担被保险人65岁（含）以上雇佣人员猝死及突发疾病48小时内死亡赔偿责任"系保险范围条款还是免责条款，保险公司是否可以该条免除责任。

【法院裁判要旨】

重庆市巴南区人民法院经审理认为：关于本案争议焦点：第一，该条款从通常理解及文义理解来看，保险人不予赔偿，非承保范围的约定。第二，保单载明适用《雇主责任保险条款（2015版）》，该条款第三条约定在工作时间和工作岗位，突发疾病死亡或者在48小时之内经抢救无效死亡的应当由保险人赔偿，而第五条免责条款亦无该项约定。第三，P350 号保单系 P330 号保单的续保单，而在 P330 号保单中并无“本保单不承担被保险人 65 岁（含）以上的雇佣人员猝死及突发疾病 48 小时内死亡赔偿责任”的约定。第四，某物业公司对雇员陈某某投保雇主责任险，某保险公司收取了保险费，未告知不属承保范围的情形。第五，依据《中华人民共和国保险法》第十七条，《最高人民法院关于适用〈中华人民共和国保险法〉若干问题的解释（二）》第九条第一款、第十一条的规定，保险人应当对免责条款进行提示，使投保人能够注意到免责条款的存在，提示的方式应当是“足以引起投保人注意的文字、字体、符号或者其他明显标志”。另，保险人还应当对投保人明确说明免责条款，明确说明的内容应当是“保险合同中有关免除保险人责任条款的概念、内容及其法律后果”，明确说明的形式可以是口头说明也可以是书面说明，明确说明的标准应当是客观的标准，即常人能够理解的程度。保险公司未举示证据证明对上述免责条款向某物业公司予以提示和明确说明，该免责条款亦未采取足以引起某物业公司注意的文字、字体、符号或其他明显标志，故该免责条款不产生效力。根据雇主责任保险（2015 版）保险单（保单号为 P350）的约定，某物业公司已支付死者陈某某的一次性工亡补助金等费用共计 992868 元，故对某物业公司诉请，本院予以支持。

重庆市巴南区人民法院依照《中华人民共和国民法典》第四百六十五条、第五百零九条、第五百七十七条、第五百七十九条，《中华人民共和国保险法》第十七条，以及《最高人民法院关于适用〈中华人民共和国保险法〉若干问题的解释（二）》第九条第一款、第十一条，《中华人民共和国民事诉讼法》第六十七条、第一百四十七条，《最高人民法院关于适用〈中华人民共和国民事诉讼法〉的解释》第九十条之规定，判决如下：

被告某保险公司于本判决发生法律效力之日起十五日内支付原告重庆某物业公司保险金 992868 元。

某保险公司不服一审判决，提出上诉。成渝金融法院经审理认为：对于保险人提供的格式合同文本中的责任免除条款等免除或者减轻保险人责任的条款，可以认定为保险法第十七条第二款规定的“免除保险人责任的条款”。对于免责条款，保险人应当履行提示和明确说明义务。本案中，某保险公司并未举示证据证明其向某物业公司进行了提示和明确说明义务，且该免责条款亦未采取足以引起某物业公司注意的文字、字体、符号或其他明显标志，故该免责条款不产生效力。某物业公司对雇员陈某某投保雇主责任险，某保险公司收取了保险费，亦未告知不属承保范围的情形。因此，某保险公司应当支付某物业公司保险金992868元。

成渝金融法院依照《中华人民共和国民事诉讼法》第一百七十七条第一款第一项规定，判决如下：

驳回上诉，维持原判。

【法官后语】

一些离退休人员被物业管理公司或者其他服务企业聘用，但因年龄原因在出现用工事故时，由企业承担用工责任。因此，企业为保障自身经营，转移用工风险，会向保险机构投保雇主责任险。但实践中，企业出现用工事故向保险公司申请理赔时，被保险人（投保人）与保险人因对关键条款属于保险范围还是免责条款产生分歧，最终遭到拒赔，难以达到企业投保目的。如何在审判中准确把握保险范围条款和免责条款的相关认定标准？何种情况下可以认定保险机构对免责条款尽到提示和说明义务？是本案研究探讨的重点问题。

一、保险范围条款和免责条款的区分

保险范围是保险人承担的经济损失补偿或人身保险金给付的责任范围，是保险合同的核心内容，必须加以明确规定，它不仅关系到投保人缴纳保险费的多少，还直接影响到事故发生后，被保险人是否有权就其造成的损害要求保险人给予赔偿及保险人应否承担赔偿义务。保险范围的条款并不具有免除或减轻保险人责任的本质特征，故无须加以特别的提示和说明，投保人和保险人在投保合同中签字盖章后即受其约束。

免责条款是指当事人在合同中事先约定的、旨在限制或免除其未来责任的条款。免责条款通常用于保险合同中，指明保险公司不承担或给付保险金的情况。根据《最高人民法院关于适用〈中华人民共和国保险法〉若干问题的解释（二）》（以下简称《保险法解释二》）第九条第一款："保险人提供的格式合同文本中的责任免除条款、免赔额、免赔率、比例赔付或者给付等免除或者减轻保险人责任的条款，可以认定为保险法第十七条第二款规定的'免除保险人责任的条款'。"对于免责条款是否发生效力，根据《中华人民共和国保险法》第十七条规定，必须以保险人尽到提示和明确的说明义务为前提，若保险人未履行此项义务的，该免责条款不产生效力。本案投保单中载明的"本保单不承担被保险人65岁（含）以上的雇佣人员猝死及突发疾病48小时内死亡赔偿责任"属于免责条款，必须在保险人尽到提示和说明义务后，才产生效力。

二、保险人对免责条款尽到提示和明确说明义务的认定标准

如何认定保险人关于免责条款已对投保人尽到提示和明确的说明义务，是否可直接依据《保险法解释二》第十三条第二款规定，投保人在投保单或保险单等其他保险凭证上签字、盖章即系确认保险人履行了说明义务。从《保险法解释二》第十三条第二款规定"投保人对保险人履行了符合本解释第十一条第二款要求的明确说明义务在相关文书上签字、盖章或者以其他形式予以确认的，应当认定保险人履行了该项义务。但另有证据证明保险人未履行明确说明义务的除外"来看，保险人的提示和说明义务应当依照《保险法解释二》第十一条规定"保险合同订立时，保险人在投保单或者保险单等其他保险凭证上，对保险合同中免除保险人责任的条款，以足以引起投保人注意的文字、字体、符号或者其他明显标志作出提示的，人民法院应当认定其履行了保险法第十七条第二款规定的提示义务。保险人对保险合同中有关免除保险人责任条款的概念、内容及其法律后果以书面或者口头形式向投保人作出常人能够理解的解释说明的，人民法院应当认定保险人履行了保险法第十七条第二款规定的明确说明义务"来进行判决，根据前述规定可知，保险人应当履行提示和明确说明义务，一是保险人应当对免责条款进行提示，使投保人能够注意到免责条款的存在，提示的方式应当是"足以引起投保人注意的文字、字体、符号或者其他明显标志"。二是保险人应当对投保人明确说明免责条款，明确说明的内容应是"保

险合同中有关免除保险人责任条款的概念、内容及其法律后果”，明确说明的形式既可以是口头说明，也可以是书面说明，对于明确说明的标准，应当是客观的标准，即常人能够理解的程度。本案中虽投保单上有投保人的签字、盖章，但保险人未能举证证明其对免责条款向投保险进行了提示和明确的说明义务，且该免责条款亦未采取足以引起投保人注意的文字、字体、符号或其他明显标志，则不能认定保险人对免责条款尽到了提示和明确的说明义务，该免责条款不能产生效力。

此外，需要说明的是，法官审理保险纠纷案件中判断条款的性质时，应从一方是否处于强势地位、双方是否经过协商、是否减轻了保险人的责任、是否履行了提示和明确的告知义务等多角度综合考量，不能简单地就条款约定在文件中所处的部分作简单的判断。本案中，不能仅就条款约定在保单中就改变其性质，保险人能否依据该免责条款免除赔偿责任，要看保险人在合同签订时，是否履行了提示和明确的告知义务，若保险人未履行上述义务，则不能免责。

编写人：重庆市巴南区人民法院　向勇　何燕丽

44

外卖从业人员保险合同中驾驶证逾期的保险责任认定

——余某甲等诉某保险公司意外伤害保险合同案

【案件基本信息】

1. 裁判书字号

成渝金融法院（2023）渝87民终4089号民事判决书

2. 案由：意外伤害保险合同纠纷

3. 当事人

原告（被上诉人）：余某甲、邱某、钱某、余某乙

被告（上诉人）：某保险公司

【基本案情】

余某甲、邱某、钱某、余某乙（未成年人）分别系余某的父母、妻子、女儿。余某系平台公司的外卖骑手，该平台公司每天从骑手第一单费用中扣除 3 元为骑手向保险公司购买保险。2023 年 1 月 2 日 0 时许，该平台公司在某保险公司为余某投保“××骑手意外保险”，投保方式为系统对接方式，每人每天一张单，以骑手首次接单时间起算。保单约定，保险期为 1 月 2 日 0 时至 1 月 3 日 1 时，若被保险人驾驶燃油摩托车等机动车辆，无有效行驶证车辆或未持有合法有效驾驶证、酒驾或醉驾期间发生交通事故的，保险公司不承担保险责任。保险公司在电子保单中对无有效驾驶证释义为：被保险人存在下列情形之一者：（1）无驾驶证，驾驶证被依法扣留、暂扣、吊销、注销……（5）依照法律法规或公安机关交通管理部门有关规定不允许驾驶机动车的其他情况下驾车。该段释义在保险条款中并未进行加粗。2023 年 1 月 2 日 2 时许，李某醉酒后驾驶货车与余某驾驶的摩托车正面相撞导致余某受伤当日死亡。经交警部门认定，此次交通事故李某承担事故全部责任，余某无责任。经查，余某在事故发生前一直驾驶摩托车接送外卖，其准驾车型为 C1、D，有效期限至 2022 年 12 月 8 日。2023 年 3 月 24 日，某保险公司以“余某无有效行驶证车辆或未持有合法有效驾驶证”为由出具拒赔通知书。四原告遂诉至法院，请求法院判令：1. 某保险公司支付保险死亡赔偿金及医疗费；2. 判决某保险公司承担本案诉讼费用。

【案件焦点】

余某在驾驶证超过有效期后继续驾驶车辆发生保险事故后，保险公司是否应予理赔。

【法院裁判要旨】

重庆市丰都县人民法院经审理认为：针对争议焦点，分析如下：第一，本案保险单约定，被保险人驾驶燃油摩托车等机动车辆，但无有效行驶证车辆等期间发生交通事故的，保险公司不承担保险责任。保险单通过穷尽列举的方式对“无有效驾驶证”进行释义，列举情形中不包含“驾驶证超过有效期”情形，且“无有效驾驶证”与“驾驶证逾期”字面意思并不完全等同，二者属于包含或者并列关系在保险合同中也无相关约定，故“驾驶证超过有效期”不属于合同约定的免责范围。第二，“无有效驾驶证”的释义还列举了“依照法律法规或公安机关交通管理部门有关规定不允许驾驶机动车的其他情况下驾车”，这属于保险公司将法律、行政法规中的禁止性规定情形作为保险合同免责条款的免责事由，但保险公司未将释义内容的文字、字体、符号作出明显标志予以提示，因此，该免责条款不能成为合同内容。第三，《机动车驾驶证申领和使用规定》规定，超过机动车驾驶证有效期一年以上未换证的，车辆管理所应当注销其机动车驾驶证，可见管理部门给予了驾驶人在驾驶证逾期后一定的宽限期，余某事故发生时驾驶证逾期未超过一个月，属于在合理的宽限期内。第四，本案保单载明，利用交通工具作业需要骑手具有相应的驾驶资质，保险公司在承保时理应审查骑手的驾驶资质，本案中，保险公司有义务、有能力审查却因自身过失未审查而接受投保，且本案道路交通事故责任认定书认定余某无责任，故法院认定保险公司以驾驶证超过有效期不支付保险金的理由不能成立。

重庆市丰都县人民法院判决如下：

一、被告某保险公司在本判决发生法律效力之日起十日内支付原告余某甲、邱某、钱某、余某乙因余某身故保险金 600000 元；

二、驳回原告余某甲、邱某、钱某、余某乙的其余诉讼请求。

某保险公司不服一审判决，提起上诉。成渝金融法院同意一审法院裁判意见，判决：

驳回上诉，维持原判。

【法官后语】

当前保险理赔实践中，保险人时常将发生交通事故时驾驶证逾期未换证认定属于“无有效驾驶证”免责事由而拒绝理赔，驾驶证逾期未换证是否属于

“无有效驾驶证”存在一定争议。本案中，案涉保单对“无有效驾驶证”的免责事由进行具体列举，与本案相关的有两条：一是无有效驾驶证；二是法律法规规定不允许驾驶车的其他情况。因此，本案的关键在于审查余某驾驶证逾期是否属于该两种情形。

一、“驾驶证逾期”不属于免责条款列举的“无有效驾驶证”情形

首先，本案保险单将“无有效行驶证”车辆等期间发生交通事故作为免责事由，同时保险单通过封闭列举的方式对“无有效驾驶证”进行释义，列举的情形中并未包含“驾驶证超过有效期”的情形，且“无有效驾驶证”与“驾驶证逾期”字面意思并不完全等同，二者属于包含或者并列关系在保险合同中也无相关约定，故“驾驶证超过有效期”不属于合同约定的免责范围。其次，“驾驶证逾期”不等于驾驶员丧失驾驶资格。根据《机动车驾驶证申领和使用规定》的规定，驾驶证逾期时间长短不同，存在的后果也不同：逾期1年内，处理完违章、换证体检合格就可以换证；逾期1—3年的，驾驶证将被吊销；逾期3年以上的，驾驶证就会被彻底注销。可见，规定对驾驶证逾期给予一定的合理宽限期，逾期一年内的驾驶证处于有效和无效之间“效力待定”的状态，即驾驶证逾期在合理宽限期内属于“效力待定”，不属于注销驾驶证的无有效驾驶证情形，驾驶证效力的恢复需驾驶员成功进行换证。若驾驶员在驾驶证逾期一年内，即“效力待定”状态下驾驶车辆会面临相应的行政处罚，但不属于丧失驾驶资格，更不能直接认定为“无有效驾驶证”。本案中，余某事故发生时驾驶证逾期未超过一个月，在合理的宽限期内，不属于“无有效驾驶证”情形。

二、案涉关于“法律法规禁止性规定”的免责条款不成为合同内容

保险格式合同免责条款设立初衷在于平衡合同双方当事人的权利义务、防范道德风险、管控经营成本，因此，对于免责条款的情形应当在保险合同中予以明确、详细约定。案涉格式合同将“依照法律法规或公安机关交通管理部门有关规定不允许驾驶机动车的其他情况下驾车”作为“无有效驾驶证”免责事由的情形之一，但法律规范并非一成不变，该“引致性条款”将会导致“无有

效驾驶证”的免责情形的规定不周延、不确定，可能导致被保险人很多情形因此条内容而被拒赔，无形中加重了被保险人的责任，因此，应认定为无效。与此同时，对于格式合同中的条款，保险公司应当在合同订立时向投保人予以提示和明确说明，使条款内容能够明确引起投保人的注意，尤其是在网络电子合同中的格式条款还要有展示的主动性和获知的便利性，格式条款的链接在显著位置、操作简单直接，重要条款尤其是免责条款应当加粗提示，等等。本案中，保险公司将法律法规禁止性规定作为免责事由，释义内容系免除保险公司责任的保险合同格式条款，保险公司应以一般人注意和理解的标准为原则予以提示和说明，但其未将免责格式条款中的“无有效驾驶证”释义内容的文字、字体、符号作出明显标志予以提示，故该免责条款不能成为合同内容，对合同双方并不发生法律效力。

另外，外卖从业人员作为发展迅猛、职业风险较大的庞大就业群体，购买商业意外保险的目的在于多一份保障。法院在合法性规则审查之外，还应运用合理性原则，并以此来判断保险合同的效力，结合最大诚实信用原则、对价平衡原则等基本原则对双方的责任进行判断。本案中，保险公司有义务、有能力审查却因自身过失未审查而接受投保，且本案道路交通事故责任认定书认定余某无责任，因此判断保险公司以驾驶证超过有效期不支付保险金的理由不具有合理性。

编写人：重庆市丰都县人民法院　湛野　付春杰　陈国胜

八、票据纠纷

45

持票人在票据到期日前提示付款且票据状态持续为“提示付款待签收”的，该提示付款行为具有到期日提示付款的效力

——某贸易公司诉设计院福建分公司等票据追索权案

【案件基本信息】

1. 裁判书字号

广西壮族自治区柳州市中级人民法院（2022）桂02民终4862号民事判决书

2. 案由：票据追索权纠纷

3. 当事人

原告（上诉人）：某贸易公司

被告（被上诉人）：设计院福建分公司、设计院、工贸公司、科技公司、通讯服务部、建材公司、砼业公司

【基本案情】

2020年10月14日，置业公司作为出票人向设计院福建分公司出具了一张电子商业承兑汇票，汇票到期日为2021年10月14日，票据金额为50万元，

承兑人为置业公司，承兑信息处载明“承兑人承诺：本汇票已经承兑，到期无条件付款”，同时该票据载明“可以转让”。2020年10月28日，设计院福建分公司将案涉汇票背书转让给工贸公司，同日，工贸公司将案涉汇票背书转让给科技公司；2020年10月30日，科技公司将案涉汇票背书转让给通讯服务部，同日，通讯服务部将案涉汇票背书转让给建材公司，建材公司又于同日转让给砼业公司；2020年10月31日，砼业公司将案涉汇票背书转让给某贸易公司。某贸易公司、砼业公司均认可该电子商业承兑汇票系砼业公司背书转让给某贸易公司用于支付尚欠货款。

汇票到期日为2021年10月14日，持票人某贸易公司于2021年9月29日就案涉票据提示付款，直至本案一审、二审程序阶段，案涉票据状态均为“提示付款待签收”，承兑人置业公司未予处理、未予承兑。

某贸易公司遂向法院起诉请求，判令上述前手即设计院福建分公司、设计院、工贸公司、科技公司、通讯服务部、建材公司、砼业公司（以下简称设计院福建分公司等七个公司）支付票据款及逾期付款利息。

设计院福建分公司等七个公司认为，某贸易公司仅在票据到期日前提示付款，未在案涉汇票到期日自2021年10月14日起十日内向承兑人置业公司提示付款，现仅能向出票人、承兑人行使追索权。

【案件焦点】

持票人期前提示付款行为具有到期日提示付款的效力。

【法院裁判要旨】

广西壮族自治区柳州市城中区人民法院经审理认为：某贸易公司在汇票到期日前进行提示付款无应答后，可待票据到期后再次提示付款，但某贸易公司并未在提示付款期内再次提示付款。根据《电子商业汇票业务管理办法》第五十九条、第六十六条规定，某贸易公司只可以向出票人、承兑人置业公司拒付追索，但本案中，某贸易公司并未诉请置业公司承担责任。某贸易公司要求设计院福建分公司等七个公司支付票据款及逾期付款利息，均缺乏依据。广西壮族自治区柳州市城中区人民法院判决如下：

驳回某贸易公司的诉讼请求。

某贸易公司不服一审判决，提起上诉。

广西壮族自治区柳州市中级人民法院经审理认为：首先，根据《电子商业汇票业务管理办法》第五十九条规定，如果持票人在票据到期日前提示付款，而承兑人拒绝付款或者未予应答的，那么持票人“可”待票据到期后再次提示付款，该规定并未要求持票人“必须”或者“应当”再次提示付款。

其次，自某贸易公司于 2021 年 9 月 29 日提示付款起，该提示付款请求便到达承兑人置业公司系统，汇票系统显示的票据状态为“提示付款待签收”，在承兑人未应答的情况下，该票据状态一直存续在置业公司系统。

最后，在卷并无证据证明某贸易公司在提示付款期内撤回了付款请求。

综上，某贸易公司于 2021 年 9 月 29 日就案涉票据提示付款的效力持续至到期日及到期日后的提示付款期间，该行为具有到期日提示付款的效力。案涉票据状态持续为“提示付款待签收”，置业公司始终未在系统上应答亦未拒绝付款，系以自身行为消极履行兑付义务，构成实质拒付。根据《中华人民共和国票据法》第六十一条第一款规定，汇票到期被拒绝付款的，持票人可以对背书人、出票人以及汇票的其他债务人行使追索权。

广西壮族自治区柳州市中级人民法院判决如下：

一、撤销广西壮族自治区柳州市城中区人民法院（2022）桂 0202 民初 1218 号民事判决；

二、设计院福建分公司、设计院、工贸公司、科技公司、通讯服务部、建材公司、砼业公司向某贸易公司连带清偿票据款 50 万元；

三、设计院福建分公司、设计院、工贸公司、科技公司、通讯服务部、建材公司、砼业公司向某贸易公司连带清偿逾期付款利息（以票据款 50 万元为基数，自 2021 年 10 月 22 日起按全国银行间同业拆借中心公布的贷款市场报价利率年利率 3.85%的标准计算至实际付清之日止）。

【法官后语】

根据《电子商业汇票业务管理办法》第五十九条规定：“持票人在票据到期日前提示付款的，承兑人可付款或拒绝付款，或于到期日付款。承兑人拒绝付款或未予应答的，持票人可待票据到期后再次提示付款。”第六十六条规定：“持票人在票据到期日前被拒付的，不得拒付追索。持票人在提示付款期内被拒付的，可向所有前手拒付追索。持票人超过提示付款期提示付款被拒付的，若持票人在提示付款期内曾发出过提示付款，则可向所有前手拒付追索；若未在提示付款期内发出过提示付款，则只可向出票人、承兑人拒付追索。”

但在实践中，持票人在票据到期日前就进行提示付款的情况并不少见，而对于持票人在票据到期后没有再次提示付款的情形，法律、行政法规未明确规定相应的法律后果，存在法律规范空白。二审法院认为，持票人期前提示付款且票据状态一直为“提示付款待签收”的，应当认定持票人期前提示付款行为具有到期日提示付款的效力，持票人可以向所有前手行使拒付追索权。

一、电子商业汇票系统具有持续储存信息的特点

持票人在汇票到期日之前在汇票系统中进行提示付款，操作成功后，该指令即进入承兑人、付款人的系统，持票人未撤回该提示付款请求，则其意思表示应当一直处于持续状态。在承兑人未签收、未拒绝付款、未应答的情况下，该指令一直存续在承兑人、付款人的系统中。故实际上，该提示付款的客观效果是持续存在的，承兑人、付款人作为义务人，应积极、及时对付款请求作出应答。

本案中，涉案汇票到期日为2021年10月14日，持票人某贸易公司于2021年9月29日便就案涉票据提示付款，自此起，该提示付款请求便到达且一直存续在承兑人置业公司系统。

二、正确理解设置提示付款期的目的与功能

设置提示付款期的意义在于督促持票人依法及时提示付款，以便付款人知晓汇票权利人，从而作出是否付款的决定，使除承兑人或者付款人之外的前手能够合理预期其责任是否解除。持票人在汇票到期日之前提示付款，而承兑人

一直未签收、未拒绝付款、未应答的，已经足以使除了承兑人或者付款人之外的前手预期其付款责任尚未解除，认定该情形下持票人可向所有前手拒付追索，并未违背设置提示付款期的初衷。本案中，置业公司始终未在系统上应答亦未拒绝付款，设计院福建分公司等七个公司应清楚知晓其付款义务并未免除。

三、法院判决应当与票交所对电子汇票承兑系统的规则更新保持一致，避免交易习惯与审判实践产生分歧

《上海票交所关于规范电子商业承兑汇票提示付款应答的通知》中已经明确："持票人在电子商业承兑汇票的票据到期日前提示付款，承兑人在票据到期日的次日起第3日（遇法定休假日、大额支付系统非营业日、电子商业汇票系统非营业日顺延）仍未应答，承兑人接入机构也未在下一日（遇法定休假日、大额支付系统非营业日、电子商业汇票系统非营业日顺延）代为应答的，则电子商业汇票系统在该日日终时将票据状态'提示付款待签收'变更为拒付状态。"即票交所已经认可该情形下期前提示付款的效力，并对其电子汇票系统的规则进行更新。据此，本案的处理亦应当与票交所的具体操作规则保持一致，避免审判实践明显背离金融实务。

综上，应认定某贸易公司于2021年9月29日提示付款的效力持续至到期日及到期日后的提示付款期间，该行为具有到期日提示付款的效力。

四、对"拒绝付款"的审查应当注重实质效果

票据法第六十一条第一款中规定的"拒绝付款"，不仅包括付款人明确作出"拒绝付款"的意思表示的情形，还包括付款人以自身行为消极履行兑付义务的情形。承兑人始终未对提示付款申请进行应答，未予签收，亦未拒绝付款的，应当视为持票人以其消极行为作出拒绝付款的意思表示，构成实质拒付，持票人可向所有前手行使拒付追索权。本案中，票据状态持续为"提示付款待签收"，而承兑人置业公司始终未对提示付款申请进行应答，亦未拒绝付款，其行为已构成实质拒付，某贸易公司可以向出票人、承兑人、背书人等所有前手拒付追索。

编写人：广西壮族自治区柳州市中级人民法院　黄姣姣

46

持票人在规定的时效期间内行使票据追索权适用诉讼时效中断的规定

——郑州某某商贸公司诉广西某某防水工程公司等票据追索权案

【案件基本信息】

1. 裁判书字号

广西壮族自治区南宁市中级人民法院（2023）桂 01 民终 12283 号民事判决书

2. 案由：票据追索权纠纷

3. 当事人

原告（被上诉人）：郑州某某商贸公司

被告（上诉人）：广西某某防水工程公司

被告（被上诉人）：郑州某某建材公司、南宁某某贸易公司、广西某某房地产公司

【基本案情】

2021 年 2 月 7 日，广西某某房地产公司作为出票人、承兑人，开具了一张收款人为广西某某防水工程公司的电子商业承兑汇票。该汇票载明：到期日期为 2021 年 8 月 7 日、可转让、到期无条件付款。2021 年 3 月 2 日，广西某某防水工程公司将汇票背书转让给南宁某某贸易公司；2021 年 3 月 3 日，南宁某某贸易公司将汇票背书转让给郑州某某建材公司；2021 年 3 月 13 日，郑州某某建材公司将汇票背书转让给郑州某某商贸公司。

该汇票到期后，持票人郑州某某商贸公司多次申请提示付款，均因承兑人账户余额不足未能成功兑付。郑州某某商贸公司又于 2021 年 10 月 14 日向广西

某某房地产公司、广西某某防水工程公司、南宁某某贸易公司提起拒付追索，均未获清偿。自 2021 年 12 月 13 日起，郑州某某商贸公司先后通过向河南、广州等地法院提起诉讼的方式行使追索权。

【案件焦点】

郑州某某商贸公司行使追索权是否超过法定期间。

【法院裁判要旨】

广西壮族自治区南宁市江南区人民法院经审理认为：本案为票据追索权纠纷。郑州某某商贸公司经连续背书转让后合法取得案涉汇票，对案涉汇票享有票据权利。郑州某某商贸公司于汇票到期后提示付款，但未能成功兑付。根据《中华人民共和国票据法》有关规定，郑州某某商贸公司作为持票人，有权对背书人、出票人行使追索权。故郑州某某商贸公司起诉要求郑州某某建材公司、广西某某防水工程公司、南宁某某贸易公司、广西某某房地产公司共同支付被拒付汇票的票据款项以及从汇票到期日起至实际付清之日止的利息，于法有据，予以支持。关于郑州某某商贸公司行使追索权是否超过法定期间的问题。广西某某防水工程公司提出郑州某某商贸公司未在被拒绝承兑或者被拒绝付款之日起六个月内向人民法院起诉，已丧失对广西某某防水工程公司的追索权。经查，郑州某某商贸公司已于 2021 年 10 月 14 日通过电子商业汇票系统向广西某某房地产公司、广西某某防水工程公司、南宁某某贸易公司提起拒付追索，并未超过票据追索权行使的法定期限。郑州某某商贸公司提起拒付追索未获清偿，后其又于 2021 年 12 月向河南省郑州市金水区人民法院提起诉讼，诉讼时效中断，故郑州某某商贸公司行使追索权并未超过法定期限，对广西某某防水工程公司的抗辩理由，不予支持。广西壮族自治区南宁市江南区人民法院判决：

郑州某某建材公司、广西某某防水工程公司、南宁某某贸易公司、广西某某房地产公司向郑州某某商贸公司支付 116005.43 元及利息。

广西某某防水工程公司不服一审判决，提出上诉。广西壮族自治区南宁市中级人民法院经审理认为：关于郑州某某商贸公司对广西某某防水工程公司行使追索权是否超过法定期间。本案中，郑州某某商贸公司已在六个月的票据追索期限内，通过电子商业汇票系统向广西某某防水工程公司提起拒付追索，并且先后通过向河南、广州等地法院提起诉讼的方式行使追索权，其间时效中断且中断事由持续至2023年2月。故本案中郑州某某商贸公司于2023年2月向一审法院提起诉讼对广西某某防水工程公司行使追索权，并未超过法定期限。广西某某防水工程公司的主张依据不足，不予支持。一审法院认定事实清楚，适用法律正确，依法予以维持。

广西壮族自治区南宁市中级人民法院依照《中华人民共和国民事诉讼法》第一百七十七条、第一百八十二条之规定，作出如下判决：

驳回上诉，维持原判。

【法官后语】

商业承兑汇票作为一种资金融通手段，具有较强的灵活性，能够在一定程度上解决企业的现金流压力。但近年来，企业由于资金链断裂、经营陷入困难等各种原因，导致无法兑付到期票据款项的状况频发，在此背景之下，商业承兑汇票纠纷所引起的诉讼呈爆发式增长。本案的核心在于，持票人在规定的时效期间内行使票据追索权是否能够适用民法中关于诉讼时效中断的规定。

关于票据权利时效是否能够中断的问题。有观点认为票据权利时效期间属于除斥期间，不适用诉讼时效中断之规定，期间届满即发生权利消灭之后果。本文认为，虽然票据法对票据时效期间的中断未作明确规定，但票据法相对于民法典属于特别法，因此票据法有规定的，适用票据法的规定，票据法无规定的，则适用民法的一般规定。根据我国民法典第一百九十五条之规定，诉讼时效因提起诉讼、当事人一方提出要求或者同意履行义务而中断。从中断时起，诉讼时效期间重新计算。可见，引起诉讼时效期间中断的原因有三：一是请求；二是承认；三是诉讼。实务中对下列原因与诉讼有同一效力：（1）依督促程序，申请发支付令；（2）申请调解；（3）提交仲裁；（4）申报破产债权；（5）告知诉讼；（6）申请强制执行。故在票据法规定的时效期间内出现民法典第一百九十五条规定的情况的，票据时效期间中断。

关于提起诉讼是否能够引起诉讼时效中断的问题。根据《最高人民法院关于审理民事案件适用诉讼时效制度若干问题的规定》第十条规定："当事人一方向人民法院提交起诉状或者口头起诉的，诉讼时效从提交起诉状或者口头起诉之日起中断。"因此，提起诉讼即产生诉讼时效中断的效力。原告向人民法院提起诉讼时，即产生时效中断的法律效果，无论起诉状副本是否送达被告，均不影响时效中断的法律效果。本案中，郑州某某商贸公司已在六个月的票据追索期限内，通过电子商业汇票系统向广西某某防水工程公司提起拒付追索，并且先后通过向河南、广州等地法院提起诉讼的方式行使追索权，其间时效中断且中断事由持续至 2023 年 2 月。故郑州某某商贸公司于 2023 年 2 月向一审法院提起诉讼对广西某某防水工程公司行使追索权，并未超过法定期限。广西某某防水工程公司认为一审判决认定票据时效可以中断属于适用法律错误的理由不成立，二审法院不予支持。权利人主张权利的意思表示方式，能够引起诉讼时效中断。

关于票据权利时效中断的效力问题。票据时效中断的效力，适用民法典关于时效中断效力的规定，同时根据《最高人民法院关于审理票据纠纷案件若干问题的规定》第十九条之规定，票据法第十七条规定的票据权利时效发生中断的，只对发生时效中断事由的当事人有效。票据权利时效中断后，从中断事由消灭之日起时效期间重新计算。有观点认为，票据权利时效中断后，可以按照民法典的规定重新计算三年的诉讼时效期间。本文认为，根据我国票据法第十七条规定："票据权利在下列期限内不行使而消灭：（一）持票人对票据的出票人和承兑人的权利，自票据到期日起二年。见票即付的汇票、本票，自出票日起二年；（二）持票人对支票出票人的权利，自出票日起六个月；（三）持票人对前手的追索权，自被拒绝承兑或者被拒绝付款之日起六个月；（四）持票人对前手的再追索权，自清偿日或者被提起诉讼之日起三个月。票据的出票日、到期日由票据当事人依法确定。"可见，票据法规定的时效期间普遍较短，既督促持票人尽快行使票据权利，又维护了票据本身的快速流通属性，体现了票据法巩固票据高效性的立法本意。故票据权利时效中断后，从中断、有关程序终结时起，票据权利时效期间仍应按票据法第十七条之规定重新计算，而不是按照民法典所规定的三年诉讼时效计算，如持票人在此期间内未发起追索，也未提起诉讼，票据权利仍会消灭。

编写人：广西壮族自治区南宁市江南区人民法院　黄洁

47

电子商业汇票期前提示付款的效力认定

——武汉某公司诉佛山某公司等票据追索权案

【案件基本信息】

1. 裁判书字号

湖北省武汉市汉阳区人民法院（2023）鄂0105民初3930号民事判决书

2. 案由：票据追索权纠纷

3. 当事人

原告：武汉某公司

被告：佛山某公司、广州某公司、付某某

【基本案情】

2020年8月6日，出票人武汉某公司向收款人佛山某公司出具一张电子商业承兑汇票，票据金额为1000000元，汇票到期日为2021年8月6日，承兑人为出票人，承兑人承诺本汇票已承兑，到期无条件付款，承兑日期为2020年8月6日。该汇票为可转让汇票。2020年8月25日，佛山某公司将该汇票背书转让给了广州某公司。同日，广州某公司将该汇票背书转让给了经营者为付某某的个体工商户（已注销）。2020年8月26日，经营者为付某某的个体工商户将该汇票背书转让给了武汉某公司。武汉某公司于2021年8月2日向承兑人提示付款，但未予以答复；后其又于 2021 年 9 月 1 日提示付款，于当日被拒付。该汇票票据状态为“逾期提示付款已拒付”。武汉某公司遂诉至法院，请求判令：（1）佛山某公司、广州某公司连带清偿电子商业承兑汇票金额 1000000 元整；（2）佛山某公司、广州某公司、付某某按同期全国银行间同业拆借中心公布的贷款市场报价利率 LPR 的标准，计付该汇票自到期之日起至实际清偿之日止的利息；（3）承担本案诉讼费用。

佛山某公司认为武汉某公司没有在付款期内提示付款，不享有票据追索权。

【案件焦点】

电子商业汇票期前提示付款的效力。

【法院裁判要旨】

湖北省武汉市汉阳区人民法院经审理认为：武汉某公司通过电子商业汇票系统在案涉电子商业承兑汇票到期日前提示付款，其间并未撤回付款请求，该提示付款的状态具有可持续性。系统显示承兑人于 2021 年 9 月 1 日拒付，该拒付时间在汇票到期日之后，应认定武汉某公司提示付款持续到该日。故应当认定武汉某公司在汇票到期日之后进行了提示付款，其依法可对票据出票人、背书人、承兑人中任何一人、数人或者全体行使追索权。湖北省武汉市汉阳区人民法院判决如下：

一、佛山某公司、广州某公司连带支付武汉某公司电子商业承兑汇票票据金额 1000000 元；

二、佛山某公司、广州某公司连带支付武汉某公司截至 2021 年 10 月 11 日的利息 6962 元；自 2021 年 10 月 12 日起，以 1000000 元为基数，按同期全国银行间同业拆借中心公布的一年期贷款市场报价利率（LPR）计算至上述票据金额清偿之日止；

三、驳回武汉某公司的其他诉讼请求。

判决后，双方当事人均未上诉，本判决现已生效。

【法官后语】

电子商业汇票期前提示付款效力的争议，本质上是指电子商业汇票期前提示付款效力是否及于票据到期日后的提示付款期，即票据债务人是否享有期限利益。对于定日付款的商业汇票而言，提示付款是指持票人向承兑人出示票据，请求付款的行为；是持票人主张票据权利，向承兑人出示票据，将票据交其验看，并请求付款的一种法律行为。因此，完整的提示付款行为包括持票人发出提示付款的行为以及承兑人的签收应答行为，即“发出+应答”模式才是完整的提示付款法律行为。在此模式下，对电子商业汇票期前提示付款的效力认定，需结合电子商业汇票系统的特点，从“发出”及“应答”两个方面进行分析。

对于期前提示付款而言，“发出”行为发生在电子商业汇票到期日前是十分明确的，没有歧义。而“应答”的方式及期间往往是引发争议的关键。第一，就应答方式而言，存在积极应答与消极应答两种方式。《电子商业汇票业务管理办法》第五十九条规定，持票人有权在票据到期日前提示付款，但是承兑人对持票人的提示付款请求可以决定付款、拒绝付款或者到期日付款。这里的“决定付款、拒绝付款或者到期日付款”实际都是积极应答方式，该应答方式作出了明确的意思表示，也不容易引起歧义。消极应答方式即持续性的沉默、不应答，这种方式的效力为何才是导致对期前付款效力认定产生分歧的主要原因。《中华人民共和国民法典》第一百四十条规定，行为人可以明示或者默示作出意思表示。沉默只有在有法律规定、当事人约定或者符合当事人之间的交易习惯时，才可以视为意思表示。就电子商业汇票系统的交易习惯而言，持票人发出提示付款后，若承兑人迟迟不应答，往往显示的是“提示付款待签收”状态。否定派意见据此认为应答行为未完成，故完整的提示付款行为也没有完成，自然不发生提示付款的效力。但“提示付款待签收”状态在实践中对应很多不规范的操作问题，并非真实情况的客观准确反映，反而对后续追索维权造成了诸多负面影响。因此，为保障票据持有人的合法权益，上海票据交易所于2022年1月发布了《上海票交所关于规范电子商业承兑汇票提示付款应答的通知》，该通知明确了对于2022年3月21日之前的电子商业承兑汇票，承兑人及承兑人接入机构应当在收到持票人发起的提示付款请求后，根据《电子商业汇票业务管理办法》第六十条相关规定作出应答，系统不自动变更票据状态。对于 2022 年 3 月 21 日及之后的电子商业承兑汇票，符合相关条件之时承兑人接入机构未代为应答的，电子商业汇票系统会将票据状态变更为拒付状态。该通知从法理上解决了沉默应答的意思表示问题，即之前承兑人沉默情形下，接入机构本应按照第六十条的相关规定代为应答，但实践中未代为应答，票据显示状态为“提示付款待签收”，既偏离了客观真实，也导致持票人的合法票据权利受损。之后这种承兑人持续沉默，在到期日次日起三日内仍未应答，且接入机构未代为应答的，直接显示状态为“拒付状态”，即视为拒付的积极应答。据此，否定派意见丧失了立论的法理基础。需要指出的是，基于目的解释和诚信原则，对于 2022 年 3 月 21 日之前的电子商业汇票提示付款行为也应作出与此后具有同样法律效果的解释和论述。

第二，就应答期间而言，拒付应答既可以发生在期前，也可以发生在期内或期后。根据《电子商业汇票业务管理办法》第六十六条规定：“持票人在票据到期日前被拒付的，不得拒付追索。持票人在提示付款期内被拒付的，可向所有前手拒付追索。持票人超过提示付款期提示付款被拒付的，若持票人在提示付款期内曾发出过提示付款，则可向所有前手拒付追索；若未在提示付款期内发出过提示付款，则只可向出票人、承兑人拒付追索。”如前所述，承兑人持续沉默，在到期日次日起三日内仍未应答，且接入机构未代为应答的，即视为拒付应答。故承兑人在到期日前持续沉默，不通过期前积极拒付应答中断该状态的，就会视为在提示付款期内被拒付，则持票人可向所有前手拒付追索。即具有了期内提示付款的效力。而对于期后应答情形，基于上述应答规则的改变，不会出现期前发出提示付款的情形，不属于本案的讨论范畴。但简而言之，这种只会出现在期内发出提示付款以及期后发出提示付款的情形，对于期内发出提示付款，期后拒付应答的，仍具有期内提示付款的效力；对于期后发出提示付款，期后拒付应答的，则不具有期内提示付款的效力。

综上所述，电子商业汇票的持票人期前发出提示付款，如果承兑人在期前明确表示拒绝付款，且持票人此后也没有在期内（即到期日起十日内）再次发出提示付款，则这种情形的期前提示付款不具有期内提示付款的效力，即持票人只对出票人、承兑人享有追索权。除此之外的期前提示付款都具有期内提示付款的效力，包括期前发出提示付款，票据债务人沉默至到期日；以及期前发出提示付款，到期日前虽被拒付，但期内再次发出提示付款的。票据权利人据此对所有票据前手享有追索权。

本案中，票据到期日为2021年8月6日，票据权利人在期前发出提示付款，票据债务人在到期日前一直保持沉默，则截至2021年8月9日可视为票据债务人拒付应答，此时票据权利人已在先享有对所有票据前手的追索权，此后2021年9月1日的期后提示付款及拒付应答已无意义。也可以从另一角度证成，票据权利人在期前发出提示付款，票据债务人在到期日前一直保持沉默，票据权利人也并未撤回该行为，故发出提示付款的行为及状态持续至期内，则期后虽有提示付款及拒付，仍具有期内提示付款的效力。即票据权利人享有对所有票据前手的追索权。因此，法院判决支持武汉某公司的诉讼请求。

编写人：湖北省武汉市汉阳区人民法院　董泽锋

48

电子商业汇票线下追索效力的司法认定

——节能公司诉装饰公司等票据追索权案

【案件基本信息】

1. 裁判书字号

重庆市第一中级人民法院（2022）渝01民终11423号民事判决书

2. 案由：票据追索权纠纷

3. 当事人

原告（被上诉人）：节能公司

被告（上诉人）：装饰公司、建设公司

被告：工程公司

【基本案情】

装饰公司向节能公司背书转让电子商业承兑汇票一张以支付货款，该汇票金额为 10 万元，出票人及承兑人为房地产公司，出票及承兑日期为 2021 年 6 月 30 日，票据到期日为 2021 年 12 月 30 日，收款人为建设公司。该汇票的连续背书人依次为建设公司、工程公司、装饰公司、节能公司。2021 年 12 月 28 日，节能公司作为最后持票人通过电子商业汇票系统向承兑人房地产公司提示付款。2022 年 1 月 4 日，房地产公司回复为“拒绝签收，拒付理由为承兑人账户余额不足”，票据状态显示为“提示付款已拒付”（不可进行拒付追索）。节能公司后续未通过电子商业汇票系统向前手背书人发起追索，而是直接向法院提起诉讼行使追索权，要求票据背书人建设公司、工程公司、装饰公司承担票据责任。

【案件焦点】

电子商业汇票能否进行线下追索。

【法院裁判要旨】

重庆市江北区人民法院经审理认为：节能公司通过电子商业汇票系统向承兑人发出提示付款请求属于以数据电文形式向承兑人作出的意思表示，破除了纸票时期物理空间和时间对持票人提票付款的限制，基于数据电文的物理特性，该数据电文一旦发送到电子商业汇票系统中便会一直持续保存在承兑人的账户系统之中，如同电子邮件发送后将一直持续保存在收件人的系统内一样，节能公司虽在票据到期日前向承兑人发送了提示付款请求，但承兑人在票据到期日前对该节能公司的该提示付款行为并未作出拒付应答，故节能公司的该期前提示付款请求并未因承兑人作出拒付应答而失去效力，在这种情况下相当于持票人节能公司一直“驻守”在承兑人处提示付款，当汇票到期后，节能公司的该期前提示付款行为的性质因汇票到期这一事实而自动发生改变，从而在汇票到期之日便具有了期内提示付款的效力，节能公司也没有必要在票据到期之后再次向承兑人提示付款。综上，节能公司作出的期前提示付款行为具有期内提示付款的效力，而承兑人予以拒付，故节能公司有权对其前手即本案各被告行使票据追索权。判决如下：

被告装饰公司、工程公司、建设公司于本判决生效之日起十日内向原告节能公司连带支付汇票金额 10 万元以及资金占用利息（以汇票金额 10 万元为基数，从 2021 年 12 月 30 日起至付清时止，按全国银行间同业拆借中心公布的一年期贷款市场报价利率计算，利随本清）（该利率以不超过年利率 3.7%为限）。

建设公司、装饰公司不服一审判决，提起上诉。重庆市第一中级人民法院经审理认为：本案的争议焦点在于，节能公司在未进行线上追索情形下，能否直接以诉讼方式行使追索权。

首先，从立法层级上看，《电子商业汇票业务管理办法》由中国人民银行颁布，属于部门行政规章，故在票据纠纷案件中的适用，应先审查其内容是否与票据法等法律及行政法规相冲突后，再行参照适用。

其次，从法条内容上看，根据《中华人民共和国票据法》第十六条以及第六十六条的相关规定，持票人以诉讼方式行使追索权具有合法性。若将《电子商业汇票业务管理办法》第五条规定理解为票据追索仅能通过电子商业汇票系统办理，则限缩了票据法上持票人的行权方式，与法律规定相抵触，不应当参照适用。

综上，票据法并未对持票人行使追索权的方式作出限制性规定，且以诉讼方式行使追索权符合票据法的规定。本案中，节能公司在被拒绝付款之日起六个月内提起诉讼要求各前手承担票据责任，具备追索权行使的形式要件与实质要件，遂判决：

驳回上诉，维持原判。

【法官后语】

电子商业汇票的持票人未在电子商业汇票系统（ECDS）中发出追索通知，能否通过诉讼等线下追索方式行使追索权，司法实务中对此观点对立。持票人线下追索的效力直接关系到其票据追索权利的实现，本案作为关于电子商业汇票线下追索效力认定的典型案例，具有以小见大的作用。

一、电子商业汇票线下追索效力的认定分歧

（一）线上追索与线下追索方式的区分

电子商业汇票由电子商业汇票系统实行集中地登记储存并提供流通转让平台，从而实现电子商业汇票流程的电子化。电子商业汇票追索权的行使分为线上、线下两种方式。线上追索是指持票人在电票系统依法提示付款但被承兑人拒绝付款后，通过该系统向票据债务人发送追索的信息指令，依此实现票据追索权。而线下追索系指持票人以在电票系统之外向票据债务人发送追索通知的方式行使追索权。线下追索又可分为线下诉讼追索和线下发函追索，前者是指持票人以向法院提起诉讼方式行使票据追索权，后者是持票人向票据债务人发送“追索函”“律师函”等方式行使票据追索权。

一般情形下，电子商业汇票持票人被拒绝付款后获得拒付证明，可以直接通过电票系统向前手追索。基于预先程序设定，系统自动签章，以数据电文形式出示票据，并将票据流转至被追索人处。司法实践中，存在持票人无法通过电票系统发起追索的情形，主要包括：一是承兑人收到提示付款指令“不予应答”，票据状态显示为“提示付款待签收”。二是承兑人对提示付款指令予以“签收”表明同意付款但实际未付款，票据状态为“票据已结清”。三是本案中承兑人对提示付款指令“拒绝签收”，票据状态为“提示付款已拒付（不可进行拒付追索）”。因承兑人怠于签收或付款，此时持票人无法依据原规则在电票系统中向前手追索，径行选择以线下追索方式行使追索权。

（二）线下追索效力的定性之争

经搜索相关案例，关于电子商业汇票持票人能否以线下追索方式行使追索权，各地法院存在相反的裁判观点，相应地产生截然不同的法律后果。

肯定说：线下追索行为有效，即持票人虽然未通过电票系统办理追索业务，但其线下追索行为仍系依法行使追索权，对被追索人发生效力。尽管《电子商业汇票业务管理办法》（以下简称《电票办法》）第五条规定："电子商业汇票的出票、承兑、背书、保证、提示付款和追索等业务，必须通过电子商业汇票系统办理"，但此规定仅对电票业务办理方式作出规定，并未明确持票人未经线上追索便丧失追索权的法律后果，因此即使持票人未在电票系统发出追索通知，也可直接通过线下追索方式行使追索权。

否定说：线下追索行为无效，即持票人在电票系统以外的线下追索行为不是法定行使票据追索权，对被追索人不发生效力。《电票办法》作为电子商业汇票领域的特别规定，明确规定追索业务必须通过电票系统办理，应当优先适用。票据法第四条第二款①以及《电票办法》第十四条第一款②规定，通过电票系统审核的电子签名应系电子商业汇票唯一合法有效的签章，线下追索行为不符合《电票办法》第五条、第十四条关于票据行为要式性的要求。如果以司法判决形式另行确定票据状态，线下追索未被电票系统记载，将致使持票人客观上无法交付票据、票据在系统外流转，造成脱离金融监管、打破电票运行规则、引发后续诉讼等多重不利后果。

本案生效判决持肯定说的观点。

二、电子商业汇票线下追索效力的逻辑判断

（一）体系解释：法律位阶视角下的裁判依据

从立法层级来看，票据纠纷案件的法律适用有相应位阶序列。根据《最高人民法院关于审理票据纠纷案件若干问题的规定》第六十二条规定，应遵照如下顺序并符合相应要求：首先，应当适用票据法，没有规定的再适用其他法律和行政法规。其次，参照适用与前述法律、行政法规不相抵触的行政规章。最

---

① 《中华人民共和国票据法》第四条第二款规定："持票人行使票据权利，应当按照法定程序在票据上签章，并出示票据。"

② 《电子商业汇票业务管理办法》第十四条第一款规定："票据当事人在电子商业汇票上的签章，为该当事人可靠的电子签名。"

后，根据立法法第九十一条第二款规定，没有法律或者国务院的行政法规、决定、命令的依据，部门规章不得设定减损公民、法人和其他组织权利或者增加其义务的规范。《电票办法》是中国人民银行颁布的部门规章，故在票据纠纷案件中适用该办法时，应先审查其内容与票据法等法律、行政法规是否相悖，再审查关于减损权利、增设义务的条款有无依据，最后予以参照适用。若前述内容存在冲突，则不应将该办法相关规定作为案件裁量基准。

持票人以线下追索方式行使追索权具备合法性。根据票据法第六十二条关于"追索权的行使"的规定，票据法并未对追索权行使方式予以限定。另外，该法第六十六条第二款关于"在规定期限内将通知按照法定或者约定的地址邮寄的，视为已经发出通知"的规定，涵盖了线下通知的意思；第十七条第一款第四项关于"持票人对前手的再追索权，自清偿日或者被提起诉讼之日起三个月"的规定，意味着持票人的后手已对其行使追索权并获清偿，故"被提起诉讼之日起"亦表示能以诉讼方式行使追索权。《电票办法》是为规范电子商业汇票流通而制定的部门规章，其合法性来源于票据法第一百零九条的授权，只能在管理性规范的范围内制定"具体实施办法"。若将《电票办法》第五条理解为仅能通过电子商业汇票系统办理追索业务，则与票据法的规定相抵触，更是限缩了持票人行使票据权利的方式。因此第五条中的"必须"可以理解为持票人通过电票系统发起追索应处于优先地位，但并不否认线下追索方式的效力。

（二）历史解释：追索行为的"要式性"辨析

票据行为是指承担票据责任的法律行为。借鉴国际上的通行做法，规定了出票、背书、承兑、保证、付款五种票据行为，因此在票据上进行的其他行为均不发生票据行为的效力。区别于票据行为，票据追索权系基于票据行为派生的权利，票据追索不以负担票据债务为意思表示，而是请求被追索人承担票据清偿责任的行为。在此意义上，追索权的行使不应归属票据法意义上的票据行为，故不应受到与票据行为同等严格的要式性约束。

持票人以线下追索方式行使追索权具备可行性。票据法第四条第二款规定，持票人行使票据权利，应当按照法定程序在票据上签章，并出示票据。就签章而言，在电票活动中，票据当事人使用的是电子签名。电子签名的作用在于表明票据追索人的真实身份。就出示票据而言，出示票据的作用在于证明持票人行权正当合法。持票人的线下追索，虽然脱离了电票系统不能实现数据记录、存储、传输、提取的自动化，无法现实地签章并出示票据原件，但实践中可以通过盖章的电票打印件将票据信息固定到纸质载体上，并通过电票系统查验等方式，满足行使追索权的要求。如果是线下诉讼追索方式，还可以在法庭现场操作电票系统，以诉讼对抗证明行权合法。因而只要持票人以其他代替签章和出示票据原件的方式证明其合法持票人身份，亦可通过线下追索方式行使追索权。

（三）目的解释：债权人利益保护的价值遵循

无救济即无权利。司法实践中有观点认为，持票人径行选择以诉讼方式行使追索权，会导致票据的系统状态与实际状态脱节，进而影响金融监管、增加经营风险、破坏市场秩序。但应考虑到票据追索权立法目的在于保护持票人获得清偿的权利，若仅以电票系统载明内容而不顾现实清偿情况来认定持票人的权利，则有本末倒置之嫌。尤其在因电票系统技术障碍而不能实现系统内自力救济的情形下，持票人非因归咎于自身原因无法以线下追索方式得到司法救济，则限制了票据权利人诉权，而票据义务人反而从其怠于履行法定义务的行为中获益，不仅引起票据权利义务人之间的利益失衡，也违背公正的价值取向。

确认线下追索亦能产生追索的效力，有利于结束票据债权人与债务人之间不稳定的票据关系，维护票据安全与信用，票据流通效率价值的减损也在线下诉讼中予以衡平。通过法院裁判确认的票据债务人，以主动清偿或被执行的方式支付了票据对价，均有相应职权机关出具的材料作为清偿依据，能有效解决实际持票人与电票系统显示持票人相冲突的情形；而通过裁判文书、执行文书认定的追偿情况、支付时间、清偿金额等相关事实，则可以弥补电票系统无法载明的实质拒付、线下交付等情况。法院判决后，亦能通过与票交所的对接，以司法审查的客观结论更改票据状态，保持线上线下统一，确保后续持票人及时主张其票据权利。因此，线上追索不可阻却线下追索，特别是在当事人线上自力救济不能时，不能机械适用法律而排除当事人线下公力救济途径。

三、电子商业汇票线下追索效力的审查路径

行权方式不应影响追索权的效力，在具备法定要件的前提下，电子商业汇票的持票人可依线下追索方式行使追索权。

（一）电子商业汇票线下追索的前置条件

电子商业汇票持票人进行线下追索，应具备行使追索权的实质要件、形式要件与期限要件。

第一，线下追索的实质要件。实质要件是指持票人依法能够进行追索的客观事实。线下追索和线上追索的实质要件相同，即持票人的付款请求权未能实现，如汇票到期被拒绝付款，汇票于到期日前被拒绝承兑等情形。

第二，线下追索的形式要件。形式要件是指持票人依法行使追索权所需事项和程序。其一是电票持票人在电票系统内提示付款。其二是按规定取得拒绝证明或其他法律规定的相关合法证明。后者常表现为电票系统中的“实质拒付”行为，即电票的债务人在法定期限内收到持票人的提示付款指令后未作应答，或者予以签收应答却并未付款，致使持票人在客观上已无法实现付款请求权，视为票据债务人拒绝付款。

第三，线下追索的期限要件。根据票据法的规定，持票人行使票据权利应在法定期限内。持票人对票据出票人和承兑人的权利，自票据到期日起二年；持票人对前手的追索权，自被拒绝承兑或者被拒绝付款之日起六个月；持票人对前手的再追索权，自清偿日或者被提起诉讼之日起三个月。

（二）电子商业汇票线下追索的类型化认定

第一，线下诉讼追索方式。（1）持票人仅具备实质要件。持票人在电票到期后被拒绝付款的，持票人以诉讼方式对票据债务人行使追索权，但未能举示电票系统中的票据信息、提示付款信息、票据现状等相关证据，无法证明在规定期限内提示付款或“实质拒付”等情况的，法院判决驳回持票人的诉讼请求。（2）持票人仅具备实质要件和形式要件。持票人在电票到期被拒绝付款后，以诉讼方式对票据债务人行使追索权，并举示电票系统中的票据信息、提示付款信息、票据现状等相关证据的，但因超过上述票据权利时效期限提起诉讼，则法院判决驳回持票人的诉讼请求，持票人可以依据票据法第十八条规定向出票人或者承兑人主张民事权利，维护其合法权益。(3) 持票人具备实质要件、形式要件和期限要件。若持票人满足上述三项要件的，法院判决支持持票人向票据债务人行使票据权利。

第二，线下发函追索方式。(1) 线上支付。电票持票人票据到期被拒绝付款的，持票人通过发函方式向票据债务人行使追索权，票据债务人应当依照诚实信用等票据法基本原则，按照上述核对票据情况是否符合电子票据追索的条件，作出相应回应。满足追索要件的，持票人和票据债务人应回归票据系统，票据债务人通过在电票系统中支付相应款项，同时开始再追索。(2) 线下支付。若票据债务人选择线下支付款项的，持票人和票据债务人后续应在票据系统中更新信息，便于票据债务人行使再追索权。(3) 不予支付。票据债务人收到函件后拒绝回应或者明确拒绝付款的，持票人则可以依法提起诉讼或是在线上发起追索。

值得注意的是，为避免打破汇票系统的电子化运行，持票人应当优先采取线上追索，因电票系统技术障碍无法追索时，再寻求线下追索。即便因客观原因进行线下发函追索最终也应回归到线上追索，线上追索不能的，再以线下诉讼追索寻求司法救济。

四、电子商业汇票线下追索效力问题之再审视

一般而言，电子票据持票人选择线下追索，是基于电票系统中的技术障碍而无法实现线上救济途径，[①] 或是票据债务人已通过某种形式明确不再支付票据款项，如本案中票据债务人对持票人的申请付款指令在系统中回复“拒绝签收”，票据状态为“提示付款已拒付（不可进行拒付追索）”。正因持票人的票据权利无法在电票系统中顺利实现，才不得不选择线下追索方式，若司法不予救济，则难以有效保障持票人的票据权利，造成票据债务人怠于或者滥用电票系统的可能性。同时，票据的相关管理机构应及时消除电票系统的设计漏洞和

① 冯文生、曹士成：《“提示付款待签收”的争点与判定》，载《人民司法》2023 年第 20 期。

追索障碍，进一步促进电票系统与票据实际流通现状接轨，全方位保护持票人的票据权利。

编写人：重庆市第一中级人民法院　景象　毕汇林

49

电子商业汇票再追索时票据权利客体是否会基于后手之间的债务减免行为产生限缩的法律认定

——建工公司诉旅游公司票据追索权案

【案件基本信息】

1. 裁判书字号

云南省昆明市中级人民法院（2023）云 01 民终 7415 号民事判决书

2. 案由：票据追索权纠纷

3. 当事人

原告（上诉人）：建工公司

被告（被上诉人）：旅游公司

【基本案情】

2020 年 12 月 9 日，旅游公司作为出票人和承兑人签发了电子商业承兑汇票一张，汇票金额为 103.33 万元，收款人为建工公司，汇票到期日为 2021 年 12 月 9 日，该汇票为可转让汇票且已经承兑人承兑，用于支付旅游公司欠付建工公司的工程款。此后建工公司将上述电子商业承兑汇票背书转让给案外人且该汇票经过多次背书流转，汇票到期日前，该汇票的最后持票人为环境公司。汇票到期后，环境公司提示付款遭到拒付，其遂于被拒付后 6 个月内即 2022 年 4 月 14 日向法院提起票据追索权诉讼，要求背书人建工公司清偿票据债务，该案经法院组织双方调解，环境公司与建工公司达成调解协议，建工公司于2022年7月31日前一次性支付环境公司案涉票据款人民币85万元，若建工公司按期履行支付义务则环境公司自愿放弃对其余票据款及利息、诉讼费的主张。上述调解协议达成且法院出具调解书后，建工公司于2022年7月15日向环境公司支付了调解书约定的票据款85万元。建工公司在向环境公司履行票据债务后，以出票人、承兑人旅游公司为被告提起本案票据再追索诉讼，要求旅游公司支付汇票金额103.33万元及相关利息。2023年6月25日，四川省成都市成都公证处出具（2023）川成证经字第23196号《公证书》证明环境公司到公证处现场提交《情况说明》并加盖公司印章，载明环境公司认可其与建工公司基于（2022）云0127民初1198号民事调解书确定的支付义务已履行完毕，双方基于票据追索产生的纠纷已全部解决。

【案件焦点】

电子商业汇票追索权诉讼中双方通过生效调解书确定的履行方式减免了部分票据债务，清偿了票据债务的主体另行向前行使再追索权时，是否会因之前的调解减免债务行为导致再追索时票据权利客体产生限缩从而无法全额主张票据金额。

【法院裁判要旨】

云南省嵩明县人民法院经审理认为，持票人行使追索权可以请求被追索人支付下列金额和费用：（1）被拒绝付款的汇票金额。（2）汇票金额自到期日或者提示付款日起至清偿日止，按照中国人民银行规定的利率计算的利息。（3）取得有关拒绝证明和发出通知书的费用。被追索人依照前条规定清偿后，可以向其他汇票债务人行使再追索权，行使再追索权时，可主张如下费用：（1）已清偿的全部金额；（2）前项金额自清偿日起至再追索清偿日止，按照中国人民银行规定的利率计算的利息；（3）发出通知书的费用。建工公司通过向汇票的持票人环境公司清偿85万元而取得向出票人和承兑人旅游公司的再追索权。虽然案涉汇票的金额为103.33万元，但因建工公司向后手环境公司实际清偿的金额仅为 85 万元，故建工公司向作为出票人、承兑人的旅游公司进行再追索时，仅能按照其实际清偿的金额 85 万元进行主张，最终判决旅游公司应向建工公司支付已清偿的票据款 85 万元。

建工公司不服一审判决，提起上诉，云南省昆明市中级人民法院经审理认为：案涉汇票到期后提示付款遭到拒付，环境公司向背书人建工公司提起追索权诉讼并形成嵩明县人民法院（2022）云 0127 民初 1198 号《民事调解书》，该案双方当事人对票据债务的承担金额作出协商一致的意思表示合法有效，并未违反法律法规禁止性规定，也未损害他人合法权益。建工公司在与环境公司达成调解后已按期支付环境公司 85 万元，环境公司亦认可双方之间的票据债务已经全部了结，建工公司有权向前手进行再追索。在案涉汇票到期并未获得承兑人的承兑，且整个票据债务链上债务人的债务负担并未解除的情况下，建工公司作为背书人虽然基于其后手追索权的行使承担了票据债务，其在依法享有再追索权的同时亦基于与前手旅游公司之间的基础法律关系即原因关系而享有合同项下的付款请求权，票据法关于追索权、再追索权的规定并不排斥持票人依据原因关系也即基础法律关系主张相关权利。虽然建工公司与环境公司在追索权纠纷中通过调解的方式确定了仅需支付 85 万元即视为环境公司追索权的实现，该清偿金额低于汇票票面金额，但该清偿行为带来的现实结果系建工公司在支付 85 万元后环境公司追索至建工公司环节这一区间的全部票据债务人的票据债务及以该汇票金额作为支付手段的原因债权得到实现。双方进行调解并以 85 万元金额作为清偿对价系追索权链条项下的直接相对方对自身权利的处置及让渡，双方以低于汇票票面金额实现权利的行为本身并不当然改变法律所规定的追索权权利客体性质，双方约定以 85 万元的金额实现持票人的追索权实质上是在清偿案涉汇票金额即 103.33 万元的债务，此行为并未损害他人利益且也并不导致建工公司在向其他票据债务人主张权利时权利客体本身存在金额上的变化，否则将导致建工公司基于原因债权而获取等额票据权利因此前的追索调解行为而带来减损，形成原因关系债权与票据权利转让及追索二者之间的矛盾。与此同时，因建工公司在清偿票据债务后取得案涉汇票，故其作为持票人即有权依法行使其票据权利，也有权在票据无法兑付时依法基于其与旅游公司之间的基础法律关系主张相应合同权利。在基础法律关系项下，旅游公司基于103.33万元的支付义务而作出向建工公司出具案涉票据的行为，因票据背书支付行为本身并不等同于货币资金的支付义务履行，且旅游公司亦未提交证据证明双方在出具票据时约定以该汇票作为清偿债务的方式并在出具汇票后双方之间的原因债权即基础法律关系项下的债权即告消灭，故建工公司在汇票未能兑付的情况下仍基于原因债权享有要求旅游公司支付103.33万元债务的权利。一审法院忽视了上诉人无论是以85万元或还是以其他金额清偿票据债务，究其实质仍是在清偿103.33万元的票据债务这一客观事实，简单以建工公司仅支付85万元的事实为由认定行使再追索权过程中“已清偿的全部金额”为85万元错误，在建工公司实际清偿票据债务的金额并未超过票面金额的情况下，遂改判：

旅游公司应支付建工公司已清偿票据款项103.33万元。

【法官后语】

电子商业汇票作为一种典型的流通工具，票据上的权利可以通过一定的方式予以转让，通过票据法及相关法律法规明确的要式性票据行为，持票人依法享有票据权利。与传统民商法上的一般债权只包含一次请求权不同，在票据法律法规的框架下，票据持票人就特定票据依法享有包括付款请求权、追索权、票据利益返款请求权等多重权利。与此同时，在票据流转的直接前后手之间并不存在流转票据即消灭合同之债的情况下，如票据未能获得承兑，票据持有人除了在享有票据权利的同时还存在基于原因关系债权而产生的请求权。在多重权利竞合的状态下，持票人实现权利时请求权基础的对应性、权利实现的途径及方式、不同权利主张及事实基础之间的关联协调等系列问题较为突出，在处理此类案件时应当结合不同行为之间的法律结果作出实质化的法律判断，以保障民事活动公平原则得以贯彻，避免权利义务的明显失衡。

追索权是在付款请求权不能实现，为弥补付款请求权之不足，保证持票人能够取得票据金额而设立的一项票据权利。追索权作为票据权利的一种，会在行使之后转移到被追索人，被追索人继续向他的被追索人行使，直到票据关系上的最后债务人偿还，整个票据关系消灭后追索权也就消灭。在因票据追索产生的纠纷中，通常涵盖追索权及再追索权行使问题，再追索权的权利基础又源于追索权的达成。追索权及再追索权的权利客体，则是指追索权人可以请求被追索人支付的汇票金额和有关费用，因此汇票金额是追索权行使的一个重要对象，也是构成追索权客体的重要内容，票据法第七十条规定了初始持票人行使追索权的范围包括被拒绝付款的汇票金额、汇票金额自到期日或者提示付款日起至清偿日止的利息、取得有关拒绝证明和发出通知书的费用共三项内容，从初始的追索权客体范围上看未支付的汇票金额便全额涵盖于追索权的权利主张体系之内。再追索权的客体，是指在再追索程序中追索权人向其前手行使再追索权，请求其清偿的金额，通常包括已清偿的追索金额、法定利息、再追索费用。票据追索是由持票人的最初追索及持票人的各位前手直到出票人为止的再追索构成的。而每经过一个追索过程，都将使追索金额不断扩大。因此，再追索金额虽然也是追索金额的一种，但通常情况下在数量上一般要比初次追索中的金额要大，即正常的事实状态之下再追索的金额应当是超过追索权行使的金额。但在司法实践中，可能存在追索行为实际清偿金额小于汇票金额的事实基础，即存在基于特定行为而导致再追索金额小于票据金额的表象特征，如本案中存在的持票人已基于追索权的行使与票据债务人在司法程序中以低于票据金额的偿债资金达成调解并且业已实际履行债务且返还票据，持票人在行使再追索的过程中按票据金额主张权利会遭到“已清偿的全部金额”争议抗辩的情况，在此情况下，不能简单以司法程序中查明的客观事实所呈现的实际清偿金额理所当然地认定为票据法第七十一条所规定的“已清偿的全部金额”，而应当结合再追索权的权利来源、再追索权客体所涵盖的范围、原因债权与票据债权竞合状态下的权利平衡等因素，从以下几方面综合考量并作出裁决：

一是要考虑在追索权行使过程中，持票人与票据债务人无论是通过司法调解程序还是自行和解意愿所达成的以低于票据金额的偿债方式清偿票据债务的行为是否为双方真实意思表示，以及双方是否已就追索权争议实际履行完毕且返还票据，如不存在违反真实意思表示且已实际履行完毕并返款票据的情况下，清偿了票据债务并取得票据的主体则当然享有再追索权，此前因调解或自行和解时以低于票据金额作为清偿对价的行为系追索权链条项下的直接相对方对自身权利的处置及让渡，以更低的金额实现持票人的追索权，实质上是持票人在综合考虑之下自愿认可等同于或是高于汇票金额的票据债务得到完全实现，双方以低于汇票票面金额实现权利的行为本身并不当然改变票据法所赋予的追索权权利客体这一权利本身，事实上双方认可的清偿行为本身已导致了“清偿全部票面金额”的法律效果，且该行为并未损害其他主体的合法利益。

二是要考虑再追索权权利来源的基础，从基于追索权行使已清偿了汇票债务的主体所享有的再追索权层面来看，当再追索权的权利来源于追索权且同时票据法第七十一条亦规定了再追索时可以向其他汇票债务人主张已清偿的全部金额及清偿的全部金额的利息等权利的情况下，该法第七十一条所规定的“已清偿的全部金额”从立法技术层面看本就包含该法第七十条关于追索权行使的整个范围，以调解或和解行为清偿追索权项下全部票据债务的法律效果当然地延伸到再追索权行使的范围之内。

三是要考虑在案涉汇票到期并未获得承兑人的承兑且整个票据债务链上债务人的债务负担并未解除的情况下，已经清偿了票据债务并实际取得再追索权的主体除依法享有票据权利还与其直接前手之间存在基础法律关系即原因关系享有合同项下的付款请求权，而其当初取得汇票也系前手基于基础法律关系所负担之义务而进行的票据支付流转。当汇票无法获得兑付时，整个票据债务链上所有的直接前后手之间的原因关系债权并未消灭，享有再追索权的持票人依法实现其票据权利所获利益应当与其原因关系状态下所获利益保持相对平衡及对等，持票人的权利实现问题如放在原因关系条线解决，其实际可获取的利益理应至少等同于票据金额等值权利，故在持票人依照票据法律规范层面主张权利时，不能仅仅以客观存在的低于票据金额的清偿事实认定为已清偿的全部金额，导致权利竞合状态下不同路径还存在不同结果，权利义务明显失衡的状态。

综上所述，在电子商业汇票到期被拒付的情况下，基于票据权利客体本身所承载的义务范畴，在票据再追索权行使时持票人请求权范围并不当然因之前的清偿行为事实表象而产生票据权利客体的限缩，仍应回归票据权利本身所承载的客体范围及属性进行权利义务的实质化判断，并在综合考量权利来源、原因债权与票据债权竞合状态下的权利平衡问题下依法裁决。

编写人：云南省昆明市中级人民法院　张彬

50

汇票被追索人行使再追索权的客体范围是否包含前案诉讼费用

——福建某某建设工程有限公司诉福州某房地产开发有限公司、福建省某某建设工程有限公司票据追索权案

【案件基本信息】

1. 裁判书字号

福建省福州市晋安区人民法院（2024）闽 0111 民初 1645 号民事判决书

2. 案由：票据追索权纠纷

3. 当事人

原告：福建某某建设工程有限公司

被告：福州某房地产开发有限公司、福建省某某建设工程有限公司

【基本案情】

2022 年 1 月 27 日，出票人福州某房地产开发有限公司向收款人福建省某某建设工程有限公司签发一张电子商业承兑汇票，票据金额为 300000 元，承兑人为福州某房地产开发有限公司，承兑信息为“出票人承诺：本汇票请予以承兑，到期无条件付款。承兑人承诺：本汇票已经承兑，到期无条件付款”，汇

票到期日为2022年10月27日，票据可转让。2022年1月28日，福建省某某建设工程有限公司将上述票据背书转让给福建翰某建筑工程劳务有限公司，福建翰某建筑工程劳务有限公司同日将上述票据转让给福建某某建设工程有限公司，福建某某建设工程有限公司同日将上述票据转让给福建平某建设工程有限公司。2022年1月30日，福建平某建设工程有限公司将上述票据转让给漳州达某贸易有限公司。后漳州达某贸易有限公司通过电子商业汇票系统就上述票据申请提示付款，但遭拒付，票据状态显示“拒付追索待清偿”。

2023年4月3日，漳州达某贸易有限公司将福建平某建设工程有限公司、福建某某建设工程有限公司、福建翰某建筑工程劳务有限公司、福建省某某建设工程有限公司、福州某房地产开发有限公司诉至福建省厦门市思明区人民法院。福建省厦门市思明区人民法院于2023年5月26日作出（2023）闽0203民初7224号民事判决书，根据该判决，福建平某建设工程有限公司、福建某某建设工程有限公司、福建翰某建筑工程劳务有限公司、福建省某某建设工程有限公司、福州某房地产开发有限公司应支付漳州达某贸易有限公司电子商业承兑汇票金额300000元及利息（以尚欠汇票金额为基数，自2022年10月27日起按照同期全国银行间同业拆借中心公布的一年期贷款市场报价利率计算至实际付款之日止），同时支付保全申请费2041元；案件受理费减半收取共计2938元，由漳州达某贸易有限公司负担29元，由福建平某建设工程有限公司、福建某某建设工程有限公司、福建翰某建筑工程劳务有限公司、福建省某某建设工程有限公司、福州某房地产开发有限公司共同负担2909元。

2023年6月28日，福建某某建设工程有限公司通过银行转账方式向漳州达某贸易有限公司支付1笔款项309131元（附言“莆田龙湖-付商票跳票款”），其中包括电子商业承兑汇票款300000元及利息7090元、（2023）闽0203民初7224号案件保全申请费2041元。2023年7月11日，福建某某建设工程有限公司向福建省厦门市思明区人民法院缴纳（2023）闽0203民初7224号案件受理费2909元。

2023年7月11日，漳州达某贸易有限公司向福建某某建设工程有限公司出具《返还票据权利证明书》，载明关于福建某某建设工程有限公司与漳州达某贸易有限公司票据纠纷，已经福建省厦门市思明区人民法院作出民事判决书、民事调解书共计 6 份［包含（2023）闽 0203 民初 7224 号民事判决书在内］，福建某某建设工程有限公司已依照民事判决书、民事调解书内容履行了全部款项支付义务，漳州达某贸易有限公司向福建某某建设工程有限公司返还 6 张商业承兑汇票（包含本案诉争票据在内）。2023 年 10 月 9 日，福建某某建设工程有限公司通过福建移动微法院平台提起本案诉讼，法院予以收件登记。另查，全国银行间同业拆借中心于 2023 年 6 月 20 日公布的一年期贷款市场报价利率（LPR）为 3.55%。

【案件焦点】

1. 福建某某建设工程有限公司在前案票据追索权纠纷之诉中所承担的案件受理费、保全申请费是否属于可再追索的范围；2. 福建某某建设工程有限公司享有的再追索权是否因超过权利行使期限而消灭。

【法院裁判要旨】

福建省福州市晋安区人民法院经审理认为：关于第一个争议焦点，首先，根据《中华人民共和国票据法》第七十一条第一款关于“被追索人依照前条规定清偿后，可以向其他汇票债务人行使再追索权，请求其他汇票债务人支付下列金额和费用：（一）已清偿的全部金额；（二）前项金额自清偿日起至再追索清偿日止，按照中国人民银行规定的利率计算的利息；（三）发出通知书的费用”的规定，案件受理费、保全申请费均属于诉讼费性质，不属于基于票据关系和上述法律规定可以行使再追索权的范围。其次，持票人提起前案票据追索权纠纷之诉，虽然一定程度上是因汇票到期承兑人拒付所致，但是被追索人在收到持票人追索通知后不及时履行清偿义务导致被诉，以及其在被起诉后仍不及时履行清偿义务导致败诉，才是其被判令承担前案诉讼费的直接原因，即其该部分费用支出系因其自身原因所致，并非票据追索过程中必然产生的支出，因此该部分支出应由被追索人自行承担。最后，若允许被追索人就前案诉讼费向其前手（包括出票人、承兑人）再追索而不用由其自行承担，则可能致使更多的票据债务人在被持票人追索时均不再积极主动履行清偿义务，进而必将影响票据交易效率和票据追索权制度的功能实现。综上，前案票据追索权纠纷之诉中的案件受理费、保全申请费均不属于可再追索的范围，被追索人行使再追索权时不能要求其前手支付上述费用。因此在本案中，福建某某建设工程有限公司仅可主张追索票据清偿款 307090 元及相应利息，关于前案案件受理费、保全申请费的追索主张，不予支持。

关于第二个争议焦点，根据《中华人民共和国票据法》第十七条第一款关于“票据权利在下列期限内不行使而消灭：（一）持票人对票据的出票人和承兑人的权利，自票据到期日起二年。见票即付的汇票、本票，自出票日起二年……（四）持票人对前手的再追索权，自清偿日或者被提起诉讼之日起三个月”以及《最高人民法院关于审理票据纠纷案件若干问题的规定》第十七条关于“票据法第十七条第一款第（三）、（四）项规定的持票人对前手的追索权，不包括对票据出票人的追索权”的规定，福建某某建设工程有限公司向前手福建省某某建设工程有限公司的再追索期限为自清偿之日起三个月内。福建某某建设工程有限公司于 2023 年 6 月 28 日向持票人漳州达某贸易有限公司支付汇票清偿款 307090 元，故其应自 2023 年 6 月 28 日起三个月内向福建省某某建设工程有限公司主张再追索，但其于 2023 年 10 月 9 日才提起本案诉讼，已超过该法定期限，因此其丧失对福建省某某建设工程有限公司的再追索权，故福建某某建设工程有限公司对福建省某某建设工程有限公司的诉讼请求，不予支持。福建某某建设工程有限公司庭审主张其于 2023 年 7 月 11 日缴纳前案的案件受理费，漳州达某贸易有限公司于同日向其出具《返还票据权利证明书》，应自 2023 年 7 月 11 日起算三个月的再追索期限，但如前所述，再追索权的行使范围不包括前案的案件受理费、保全申请费等诉讼费，且被追索人行使再追索权并不以取得票据权利返还证明为必要条件，故应以福建某某建设工程有限公司向漳州达某贸易有限公司支付汇票金额 300000 元及利息 7090 元之日，即 2023 年 6 月 28 日为清偿日，并自此起算其向福建省某某建设工程有限公司再追索的权利消灭时效，福建某某建设工程有限公司上述主张于法无据，不予支持。

福建某某建设工程有限公司应自票据到期日（2022年10月27日）起二年内向出票人福州某房地产开发有限公司主张再追索，否则票据权利消灭，现福建某某建设工程有限公司于2023年10月9日提起本案诉讼，未超过该法定期限，故其诉请福州某房地产开发有限公司支付的汇票清偿款307090元及利息（以307090元为基数，按年利率3.55%标准，自2023年7月12日起计至款项付清之日止），予以支持。

福建省福州市晋安区人民法院判决如下：

一、福州某房地产开发有限公司应于判决生效之日起十日内向福建某某建设工程有限公司支付票据清偿款307090元及利息（以307090元为基数，按年利率3.55%标准，自2023年7月12日起计至款项付清之日止）；

二、驳回福建某某建设工程有限公司的其他诉讼请求。

判决后，双方当事人均未上诉，本判决现已生效。

【法官后语】

汇票作为一种现代金融工具，在支付、信用、结算、融资等方面发挥着重要作用，是企业和个人在贸易活动中不可或缺的载体。通过汇票，市场主体可以实现资金的快速转移和清算，降低交易风险，提高资金的使用效率。同时，汇票作为一种具有法律效力的书面凭证，从签发、承兑、背书、付款到承兑人拒付后的追索程序等均受到票据法的规范，使得票据交易链上的各方在发生纠纷时能够依法维护自身合法权益。

从审判实践来看，因汇票拒付引发的票据追索权纠纷及其衍生的再追索权诉讼是最为常见的一类纠纷，这类案件的争议焦点往往又集中在追索的金额范围上。本案涉及的焦点问题是：行使再追索权的金额范围是否包含被追索人在前一追索权诉讼中承担的案件受理费、财产保全费等诉讼费用？对此，司法实务中尚未形成一致观点或统一裁判规则，各地法院至今仍存在截然不同的裁判结果，因此，从法理上对该分歧问题进行全面检视分析，从而探求合理统一的裁判尺度，具有现实必要性和典型性。

一、现状分析：现行法律规定与各地实践争议

（一）关于再追索权金额范围的立法现状与问题分析

现行法律中，仅有2004年修正的《中华人民共和国票据法》对再追索权行使的金额范围作出规定，该法第七十一条第一款规定："被追索人依照前条规定清偿后，可以向其他汇票债务人行使再追索权，请求其他汇票债务人支付下列金额和费用：（一）已清偿的全部金额；（二）前项金额自清偿日起至再追索清偿日止，按照中国人民银行规定的利率计算的利息；（三）发出通知书的费用。"除此之外，其他法律或司法解释未涉及对票据再追索权的细化规定。

票据法修订至今已逾近20年，随着金融和票据业务的飞速发展，其中部分规定存在滞后性和局限性自无可避免，上述仅有的关于再追索权金额的条款，第二项、第三项的费用较为明确，关键在于对第一项"已清偿的全部金额"作何解释的问题。被追索人在受到持票人追索时，若未进入诉讼程序，则涉及的清偿金额费用仅包括被拒绝付款的汇票金额、汇票金额自到期日或者提示付款日起至清偿日止的利息以及持票人取得有关拒绝证明和发出通知书的费用，项目清晰、争议不大。但是，一旦因被追索人拒绝承担还款责任致持票人提起诉讼，则可能还会产生相应的案件受理费、保全费、执行费等诉讼费用，被追索人在案件中承担的这类费用是否属于上述规定中"已清偿的全部金额"之列，因法律、司法解释或官方的法条释义未有正面详细的列举式规定，最高人民法院多年来也始终未以指导性案例或其他权威案例的方式作出过回应，各地法院至今依然存在完全不同的观点。

（二）司法实践中各地法院的不同裁判观点

1. 观点一：再追索金额应当包含前案诉讼费用。

持这一观点的法院认为，前案案件受理费等诉讼费用系行使再追索权必然产生的费用，再追索权人通过履行付款义务重新具有了持票人的地位，故其有权向其他前手追索前案的案件受理费等费用。

2. 观点二：再追索金额不应包含前案诉讼费用。

持这一观点的法院认为，前案的受理费不属于票据法第七十一条规定的追

索范围，再追索权人无权向其他前手追索受理费等。持票人被承兑人拒付的，背书人应依法向持票人承担票据责任、支付票据款本息。正是因背书人拒绝或迟延履行前述付款义务，持票人才提起追索权之诉，背书人败诉并因此支出案件受理费。有鉴于此，前案的发生及案件受理费支出均系背书人自身过错所致，根据责任自负原则，再追索权人无权向其他前手追索前案的案件受理费。

3. 观点三：再追索金额是否包含前案诉讼费用因再追索对象而异。

持这一观点的法院认为，应区分被追索人的再追索对象是普通前手还是出票人、承兑人，来确定是否能对诉讼费用进行再追索。具体而言，实现债权的费用本不属于票据法规定的追索权和再追索权的权利范围，案件受理费、保全费等诉讼费用属于败诉方承担的费用，但并非必须产生的费用。如果持票人发出追索通知后，被追索人清偿则不会产生诉讼费用。如果持票人发出追索通知被追索人拒绝清偿，通过诉讼追索则会产生诉讼费用。在此情况下，诉讼费用损失系被追索人拒绝履行法定义务导致的损失，倾向认为不能向前手再主张。但是，背书人负担的是担保付款义务，是第二顺位的债务人，被追索时承担的诉讼费用损失的根本原因是主债务人即承兑人或付款人未履行付款义务，故倾向认为诉讼费用损失可以向承兑人或付款人主张。

（三）本案的裁判观点

本案支持上述观点二，即无论何种情况下，再追索权人均无权依据票据法的规定，向前手或出票人、承兑人再追索前一追索权诉讼中承担的各类诉讼费用。一方面，承兑人不付款是纠纷产生的原因，但被追索人在持票人通知追索后不履行清偿义务导致被诉并败诉是承担诉讼费的直接原因，这是其自己决策导致的诉讼风险，并非承兑人不付款的行为直接或必然造成的损失，这和利息、拒绝证书费用等性质截然不同；另一方面，如果按照观点三作区别对待，即前案诉讼费用支出由出票人和承兑人承担，会产生一个极不好的导向，被追索人都选择直接向出票人再追索，不会向其他前手追索，影响再追索制度的功能，同时也会让更多的票据债务人在被持票人追索时都不积极履行付款义务，这会在很大程度上影响追索权制度的功能实现和交易效率。

二、法理证成：从法律解释方法论角度论证再追索权金额范围不包含前案诉讼费用

（一）文义解释：诉讼费用并非“清偿”的应有之义

文义解释是法律解释最常用也首先要运用的解释方法，文义解释要求根据法律条文的字面含义进行解释，要求解释者按照法律条文所使用的词汇、语法和逻辑结构，直接理解其含义。“已清偿的全部金额”是指被追索人为满足其后手（包括持票人或者其他追索权人）的追索权而支付的全部金额，其关键在于“清偿”二字。而此处法律意义上的“清偿”，应指债务人向债权人履行票据债务的行为，亦即被追索人向持票人偿还支付相关费用的行为。而案件受理费、保全费、执行费等这类诉讼费用，是指当事人在进行民事、经济、海事和行政诉讼时，依照法律规定需要向人民法院交纳的费用，它旨在减少国家不必要的开支、防止民事主体滥诉、维护国家主权和经济利益，同时，它也为诉讼活动的正常进行提供了保障。因此，从性质上看，诉讼费用显然与债务人向债权人清偿的债务有明显区别，从字面含义上看就不能界定为“清偿”的范围，故从文义解释角度看，前案的受理费、保全费、执行费不应属于再追索范围，而迟延履行金，系经民事判决承担责任的义务人不履行生效判决义务所产生的惩罚性赔偿责任，更无法纳入再追索范围。

（二）体系解释：从关联条文理解“清偿”的客体范围

体系解释是一种重要的法律解释方法，它通过将法律条文置于整个法律体系中进行分析和解释，有助于我们更全面地理解法律条文的含义和立法意图，实现法律体系的整体目标和价值。体系解释强调将需要解释的法律条文与其他法律条文相联系，从该法律条文与其他法律条文的关系、该法律条文在所属法律文件中的地位等方面入手，进行系统的分析。票据法第七十条对汇票的追索权进行了规定：“持票人行使追索权，可以请求被追索人支付下列金额和费用：（一）被拒绝付款的汇票金额；（二）汇票金额自到期日或者提示付款日起至清偿日止，按照中国人民银行规定的利率计算的利息；（三）取得有关拒绝证明和发出通知书的费用。被追索人清偿债务时，持票人应当交出汇票和有关拒绝

证明，并出具所收到利息和费用的收据。”由此可见，票据法中规定被追索人“清偿”的债务正是该条第一款中规定的三类金额，明确不包含其他费用。故从这一关联法条也能推定出，票据法对被追索人“清偿”的债务性质和金额费用构成有着清晰的定位，并不包括案件受理费等诉讼费用。

（三）目的解释：诉讼费用纳入再追索权范围不符合票据权利的立法精神

目的解释是指按照立法精神，根据具体案件，从逻辑上进行的解释。它强调从现阶段社会发展的需要出发，以合理的目的为基准，对法律条文进行解释。在司法实践中，目的解释具有广泛的应用价值，可以用于指导法律适用和裁判活动，确保法律适用的正确性和公正性。再追索权，又称为“代位追索权”，是票据法律体系中一项重要的权利。而诉讼费用是当事人启动诉讼程序依法应当向人民法院交纳的费用，该费用并非票据金额，亦非该案生效判决中当事人主张的票据款项，因此它不受票据法律关系调整，不是一种真正的票据权利，自然也就不属于再追索权的客体范围。此外，如果将诉讼费用纳入再追索范畴，在票据经过多次追索的情况下，票据链上靠前的背书人可能承担多次追索所叠加产生的案件受理费等各项费用，对其极不公平，从这个角度看，也不符合票据法的立法目的。

三、前案诉讼费用损失的定性及追偿问题

虽然前案诉讼费用不属于票据法上的权利，再追索权人不能依据票据法的规定，向前手或出票人、承兑人追索。但从前一追索权诉讼本身来看，再追索权人在其中也仅是被追索人之一，是承担连带清偿责任的债务人之一，生效判决也确定案件受理费由各被告共同负担，那么本案中，负担了全部案件受理费、保全费的再追索权人难道就无从弥补这部分损失了吗？他的追偿依据何在？

笔者认为，从前一追索权诉讼生效判决来看，各被告承担的是连带清偿责任，而根据《最高人民法院关于适用〈中华人民共和国民事诉讼法〉的解释》第二百零三条规定：“承担连带责任的当事人败诉的，应当共同负担诉讼费用。”由此，本案诉讼费用的支出也是各被告共同承担的连带责任的内容之一。《中华人民共和国民法典》第五百一十九条规定：“连带债务人之间的份额难以确定的，视为份额相同。实际承担债务超过自己份额的连带债务人，有权就超出部分在其他连带债务人未履行的份额范围内向其追偿……”因此，由于前案中各被追索人的连带责任份额无法确定，依法视为份额相同，即对于五名被追索人之一且履行了判决确定的全部民事责任的福建某某建设工程有限公司来说，其应承担的诉讼费用支出也仅限于五分之一，对于超出的部分，有权向其他四名被告追偿。

但是，应当注意，此种情况下，福建某某建设工程有限公司行使追偿权的请求权基础不是票据法赋予它的票据权利，而是因各被追索人对诉讼费用具有的连带责任，而引发的普通民法上的追偿权。因此，鉴于该追偿权与再追索权系两种完全不同的法律关系，案由也完全不同，应另案起诉，不宜在本案中作出处理。

编写人：福建省福州市晋安区人民法院　雷晓琴　林楠　郑丹敏

51

“间接交易关系”作为票据法上原因之债的证明和审查

——甲公司诉乙公司等票据追索权案

【案件基本信息】

1. 裁判书字号

上海市静安区人民法院（2022）沪0106民初1985号民事判决书

2. 案由：票据追索权纠纷

3. 当事人

原告：甲公司

被告：乙公司、丙公司、丁公司、戊公司

第三人：周某某

【基本案情】

2021 年 6 月 14 日，甲公司与乙公司签订《石材购销合同》约定，由甲公司向乙公司销售芝麻白石材，合同价款 1282500 元，付款方式为对公账户（商业承兑汇票）；乙公司应提前通知甲公司供货时间及具体数量。

2021 年 6 月 15 日，甲公司因交易从乙公司背书转让取得一张电子商业承兑汇票，出票人及承兑人为丙公司，票面金额为 600000 元。票据背书依次为丙公司→……→乙公司→甲公司。丁公司、戊公司均为背书人。2021 年 6 月 8 日，甲公司与周某某签订协议书，称因付款需要，周某某向甲公司交付涉案汇票，并承诺涉案汇票到期后，若出票人不能兑付商业承兑金额，周某某愿意全额付款。

《石材购销合同》签订后，甲公司未向乙公司供货。2021 年 11 月 25 日，乙公司法定代表人陈某某与甲公司法定代表人赵某某通过微信联系，称因《石材购销合同》项下没有发生业务，乙公司现要求解除合同，请甲公司退款（商票）。汇票到期后，甲公司于 2021 年 11 月 30 日提示付款被拒绝签收，备注为支取后小于该账户最小保留余额。

2021 年 12 月 7 日，丙公司作为乙公司唯一股东，作出如下决定：

一、……委派陈某某为公司执行董事；二、免去陈某某监事职务，委派陈某为乙公司公司监事……之前陈某未在乙公司任职。甲公司提供的微信聊天记录显示，陈某对涉案票据背书转让以归还其对周某某的欠款知情，也对涉案票据背书转让后手为“甲公司”知情。陈某某与陈某为姑侄关系，姑姑陈某某系乙公司法定代表人。

审理中，乙公司申请证人陈某出庭作证。证人证言：2021 年 6 月，为扬州项目所需，陈某某让其帮忙寻找可以收商业承兑汇票的花岗岩、白麻供应商，其找到周某某帮忙寻找，最后周某某找到甲公司；双方签订《石材购销合同》，乙公司向甲公司背书转让涉案汇票；其与周某某长期存在个人商业合作，所以其确实欠周某某货款，但是涉案汇票背书转让给甲公司的起因是帮乙公司寻找货源。其与乙公司、陈某某及甲公司没有交易关系。

诉辩争议焦点在于，被告乙公司作为票据前手以甲公司未履行《石材购销合同》供货义务为由抗辩其不享有票据权利，而甲公司认为陈某和周某某及周某某和甲公司两两之间的既存债权债务关系，与乙公司形成间接交易关系，其由此获得票据权利。

【案件焦点】

甲公司取得涉案票据是否存在合法原因之债。

【法院裁判要旨】

上海市静安区人民法院经审理认为：乙公司作为甲公司的直接交易前手，向甲公司提出基础交易关系抗辩，本院应当合并审查基础交易关系及票据关系。

首先，关于乙公司抗辩是否成立。本案中，《石材购销合同》签订后，乙公司向甲公司背书转让涉案票据以支付部分货款，甲公司实际却未向乙公司供货，没有履行《石材购销合同》约定的义务，故乙公司关于甲公司不履行该合同基础交易关系项下的义务而拒绝履行票据义务的抗辩成立，甲公司无法通过该基础交易关系享有票据权利。甲公司认为《石材购销合同》是为票据背书行为而专门制作，不是双方真实意思表示，实际也没有生效，合同对双方没有拘束力，故甲公司没有、将来也不会向乙公司供货。若甲公司所述属实，甲公司与乙公司之间不存在《石材购销合同》项下债权债务关系，该基础交易关系也就无法成为涉案票据原因之债而使甲公司获得合法票据权利。

其次，关于甲公司主张是否符合票据取得的合法原因。甲公司主张本案基础交易关系其为通过与周某某、周某某与陈某之间的债权债务关系与乙公司建立起的间接交易关系。本院认为，该“间接交易关系”项下，即使甲公司提供的微信聊天记录、通话记录等证据能够证明甲公司与周某某、周某某与陈某之间存在债权债务关系，并且陈某知晓并认可该间接交易关系与涉案票据背书行为具有关联性，也不足以证明乙公司或其法定代表人陈某某对此知情；陈某、陈某某、乙公司均否认三者之间存在任何授权事宜或交易关系，甲公司亦无法证明陈某与乙公司及陈某某之间是否存在或存在何种法律关系或商业安排，能够导致乙公司需要或自愿承担陈某对外所负债务。甲公司认为，“陈某以票据偿付对周某某的欠款，周某某以票据偿付对甲公司的欠款”，甲公司已经支付了取得票据的对价。但是，乙公司不知该“间接交易关系”，并对甲公司取得票据给付的对价持有异议。同时，陈某与乙公司及陈某某之间缺少交易关系及债权债务关系，甲公司所主张的“间接交易关系”止于陈某，无法延伸至票据前手乙公司，其所主张的“间接交易关系”不能成立。因此，根据在案证据及甲公司陈述，甲公司取得票据并非基于前后手直接交易和债权债务关系，也非基于继承、赠与等可以依法无偿取得票据的情形，其主张的前后手“间接交易关系”亦难成立，故甲公司主张的“间接交易关系”不能成为涉案票据背书行为的法律原因。

需说明的是，乙公司抗辩事由成立，仅导致甲公司无法取得票据权利，甲公司仍可基于基础交易关系另案主张权利。

甲公司取得票据缺乏合法获得票据权利的原因之债，构成《中华人民共和国票据法》第十二条第二款规定的“因重大过失取得不符合本法规定的票据”情形，持票人不得享有票据权利。甲公司的诉请无事实及法律依据，不予支持。

上海市静安区人民法院根据《中华人民共和国票据法》第十条、第十二条第二款、第十三条，《最高人民法院关于审理票据纠纷案件若干问题的规定》第十四条第一项以及《中华人民共和国民事诉讼法》第一百四十七条之规定，判决如下：

甲公司的诉讼请求不予支持。

判决后，双方当事人均未上诉，本判决现已生效。

【法官后语】

票据法为促进票据流通一贯奉行无因性原则，但同时为保护交易安全，赋予票据前手基础原因抗辩权。对此，人民法院遵循善意标准合并审查票据关系和基础交易关系，从而认定持票人能否合法取得票据权利。

通过本案审理，笔者认为，票据前后手通过未记载于票据之上的隐名第三方构建起连续的、既存的、间接的交易关系可以成为票据法上的原因之债。从法理角度而言，“间接交易”三角关系形同债权人代位权三角关系，持票人向人民法院请求行使票据付款请求权或追索权与债权人代位权行使方式如出一辙；从金融工具角度而言，商事主体借助隐名票据支付的方式完成自身债权、债务的冲抵并不少见，允许并保护“间接交易关系引起的票据转让行为”，有利于一揽子高效处理三角债僵局，充分发挥票据具有的支付结算及融资功能，符合商事主体利益需要，亦有利于金融市场健康发展。

“间接交易关系”原因之债的审查应当注重：(1) 事实要件——“间接交易关系”应当同时具备既存性、间接性和连续性，且各方意思无表示瑕疵情形。本案中，持票人主张的基础交易关系是在票据背书前产生，且票据前手与持票人无直接法律关系，该交易关系具有既存性和间接性，但案外人与票据前手之前没有交易关系，该基础交易无法延伸至票据前手，不具有连续性。(2) 法律要件——“间接交易关系”符合债权人代位权法律成立要件，如隐名第三方对票据前手享有权利，且未清偿到期债务等。对于不符合代位权成立要件的三角债或有两个及以上隐名第三方的连环债，若持票人和票据前手与各方已达成“票据清偿协议”的，各方达成的“票据清偿协议”与协议项下符合上述事实要件的“间接交易关系”共同构成持票人取得票据权利的法律原因。(3) 对价要件——持票人为取得票据支付对价，持票人和隐名第三方明确作出免除债务意思表示，视为已支付对价。比如本案中，持票人与周某某均在票据背书前和诉讼中表示：票据背书后，欠付货款结清。

审查过程应遵循善意标准，原则上，持票人提供的基础交易合同或“票据清偿协议”等证据符合上述要件的，应当推定其出于善意；票据前手进行反驳抗辩的，应当对各方通谋虚构交易关系、另有其他交易关系未给付对价、明知票据债务人之间存在抗辩事由或是以欺诈、偷盗或者胁迫等手段取得票据情形承担举证证明责任。票据前手抗辩成立符合票据法第十条、第十二条、第十三条之规定的，持票人不得享有票据权利。例如，本案中，票据前手提供证据证明双方之间另有《石材购销合同》而持票人未履行供货义务。

经上述审查，若票据关系被驳回，鉴于持票人免除债务意思表示未生效，或各方“票据清偿协议”的目的不能实现，旧债，即原因之债“苏醒”，持票人及隐名第三方得以依据原基础合同另案起诉。若票据关系被支持，但最终无法实际获偿时，由于在间接交易关系中，允许旧债“苏醒”既违反票据对价原则，也将使票据前手清偿债务后陷入前不能“追索”（因票据债务人无法提供向持票人支付款项的凭证），后不能“返还”（生效判决已支持持票人行权）的尴尬境地，故持票人及隐名第三方不能再依据基础交易关系主张权利。

编写人：上海市静安区人民法院 鲍陶然 何莹婷

52

票据具有独立性，现有证据无法证明票据前手的负责人涉嫌犯罪行为与案涉票据行为系同一事实的，人民法院应当对该案予以受理

——劳务公司诉旅游公司等票据追索权案

【案件基本信息】

1. 裁判书字号

成渝金融法院（2023）渝 87 民终 1183 号民事裁定书

2. 案由：票据追索权纠纷

3. 当事人

原告（上诉人）：劳务公司

被告（被上诉人）：旅游公司、建工公司、地基公司

【基本案情】

2021 年 8 月 3 日，旅游公司作为出票人及承兑人向收票人建工公司出具电子商业承兑汇票一张，票据金额为 50 万元，汇票到期日为 2022 年 8 月 2 日，

票据可转让。2021年8月8日，建工公司将该汇票背书转让给地基公司，2021年9月22日，地基公司将该汇票背书转让给工程公司，该汇票后经多手背书转让至劳务公司。劳务公司向四川省眉山市彭山区人民法院起诉请求：(1) 判令旅游公司、建工公司、地基公司连带给付票据金额50万元；(2) 判令旅游公司、建工公司、地基公司支付利息，以50万元为基数，按照同期全国银行间同业拆借中心公布的一年期贷款市场报价利率，从2022年8月2日起计算至债务清偿之日止；(3) 诉讼费用依法负担。

【案件焦点】

票据前手的负责人涉嫌犯罪行为，人民法院是否应当对票据追索权案件予以受理。

【法院裁判要旨】

四川省眉山市彭山区人民法院经审理认为：2021年8月3日，旅游公司作为出票人及承兑人向收票人建工公司出具电子商业承兑汇票一张，票据金额为50万元，汇票到期日为2022年8月2日，票据可转让。2021年8月8日，建工公司将该汇票背书转让给地基公司，2021年9月22日，地基公司将该汇票背书给工程公司，该汇票后经多手背书转让至湘建市建某公司。工程公司作为案涉票据的背书人之一，而法院已受理多起工程公司相关的票据“贴现”案件，涉及金额较大，因贴现属于特许经营业务，工程公司未提供证据证明其具备贴现特许经营资质，工程公司的法定代表人于2022年4月15日被公安机关立案侦查，工程公司的行为已涉嫌经济犯罪，其涉嫌的犯罪事实与本案案件事实存在竞合。根据《最高人民法院关于在审理经济纠纷案件中涉及经济犯罪嫌疑若干问题的规定》第十一条“人民法院作为经济纠纷受理的案件，经审理认为不属经济纠纷案件而有经济犯罪嫌疑的，应当裁定驳回起诉，将有关材料移送公安机关或检察机关”之规定，本案应裁定驳回起诉，将有关材料移送公安机关处理。如案涉纠纷，相关机关认为不构成刑事犯罪，当事人可以另行起诉。综上，依照《最高人民法院关于在审理经济纠纷案件中涉及经济犯罪嫌疑若干问题的规定》第十一条，《中华人民共和国民事诉讼法》第一百二十二条第四项、第一百五十七条第一款第三项，《最高人民法院关于适用〈中华人民共和国民事诉讼法〉的解释》第二百零八条第三款之规定，裁定：

驳回劳务公司的起诉。

劳务公司不服一审裁定，向成渝金融法院提起上诉。成渝金融法院审理后认为：案外人工程公司的法定代表人刘某某因合同诈骗被公安机关立案侦查，本案案涉票据的前手是工程公司而非其法定代表人，在无其他证据辅证的情况下，不能推定公安机关对刘某某立案侦查的事实与案涉票据具有关联性。另外，因票据行为具有独立性和无因性特征，在后票据转让行为的效力独立于在先转让票据行为的效力。一审法院认为本案具有经济犯罪嫌疑裁定驳回起诉不当，予以纠正。

依照《中华人民共和国民事诉讼法》第一百七十八条、《最高人民法院关于适用〈中华人民共和国民事诉讼法〉的解释》第三百三十条规定，裁定如下：

一、撤销四川省眉山市彭山区人民法院（2023）川 1403 民初 1142 号民事裁定；

二、本案指令四川省眉山市彭山区人民法院审理。

【法官后语】

刑民交叉是指在一个案件中，案件性质或案件事实既涉及刑事法律关系，又涉及民事法律关系，相互间存在交叉、牵连、影响的案件。在刑民交叉案件中，往往涉及民事案件是否受理的问题，即出现民事诉讼法规定的“本案必须以另一案的审理结果为依据，而另一案尚未审结的”情形。实行“先刑后民”的实质条件是符合《中华人民共和国民事诉讼法》第一百五十三条第一款第五项规定，即“本案必须以另一案的审理结果为依据，而另一案尚未审结的。”故人民法院在确定是否适用“先刑后民”原则时，须以刑事案件审理结果为依据，才能采取“先刑后民”的做法，即“同一事实”作为判断“本案是否必须以另一案的审理结果为依据”，为是否适用“先刑后民”的标准。票据行为具有独立性，不受原因关系的影响。持票人行使票据权利时不负证明给付原因的责任。持票人只要能够证明票据的真实性背书的连续性即可以对票据债务人行使票据权利。因票据行为具有独立性和无因性特征，故本案在后票据转让行为的效力独立于在先转让票据行为的效力。现有证据无法证明票据前手的负责人涉嫌犯罪行为与案涉票据行为系同一事实的，人民法院应当对该案予以受理。

一、“先刑后民”的适用前提

适用“先刑后民”的情形，是指票据纠纷民事案件中主要的事实涉及刑事犯罪，票据纠纷案件的审理须以刑事案件的最终处理结果为依据。“先刑后民”作为我国刑民交叉案件中民事审判的一个原则，其目的基于刑事案件的认定与处理可能会对民事案件的认定与处理产生影响，避免民事判决的不确定性以及国家审判资源的浪费。审理民事纠纷案件中发现涉嫌经济犯罪时民商事纠纷案件继续审理的标准是什么，现行法律未有具体的规定，但相关司法解释中有原则性的规定。实行“先刑后民”的实质条件是：符合《中华人民共和国民事诉讼法》第一百五十三条第一款第五项规定，即“本案必须以另一案的审理结果为依据，而另一案尚未审结的。”故人民法院在确定是否适用“先刑后民”原则时，必须在以刑事案件审理结果为依据的前提下，才能采取“先刑后民”的做法。一言以蔽之，将“同一事实”作为判断“本案是否必须以另一案的审理结果为依据”，也即是否适用“先刑后民”的标准。

同一事实同时符合刑事和民事法律的规定，或者说刑法与民法均对同一事实进行调整，才产生交叉、竞合问题。根据《最高人民法院关于审理票据纠纷案件若干问题的规定》第七十三条规定：人民法院在审理票据纠纷案件时，发现与本案有牵连但不属同一法律关系的票据欺诈犯罪嫌疑线索的，应当及时将犯罪嫌疑线索提供给有关公安机关，但票据纠纷案件不应因此而中止审理。本案中，案外人工程公司的法定代表人刘某某因合同诈骗被公安机关立案侦查，案涉票据的前手是工程公司而非其法定代表人，在无其他证据辅证的情况下，不能推定公安机关对刘某某立案侦查的事实与案涉票据具有关联性。且现有证据无法证明上诉人以违法手段取得票据，上诉人与原审各被告之间发生的是票据纠纷，属于民事法律关系，即本案不符合“同一事实”之构成要件，上诉人系合法持票人，故本案不适用“先刑后民”原则予以驳回起诉。

二、票据行为具有独立性

票据的签发、取得和转让是否应当有真实的交易关系和债权债务基础，这是票据的无因性问题。票据无因性是指票据一旦签发，其所产生的票据关系（出票关系、背书关系、承兑关系、保证关系和付款关系）即独立于其赖以产生的基础关系（原因关系、预约关系和资金关系等），即票据关系与基础关系相互分离。票据行为的独立性是票据行为无因性的延伸。票据行为具有独立性，即在已经具备基本形式的同一票据上若有数个票据行为，每一行为各依其在票据上所载的文义分别独立发生效力，某一行为无效，不影响其他行为的效力，即为票据行为的独立原则。持票人行使票据权利时不负证明给付原因的责任。持票人只要能够证明票据的真实性和背书的连续性，即可以对票据债务人行使票据权利。

但应予注意的是，票据无因性的宗旨在于促进票据流通，保护善意第三人而非非法持票人，因此，票据法规定了无因性的例外情形，其中之一为持票人取得票据的手段不合法，不得取得票据权利。在司法实务中，尤其是在票据贴现时，如何认定贴现人是否因恶意或者重大过失取得票据，往往存在争议。票据法及其司法解释均未对票据法第十二条规定的恶意和重大过失进行明确界定。案件审理中应结合法理和相关业务规则，区分票据的种类和功能进行认定。既要避免绝对无因性倾向，避免以票据无因性为由一概不审查持票人是否以合法手段取得票据；也要防止无视票据无因性倾向而混淆票据法律关系和票据基础法律关系。具体到本案，因票据行为具有独立性和无因性特征，在后票据转让行为的效力独立于在先转让票据行为的效力，票据关系与产生该关系的基础关系二者彼此分离，相互独立。本案中，案外人工程公司并非持票人的直接前手，即其与劳务公司并无直接债权债务关系。综上，人民法院应当对该案予以受理。

编写人：成渝金融法院　张丽媚

53

票据追索对象为一人公司时人格否认的扩张与限制

——商贸公司诉某路桥公司等票据案

【案件基本信息】

1. 裁判书字号

福建省厦门市思明区人民法院（2023）闽 0203 民初 2622 号民事判决书

2. 案由：票据纠纷

3. 当事人

原告：商贸公司

被告：贵州某投资公司、某路桥公司、安徽某工程公司、贵州某劳务公司、厦门某贸易公司、贵州某投资集团公司、某集团公司。

【基本案情】

2022 年 1 月 30 日，贵州某投资公司作为出票人出具电子商业承兑汇票，票据金额为 100000 元，出票日期为 2022 年 1 月 30 日，汇票到期日为 2023 年 1 月 29 日，承兑人为贵州某投资公司，收票人为某路桥公司，性质为可转让，承兑信息为“出票人承诺：本汇票予以承兑，到期无条件付款；承兑人承兑：本汇票已经承兑，到期无条件付款；承兑日期为 2022 年 1 月 30 日”。2022 年 11 月 25 日，某路桥公司将案涉票据背书转让给安徽某工程公司。后案涉票据经多手背书，于 2022 年 12 月 1 日、2022 年 12 月 7 日、2022 年 12 月 9 日、2023 年 1 月 16 日依次转让给贵州某劳务公司、深圳某实业公司、厦门某贸易公司、商贸公司。商贸公司于 2023 年 1 月 29 日在电子商业汇票系统对案涉票据发起提示付款，但遭拒付。拒付日期为 2023 年 2 月 1 日，拒付理由为商业承兑汇票承兑人账户余额不足。2023 年 2 月 22 日在电子商业汇票系统查询到的案涉票据状态为“提示付款已拒付（可拒付追索，可以追所有人）”。另，某路桥公司为法人独资有限责任公司，其股东为某集团公司。贵州某投资公司为非自然人投资或控股的法人独资有限责任公司，其股东为贵州某投资集团公司。

【案件焦点】

持票人不获承兑及付款时，可以对出票人、背书人、承兑人和保证人等汇票债务人行使追索权，在被追索票据前手为一人公司时票据追索权能否扩张至该前手股东。

【法院裁判要旨】

福建省厦门市思明区人民法院经审理认为：商贸公司提交的《电子商业承兑汇票》《设备采购合同》《物流运输合同》《证明》、增值税专用发票、银行电子回单等形成完整证据链证明其为讼争票据的合法持票人。讼争电子商业承兑汇票到期日为 2023 年 1 月 29 日，商贸公司在合法取得票据后，依规定提示付款被拒付。根据票据法第六十一条第一款规定，汇票到期被拒绝付款的，持票人可以对背书人、出票人以及汇票的其他债务人行使追索权。第六十八条第二款规定，持票人可以不按照汇票债务人的先后顺序，对其中任何一人、数人或者全体行使追索权。现商贸公司向贵州某投资公司、某路桥公司、安徽某工程公司、贵州某劳务公司和厦门某贸易公司主张票据权利，依法有据，本院予以支持。关于贵州某投资集团公司、某集团公司应否承担连带责任的问题。根据公司法第六十三条规定，一人有限责任公司的股东不能证明公司财产独立于股东自己的财产的，应当对公司债务承担连带责任。本案中，贵州某投资公司为贵州某投资集团公司独资的一人有限责任公司，某路桥公司为某集团公司独资的一人有限责任公司，贵州某投资集团公司未举证证明其财产独立于贵州某投资公司，某集团公司未举证证明其财产独立于某路桥公司，故商贸公司要求贵州某投资集团公司、某集团公司承担连带责任的诉讼请求，本院予以支持。

福建省厦门市思明区人民法院判决如下：

一、贵州某投资公司、某路桥公司、安徽某工程公司、贵州某劳务公司、厦门某贸易公司应于本判决生效之日起十日内支付商贸公司电子商业承兑汇票金额100000元及利息（以100000元为基数，自2023年1月29日起按照全国银行间同业拆借中心公布的1年期贷款市场报价利率计算至实际清偿之日止）；

二、贵州某投资集团公司对贵州某投资公司的上述第一项债务承担连带清偿责任；

三、某集团公司对某路桥公司的上述第一项债务承担连带清偿责任。

判决后，双方当事人均未上诉，本判决现已生效。

【法官后语】

一、票据法上的追索权行使对象

追索权是票据法上的票据权利，追索是票据特有的制度。票据法第四条第四款规定："本法所称票据权利，是指持票人向票据债务人请求支付票据金额的权利，包括付款请求权和追索权。"也即，票据权利上包含两次请求权，不同于民法上的一般债权只包含一次请求。付款请求权，是指持票人请求主债务人向自己履行付款义务的权利，为票据权利中的第一次请求权，行使的对象包括汇票中付款人、票据交换所、担当付款人、承兑人、参加人及其保证人，本票中的发票人及其保证人支票中的付款人和票据交换所等。而追索权是指持票人在经过提示而未获承兑或未获付款时，或者因其他法定原因而无法行使票据兑付请求权时，依法向其前手请求偿还票据金额、利息及费用的一种票据上的权利[①]。追索权是票据权利中的第二次请求权，其行使存在顺序要求，必须先行使付款请求权，再行使追索权，正因此，学者将其称为"第二次权利"或"偿还请求权"[②]。根据票据法第六十一条、第六十八条之规定，追索权行使的对象包括各种票据的出票人和背书人，汇票和支票的保证人，汇票的承兑人、参加承兑人及其保证人。票据权利具有的双重请求权性质，旨在以付款请求权

① 董安生主编：《票据法》（第三版），中国人民大学出版社2009年版，第197页。

② 谢怀栻、程啸：《票据法概论》，法律出版社2017年版，第171页。

保障票据流通正常进程的进行和以追索权保障票据流通结束后票据不能实现付款请求权时的利益损失。从而实现保障持票人的权利，增强票据的安全性、信用性，促进票据在社会中的应用，通过票据流通，充分发挥票据作为金融工具和商品交易工具的经济功能。

二、司法实践中票据追索权行使对象的扩张

以“票据追索权、一人公司”为关键词，通过搜索裁判文书网，随机选取全国各地100个涉一人公司的票据追索权纠纷裁判文书作为研究样本。据此统计各地法院是否支持一人公司股东对于案涉票据债务承担连带责任，得出如下结论：一审审结86件，其中支持股东承担连带责任57件，驳回29件，支持占比66.28%；二审审结14件，其中支持股东承担连带责任11件，驳回3件，支持占比78.57%。一、二审共计支持股东承担连带责任68件，占比68%。综观一、二审共计32件的驳回理由，其中有6件是以作为一人公司票据前手的股东并非票据当事人，与案涉票据纠纷不属于同一法律关系为由，其余26件则以根据公司法第六十三条的规定，认定一人有限责任公司财产与其股东财产相互独立为由判决驳回股东承担连带责任的诉求。由此可见，各地法院对于一人公司股东作为非票据当事人能否在票据纠纷中一并审理以及股东责任的司法认定标准等问题存在不同认识、裁判尺度。据上述统计可知，将票据追索权纠纷与一人公司财产混同的司法认定合并在一个诉讼中解决的案件占比高达94%。笔者认为，总结我国各地法院审判实践经验，秉持减少讼累的理念，将该类诉求建议在同一案件中一并审理为宜。

三、追索权行使对象为一人公司时的股东责任限制

公司法第六十三条是债权人提起法人人格之诉的基本法律依据，对规范公司运作、维护有限责任制度和保护债权人利益提供了有效的法律保障。但其适用必须有严格的限制，否则势必会对公司自治和人格独立产生冲击，其本质为一种平衡性制度，仅仅是对公司人格独立制度的补充和完善。故法官在具体适用时，应当严格审查，不应该对公司法人人格否认制度随意扩大适用范围，避免动摇我国法人制度和有限责任这两个公司法的主要基石。公司法第六十二条

是公司的财产与股东的财产相分离原则的制度保障，强调了一人公司的财务报告编制义务和审计要求，以规范一人公司的行为，保护一人公司债权人和其他利害关系人的利益。对于股东在诉讼中提交经审计的财务报告，首先应在形式上采纳，不能轻易否定该证据。在此前提下，持票人有质证和反驳的权利，可针对财务报告中的瑕疵提出异议，并要求作出合理解释。不能作出合理解释时，法院可向当事人释明是否申请司法审计，并结合当事人对待证事实的举证情况，审慎决定是否启动司法审计。当然，是否存在财产混同，法官除了考量上述因素，还需结合案件的具体情况在利益衡量的基础上进行综合判断。同时，法人人格否认理论只对特定个案中公司的独立人格予以否认，而不是对该公司法人人格的全面、彻底、永久地否认，只是一时一事地否认公司法人人格，具有相对性和特定性。同时，根据民法典第一百七十八条第三款规定，连带责任，由法律规定或者当事人约定。具有票据付款义务的主体为一人公司时，诉讼主体应限定为票据付款义务人的独资股东，不应毫无节制地再穿透两层、三层股权关系主张票据付款义务人的独资股东承担连带责任。

编写人：福建省厦门市思明区人民法院　王丽娟

54

票据追索权权利时效的起算点应以第一次被拒付付款之日为准

——保定某汽贸公司诉邯郸某房地产公司等票据追索权案

【案件基本信息】

1. 裁判书字号

河北省保定市满城区人民法院（2023）冀0607民初297号民事判决书

2. 案由：票据追索权纠纷

3. 当事人

原告：保定某汽贸公司

被告：邯郸某房地产公司、浙江某建设公司、保定某建材制造公司、保定某运输公司

【基本案情】

邯郸某房地产公司出具一张电子商业汇票，票面金额为 300000 元。出票人及承兑人均为邯郸某房地产公司，收款人为浙江某建设公司，出票时间为 2021 年 2 月 8 日，汇票到期日为 2022 年 2 月 8 日。该票据承兑信息栏处记载有如下信息“出票人承诺：本汇票请予以承兑，到期无条件付款。承兑人承兑：本汇票已经承兑，到期无条件付款”。2021 年 2 月 14 日，浙江某建设公司将票据背书转让给保定某建材制造公司，保定某建材制造公司于 2021 年 2 月 16 日将票据背书转让给保定某运输公司，保定某运输公司于 2021 年 2 月 24 日将票据转让给保定某汽贸公司。票据流转过程中均标注可以转让。2022 年 2 月 8 日汇票到期，保定某汽贸公司于 2022 年 2 月 8 日提示付款，2022 年 2 月 14 日显示拒绝签收，拒付理由为被驳回，2022 年 2 月 18 日，保定某汽贸公司再次提示付款，仍显示拒绝签收，拒付理由为被驳回。2022 年 7 月 12 日，该票据的票据状态为“提示付款已拒付（可拒付追索，可以追所有人）”。2022 年 8 月 19 日，保定某汽贸公司向法院提起诉讼，主张四被告连带向保定某汽贸公司支付票面金额 300000 元，并按照该金额按同期银行贷款利率支付利息（自拒付之日起至全部清偿之日止）。

【案件焦点】

1. 本案原告保定某汽贸公司未及时发起线上追索，此种情形是否会导致票据追索权的丧失；2. 持票人在多次向出票人提示付款被拒的情况下，票据追索权的起算时间应如何认定。

【法院裁判要旨】

河北省保定市满城区人民法院经审理认为：

1. 根据《中华人民共和国票据法》第六十一条规定，票据被拒付，持票人即可以行使追索权。《中华人民共和国票据法》第六十六条第二款规定，未按照前款规定期限通知的，持票人仍可以行使追索权。因此，《中华人民共和国票据法》并未规定没有进行线上追索就丧失追索权，且《电子商业汇票业务管理办法》只是部门规章，不能作为评判票据行为效力的依据。该办法仅对电子商业汇票的业务办理方式作出规范，并未限定持票人未经线上追索即丧失追索权，故保定某汽贸公司未发起线上追索仍具有票据追索权。

2. 根据《中国人民银行电子商业汇票业务处理手续》的规定，票据状态根据之前提示付款及被拒付情况分两种情况修改：（1）如果提示付款期内曾发起过提示付款或在提示付款期内曾被拒付，修改票据状态为“逾期提示付款已拒付（可拒付追索，可追所有人）”；（2）其他情况下，修改票据状态为“逾期提示付款已拒付（可拒付追索，只能追出票人、承兑人及其保证人）”。本案中，因保定某汽贸公司在提示付款期内提示付款，属于上述第（1）种情况，故保定某汽贸公司可以向背书人、出票人以及汇票的其他债务人行使追索权。但前手是否需要承担票据责任，还需要根据原告的追索行为是否超过对前手的追索时效来确定。而并非保定某汽贸公司所认为的，只要票据状态为“逾期提示付款已拒付（可拒付追索，可追所有人）”，前手就应当承担票据责任。

保定某汽贸公司称其第二次提示付款被拒的时间为2022年2月22日，该公司认为其第二次提示付款的时间也在《中华人民共和国票据法》规定的10天的提示付款期限内，对其前手背书人的追索权应自第二次被拒绝付款之日即2022年2月22日起计算6个月，故其于2022年8月19日起诉并未丧失对前手背书人的追索权。本院认为，根据《中华人民共和国票据法》第十七条第一款第三项规定，持票人对前手的追索权，自被拒绝承兑或者被拒绝付款之日起6个月内行使，而并非以提示付款期限内最后一次被拒付的时间起算6个月。保定某汽贸公司第一次被拒绝付款时间为2022年2月14日，保定某汽贸公司对其前手背书人的追索权应自被拒绝付款之日即2022年2月14日起计算6个月。保定某汽贸公司于2022年8月19日向法院提起诉讼时已经超过6个月的追索时效，已丧失对其前手背书人的追索权。《中华人民共和国票据法》给予持票人10日的提示付款期限以及6个月的对前手背书人的追索权时效，是为保护持票人的权利，也是为约束持票人让其及时行使自己的权利而规定的期限，对票据背书人是一种保护。当持票人第一次提示付款被拒后，持票人应按照法律规定向其出票人或前手背书人行使追索权利，而不是一次又一次地提示付款。持票人提示付款被拒后再次提示付款的，属于对承兑人行使追索权的情形，而不能理解成是对前手背书人追索的起算点。故本院对保定某汽贸公司要求浙江某建设公司、保定某建材制造公司、保定某运输公司承担连带清偿责任的诉讼请求，不予支持，判决如下：

一、被告邯郸某房地产公司于本判决生效后十日内给付原告保定某汽贸公司票面金额300000元及利息（自2022年2月14日起至付清之日止，以300000元为基数按同期全国银行间同业拆借中心公布的一年期贷款市场报价利率计算）；

二、驳回原告保定某汽贸公司其他诉讼请求。

判决后，双方当事人均未上诉，本判决现已生效。

【法官后语】

因票据具有替代货币，实现超越空间、超越时间的货币转移和金融信用等功能，故票据纠纷与一般民商事纠纷相比具有多种法律关系交叉并存、呈现更加疑难复杂等特点。

商业汇票本质是依托付款人的信用，向收款人开具的具有付款承诺的一种支付凭证，当承兑人本身的信用状况，如盈利能力、偿债能力、现金流状况等出现问题导致持票人的付款请求权无法实现时，持票人有权基于票据法的规定向各前手行使追索权。但在审判实践中应当注意以下问题。

一、票据追索权

追索权是指票据持票人在经过提示而未获承兑或未获付款时，或者因其他法定原因而无法行使票据付款请求权时，依法向背书人、出票人以及其他债务人请求偿还票据金额、利息及费用的一种票据权利。付款请求权与追索权同属票据权利，但权利行使存在先后顺序，付款请求权为第一顺位权利，追索权为第二顺位权利。持票人行使追索权，可以不按照汇票债务人的先后顺序，对其中任何一人、数人或者全体主张，各票据债务人对票据债务均负有连带清偿责任。

需要说明的是，追索权虽然是由法律直接规定赋予持票人享有的权利，但是并不意味着持票人在票据到期时就能行使，还有赖于某些法定条件的成就才能使这种法律上规定的抽象的、可能的权利成为现实的、具体的权利。并且，追索权具有流转性，其不同于一般的请求权行使一次得到满足即消灭，而是转移到被追索人，被追索人继续向他的背书人、出票人以及其他债务人追索，直到票据关系上的最后债务人偿还后，整个票据关系消灭，追索权也就消灭。

二、行使追索权的期限

票据权利的行使存在时效限制，票据法对追索权规定了时效，同时亦因追索对象不同，确定了三种不同的追索时效：

1. 持票人对前手的追索时效，为自被拒绝承兑或者被拒绝付款之日起六个月。此处所规定的六个月时效仅限于第一次追索，所谓第一次追索权，又称初始追索权，是指票据流通结束时的最终持票人或第一个开始行使追索权的持票人所行使的追索权，其他持票人所进行的再追索，不适用此项时效。

2. 持票人对票据的出票人和承兑人的追索时效，自票据到期日起二年。

3. 持票人对前手的再追索时效，自清偿日或者被提起诉讼之日起三个月。

需要注意的是，我国的票据时效属于消灭时效，票据权利人在上述法定期限内不行使追索权的，追索权即归于消灭。票据法对票据时效的中断未作规定，由于票据法相对于民法典属于特别法，票据法有规定的，适用票据法的规定，票据法无规定的，则适用民法的一般规定。且从《最高人民法院关于审理票据纠纷案件若干问题的规定》第二十条规定来看，票据时效可以发生中断。按照一般时效中断的规定，引起诉讼时效期间中断的原因有三：一是请求；二是承认；三是诉讼。如果在票据追索时效期间内，出现上述情况，追索时效亦可中断。依照《最高人民法院关于审理票据纠纷案件若干问题的规定》第二十条规定，票据权利时效发生中断的，只对发生时效中断事由的当事人有效。

本案中，持票人被拒付后重复进行提示付款，且均被拒付的情况下，票据追索权权利时效的起算点究竟是以第一次被拒付之日还是第二次被拒付之日为准呢？法院认为应当以第一次被拒付之日作为追索权权利时效的起算点，此后的提示付款构成持票人向承兑人行使追索权。理由如下：

1. 票据属于流通性证券，为了充分有效发挥其功能，相关票据立法立足于促进其高效安全流通，赋予其完全有价证券性、文义性、无因性、设权性、要式性、提示性等法律特征。鉴于原则上在票据到期日起两年内，持票人均可持续进行提示付款操作。如以最后一次提示付款后被拒付之日作为追索权权利时效期间的起算点，票据前手是否承担票据责任将长时间处于不确定状态，票据款持续处于待给清状态，不利于票据高效安全流通。

2. 票据付款请求权的权利时效期间为票据到期日至被拒付（或自票据到期日起两年），一旦持票人被拒付，票据付款请求权即消灭。此后持票人要求承兑人支付票据款的，属于行使追索权的情形。

三、追索权丧失的具体情形

依照票据法的规定，持票人丧失追索权的情形主要有以下几种：

1. 未按照规定期限提示承兑或提示付款的。持票人在规定期限内提示承兑或提示付款，是下一步向其前手行使追索权的必要程序，未按照规定期限提示承兑或提示付款的，持票人丧失对其前手的追索权。

2. 不能出示拒付证明、退票理由书或者未按照规定期限提供其他合法证明的，丧失对其前手的追索权。不能出具拒付证明的原因，应当是指因持票人自身原因而导致的情形，如持票人未按期提示，或因持票人遗失、抛弃等自身原因无法出示等。若持票人在期限内进行过提示，但因承兑人或付款人迟延未作出或拒绝作出导致无法取得拒付证明，可认定事实上已经发生拒付，持票人并不丧失追索权。

3. 超过规定票据时效的。持票人未按照票据法第十七条规定的期限行使权利，时效经过权利则归于消灭，持票人丧失对相应主体的权利。

需要说明的是，未发起线上追索是否丧失票据追索权。《电子商业汇票业务管理办法》第五条规定，电子商业汇票业务须通过电票系统办理，该规定旨在维护票据交易所公开透明的市场秩序，并非为了限制当事人的民事权利。持票人未通过电票系统线上行使追索权，直接通过发送“追索函”“律师函”或直接向法院起诉等方式线下行使追索权的，应当认定追索行为有效。

编写人：河北省保定市满城区人民法院　王彦雪　刘侃宁

55

票据追索受债权转让合同约束之票据内在无因性限制的司法判定

——某信托公司诉某装饰工程公司等票据追索权案

【案件基本信息】

1. 裁判书字号

上海金融法院（2023）沪74民终688号民事判决书

2. 案由：票据追索权纠纷

3. 当事人

原告（上诉人）：某信托公司

被告（被上诉人）：某装饰工程公司、某投资公司、某房地产集团

【基本案情】

2021年7月13日，原告某信托公司与被告某装饰工程公司签署《基础资产转让协议》，约定某装饰工程公司将其享有的应收账款转让给某信托公司，某信托公司向其支付购买价款，如目标应收账款使用电子商业承兑汇票支付结算，某装饰工程公司应在收到该电子商业承兑汇票后转让给某信托公司。

《基础资产转让协议》第5.1条约定，在信托计划存续期间，如出现以下所述情形之一的，受让方/受托方有权向原始权益人发出《目标应收账款债权赎回通知》，原始权益人有义务按照通知要求赎回该笔目标应收账款债权：5.1.1目标应收账款债权在基准日或交割日不符合本协议第2.3条约定的任一合格标准；5.1.2原始权益人在本协议中所作出的任何陈述和保证在本协议签署之日、基准日及在信托计划存续期间在所有重大方面不真实、不完整或不准确。第7条双方的陈述与保证，7.1.10电子商业汇票合法有效，电子商业承兑汇票不存在被利害关系人申请挂失止付、公式催告或被有权机关采取查封、冻结等保全或执行措施的情形，如发生目标应收账款债权对应的电子商业承兑汇票存在瑕疵或因挂失止付、公示催告、被有权机关采取保全、执行措施等原因而不能得到票据款项，因此产生的任何损失盖由原始权益人负责。7.1.11确保放弃商业纠纷抗辩权/无商业纠纷抗辩权。第8条违约责任，8.1一般原则：任何一方违反本协议的约定或陈述与保证，视为该方违约，违约方应向守约方赔偿因其违约行为而遭受的直接损失。8.2原始权益人的违约责任……（3）如目标应收账款债权使用电子商业汇票支付结算的，原始权益人背书转让给受让方/受托人的电子商业承兑汇票因不真实、不合法或存在其他权利瑕疵导致不能兑付，且原始权益人未按约定履行赎回义务；（4）原始权益人未按照本协议约定赎回不合格债权；（5）原始权益人违反其在任何基础交易合同或保理合同项下的任何义务或怠于行使其在任何基础交易合同或保理合同项下的任何权利，导致本协议项下的目标应收账款债权遭受损失或信托计划享有的应收账款债权存在瑕疵；（6）原始权益人在本协议或其他交易文件中所作出的任何陈述或保证，在作出时即存在错误、虚假内容或具有误导性；（7）违反本协议约定的其他责任或者义务的。

2021年7月13日，某装饰工程公司将其对某投资公司享有的应收账款1353367元转让给某信托公司并函告某投资公司。同日，某投资公司对该应收账款转让事宜进行回复，确认某信托公司为应收账款新的债权人。2021年7月23日，某信托公司向某装饰工程公司支付全部转让价款1221413.72元。2021年7月7日，某投资公司作为出票人、承兑人签发了收票人为某装饰工程公司、某房地产集团为保证人、到期日为2022年7月6日、金额为1353367元的商业汇票，某装饰工程公司后将票据背书给某信托公司。2022年7月6日，某信托公司通过电子商业承兑汇票系统提示承兑人某投资公司付款，遭拒付，拒付理由为：账户余额不足。某信托公司持有汇票的必要记载事项齐全、形式完备、背书连续。

原告某信托公司诉称：三被告至今未履行任何支付票据债务，根据《中华人民共和国票据法》第六十八条、第七十条等规定，请求判令某装饰工程公司、某投资公司、某房地产集团连带支付票据款1353367元及相应利息。

被告某装饰工程公司辩称，某装饰工程公司交付票据的行为并非负担票据本身债务的意思表示，而是基于债权转让合同的约定交付债权的载体。某信托公司是基于与某装饰工程公司之间应收账款债权转让法律关系取得涉案票据，其所付对价是债权转让价款而非票据金额。由于双方之间债权转让关系已履行完毕，某信托公司并无从债权履行完毕的转让方处再次取得等额票据价值的事实基础和法律依据。

【案件焦点】

某信托公司基于应收账款债权转让合同而取得涉案票据，该公司作为持票人、被背书人的票据追索权是否受债权转让合同的抗辩约束。

【法院裁判要旨】

上海市青浦区人民法院经审理认为：某信托公司基于与某装饰工程公司之间应收账款债权转让合同法律关系而取得案涉票据。针对应收账款债权转让合同关系，某装饰工程公司转让应收账款债权1353367元并按照转让协议约定以背书票据的形式交接了债权凭证，某信托公司亦依约实际支付受让债权对价款1221413.72元，某信托公司与某装饰工程公司就债权转让事宜已经履行完毕。现某信托公司以票据法律关系向某装饰工程公司主张票据不能兑现的票据款1353367元，系要求不等价地回转已履行完毕的债权转让，该项请求没有法律和事实依据，难以支持。上海市青浦区人民法院判决如下：

某投资公司、某房地产集团连带支付票据款及利息，驳回某信托公司对某装饰工程公司的诉讼请求。

某信托公司不服，提起上诉。

上海金融法院经审理认为：某信托公司系基于《基础资产转让协议》约定，通过背书取得涉案票据，根据票据法原理，该基础资产转让关系系票据关系的基础关系。根据《票据法》第十三条第二款规定，票据债务人可以对不履行约定义务的与自己有直接债权债务关系的持票人，进行抗辩。因此，某信托公司可以依照《基础资产转让协议》约定，对与其有直接债权债务关系的票据债务人某装饰工程公司进行抗辩。即只有在涉案票据因电子承兑汇票不真实、不合法，或存在其他权利瑕疵导致不能兑付时，方可向某装饰工程公司主张追偿（赎回票据）。现有证据显示，涉案票据不能兑付系因存款不足，而并非《基础资产转让协议》约定的原始权益人（某装饰工程公司）就票据不能兑付承担赎回责任的情形。故，某信托公司向某装饰工程公司主张票据追索权并无事实及合同依据。裁判如下：

驳回上诉，维持原判。

【法官后语】

持票人因与背书人签订资产转让协议，在支付协议对价后，以背书形式合法受让票据。后持票人提示付款被拒付向背书人追索，背书人以资产转让协议中约定的其承担票据付款（应收账款回购责任）仅限于票据不真实/不合法等权利瑕疵为由进行抗辩的，系对票据内在无因性之限制。依票据法第十三条第二款之规定，且背书转让连续并不存在其他票据权利无效之情形的，背书人依基础资产转让协议约定的票据追索限制对直接前手进行的票据抗辩应予支持。

从票据法理来看，一方面，票据追索权可归因于票据上的担保承兑责任，其是指票据出票人及票据转让人（背书人）在出票后或转让后仍作为票据债务人，并在票据付款人拒绝承兑时负承兑义务的一种制度。一般情况下，背书人在无相反记载时负担保承兑与付款义务，这是票据背书的担保效力，也是票据追索所依赖的票据法理基础。出票人也负有票据付款的担保承兑与付款之责，在付款人不付款时，负有偿还票据债务义务，但出票时注明免除担保承兑之责的不在此限。另一方面，鉴于票据的无因性，票据追索权的行使一般不受票据基础法律关系的限制。但在实践中，票据作为融资工具的金融属性日益突出，从单纯的支付工具演变出更多的金融交易属性。在票据直接前后手之间，票据的基础法律关系对票据债权实现的限制是否一概因票据的无因性而加以排除，本案判决给出否定回答。

一、票据无因性内涵的再审视

票据无因性是票据的根本性特征，是指若票据符合票据法规定，则票据权利成立，票据行为不受原因关系影响。在传统民法理论中，债权转让后，债权受让人需继受转让人的权利瑕疵，债务人可以向受让人主张其对转让人的抗辩。但对于票据法律关系而言，其独立于原因关系。票据转让后其善意后手（受让人），不继受前手（转让人）票据权利（债权）的瑕疵，以此来减少票据作为支付工具的流通风险，保障票据流转的商事外观稳定性。票据权利不依赖于作为票据基础关系的原因关系，可从外在无因性与内在无因性两方面加以理解。关于外在无因性，是指票据行为效力独立于原因关系，原因关系的无效、被撤销等不影响票据行为效力。如本案中，某信托公司基于资产转让协议取得票据，该资产转让协议的效力不能影响票据行为的效力。关于内在无因性，一般情况下，票据权利的行使不受制于基础关系产生的抗辩事由，与票据行为、票据关系发生有关的原因关系与票据行为分离。无因性使票据信用扩展到社会信用体系，票据的金融属性得以突出，票据交易目的本身被边缘化。

总体而言，我国票据法认可票据无因性，但同时也对无因性做出一些限制。

票据法规定持票人提示付款，承兑人需无条件承兑票据，除非存在票据主体资格瑕疵，票据系非法取得等原因。票据法第十条第一款规定：“票据的签发、取得和转让，应当遵循诚实信用的原则，具有真实的交易关系和债权债务关系。”第二十一条第一款规定：“汇票的出票人必须与付款人具有真实的委托付款关系，并且具有支付汇票金额的可靠资金来源。”上述规定对票据外在无因性进行了限制。票据行为效力受到原因关系的效力影响，强调票据关系效力依赖于真实、合法、有效的原因关系。关于内在无因性，票据法第十三条规定：“票据债务人不得以自己与出票人或者与持票人的前手之间的抗辩事由，对抗持票人。但是，持票人明知存在抗辩事由而取得票据的除外。票据债务人可以对不履行约定义务的与自己有直接债权债务关系的持票人，进行抗辩。本法所称抗辩，是指票据债务人根据本法规定对票据债权人拒绝履行义务的行为。”《最高人民法院关于审理票据纠纷案件若干问题的规定》第十三条规定：“票据债务人以票据法第十条、第二十一条的规定为由，对业经背书转让票据的持票人进行抗辩的，人民法院不予支持。”上述规定认可票据内在无因性，但同时也做出了限制。票据流转后，内在无因性切断了基于原因关系对票据权利行使的抗辩，但直接前后手之间仍可援引原因关系对票据追索的限制进行票据抗辩。

综合上述规定，票据在背书流转后，若后手合法取得票据权利，则依据票据无因性，即原因关系的效力、对价支付情况、票据债务人与出票人之间、与持票人前手的抗辩事由均无法影响票据行为的效力及票据权利的行使。但在票据直接当事人之间、在非直接前后手之间，持票人明知存在抗辩事由的，票据当事人仍可主张票据抗辩，故，我国票据制度的无因性系相对无因性。

二、票据无因性切断至票据追索权受限的司法判定

根据票据无因性的一般原则，票据到期后请求付款遭到拒绝的，持票人对票据的所有前手享有追索权，持票人可向单个或者所有前手追索。但特殊情况下，票据的无因性也被限制。票据债务人可以对不履行约定义务的与自己有直接债权债务关系的持票人，进行抗辩。如何理解“不履行约定义务的直接债权债务关系中的抗辩事由”，成为司法审理中判定限制票据无因性的关键所在。

（一）直接债权债务关系中的抗辩事由

从文义解释理解，“直接债权债务关系中的抗辩事由”，应包括与票据行为有关的原因关系但并不限于原因关系。首先，与票据行为有关的原因关系，包括与票据产生、流转行为有关的诸多原因关系，如出票人签发票据所依赖的基础交易合同项下的付款义务，背书人背书转让票据所依赖的其与被背书人之间的债权债务关系等。在票据直接前后手之间，得以与票据行为有关的原因关系约定的对票据债务履行的限制事由，拒绝履行票据义务，如本案情况。其次，与票据行为无关的，持票人与直接前后手之间存在其他债权债务关系。例如，持票人与直接前后手之间存在买卖合同，使持票人与直接前后手之间负有对待给付义务。持票人行使票据权利受限于直接前后手之间债权债务合同的履行情况，直接前后手之间得以一方债务不履行对抗票据债务之履行，此时的票据抗辩类似于企业间留置可不基于同一法律关系。从市场情况看，在供应链金融业务中，票据融资发挥重要作用，相应的票据追索权纠纷也呈上升趋势。以票据支付的应收账款债权转让越发普遍，票据的金融属性就愈加凸显。通常，持票人（被背书人）与背书人之间签订应收账款转让合同，持票人受让以票据支付的应收账款债权，应收账款债权人（背书人）将票据背书给持票人。该应收账款转让合同约定，背书人承担违约责任情形仅为票据存在权利瑕疵至不能得到票据款项。后持票人被拒付（因出票人存款不足），持票人要求背书人承担票据付款义务。背书人抗辩，根据应收账款转让合同约定，票据被拒付不属于合同约定的背书人承担付款义务（赎回票据）的情况（不符合违约情形）。上述票据交易实践，其实质系因票据直接前后手之间的票据取得之原因关系而限制持票人行使票据权利，直接前后手可以原因关系（应收账款转让合同）的约定行使票据抗辩权。此时，直接债权债务关系抗辩可转化为票据抗辩，至票据内在无因性切断。

（二）票据内在无因性的相对性至票据追索权受限

审理票据纠纷案件，既要避免以票据无因性为由一概不审查持票人是否以合法手段取得票据，又要防止无视票据无因性倾向而混淆票据法律关系和票据基础法律关系。票据债务人基于原因关系对与自己有直接债权债务关系的持票人享有抗辩，必须足以对抗票据债权人拒绝履行义务，从而防止票据债务人不当获利，但此抗辩事由不能任意扩大，以确保票据流转及支付的稳定性。由票据内在无因性的限制产生的票据抗辩是否成立存在不同观点。

一种观点认为，从绝对意义上的票据无因性考量，某信托公司与某装饰工程公司之间签订有《基础资产转让合同》，某信托公司受让应收账款债权的同时受让作为该笔应收账款结算工具的票据。但持票人接收票据，并不等同于所受让的应收账款已结清，该笔应收账款仍处于待结清状态。某信托公司以应收账款的债权人选择以票据关系主张其债权，现因票据被拒付，其行使票据追索权，而某装饰工程公司作为直接前手，以双方之间已经履行完应收账款债权转让项下的义务来对抗某信托公司主张的票据权利，显然混淆了应收账款债权转让与应收账款债权主张两种法律关系。故本案应改判由某装饰工程公司承担票据的连带支付义务。

另一种观点认为，从相对意义上的票据无因性考量，某装饰工程公司与某信托公司之间属于票据的直接前后手，现某信托公司系因应收账款债权转让受让系争票据，某信托公司已向某装饰工程公司支付债权转让的对价，故双方之间的债权债务已履行完毕，某装饰工程公司有权以其与某信托公司之间已履行完毕应收账款债权转让来对抗某信托公司主张的票据权利。况且根据《基础资产转让合同》的约定，只有因票据存在权利瑕疵，无法得到票据款项，某装饰工程公司才承担相应责任，协议并未约定某信托公司在被拒付后，某装饰工程公司应从某信托公司处赎回票据并承担违约责任。故某装饰工程公司提出的抗辩成立，某信托公司无权再持票向某装饰工程公司主张票据权利。

根据票据法第六十一条第一款规定，汇票到期被拒绝付款的，持票人可以对背书人、出票人、以及汇票的其他债务人行使追索权。具体到本案，单从票据法律关系上看，某信托公司通过背书方式，合法取得涉案票据，其作为持票人，有权对背书人某装饰工程公司进行追索，且某信托公司也明确其对某装饰工程公司行使票据追索权，故，票据债务人对持票人的票据权利也仅可以票据法上事由进行抗辩。某信托公司与某装饰工程公司之间形成应收账款转让法律关系，受《基础资产转让合同》约束，两者亦为票据的直接前后手。《基础资产转让合同》对背书人的票据责任进行限制，使持票人对直接前手的票据追索权受限，即，对票据内在无因性进行限制，背书人可以应收账款转让合同之约定对抗持票人行使票据权利。

首先，根据票据法第十三条第二款规定，票据债务人可以对不履行约定义务的与自己有直接债权债务关系的持票人，进行抗辩。因此，某信托公司可以依照《基础资产转让协议》约定，对与其有直接债权债务关系的票据债务人某装饰工程公司进行抗辩。其次，本案所涉法律关系系票据追索法律关系。根据票据的外在无因性，某信托公司既已合法取得涉案票据，又不存在票据法不得行使票据权利的情形，故其可依法行使相关票据权利，向出票人、背书人及其前手、保证人等行使追索权。但根据《基础资产转让协议》约定，原始权益人对应收账款的赎回限于特定条件。《基础资产转让协议》第 8.2 条第 3 项约定，明确将对票据的追索，设定为电子商业承兑汇票因不真实、不合法或存在其他权利瑕疵导致不能兑付，从而排除存款不足不能兑付的情况。依照上述约定，某信托公司向某装饰工程公司主张票据权利，将受制于上述约定情形，即票据的内在无因性受限，只有在涉案票据因电子商业承兑汇票不真实、不合法或存在其他权利瑕疵而导致不能兑付时，方可向某装饰工程公司主张追偿（赎回票据）。涉案票据不能兑付系因存款不足，并非《基础资产转让协议》约定的原始权益人（某装饰工程公司）就票据不能兑付承担赎回责任的情形。故，某信托公司向某装饰工程公司主张票据追索权并无事实及合同依据，某信托公司的上诉请求不能成立。

随着票据金融属性的不断凸显，票据无因性在供应链金融业务中面临挑战。持票人基于资产转让协议背书受让票据、作为资产转让的对价，完结转让人（背书人）与受让人（持票人、被背书人）之间的债权债务关系。但鉴于票据融资的特殊性，资产转让协议同时约定，转让人在有限范围内对受让人承担票据债务责任（票据不真实、票据权利瑕疵等）。即资产转让协议对票据追索权做出内在限制，如何理解其法律效力，在票据被拒付后，直接前后手之间是否可援引原因关系的限制条件对票据追索提出抗辩，票据的背书流转效力是否应受到基础合同约定的限制，本案从票据无因性内涵视角，区分票据内在无因性与外在无因性，在平衡票据信用与社会信用的基础上，认可基础合同对票据追索权限制的法律效力，具有积极现实意义。

编写人：上海金融法院　周菁

上海市崇明区人民法院　杨晖

56

票据追索因民间贴现无真实的交易关系和债权债务关系，法院依法判驳

——某装饰中心诉建工公司票据追索权案

【案件基本信息】

1. 裁判书字号

北京市密云区人民法院（2022）京 0118 民初 3427 号民事判决书

2. 案由：票据追索权纠纷

3. 当事人

原告：某装饰中心

被告：建工公司

【基本案情】

2021 年 1 月 21 日，投资公司作为出票人和承兑人向工程公司出具电子商业承兑汇票 7 张。每张汇票票面金额均为 20 万元整，汇票到期日均为 2022 年 1 月 21 日，收票人均为工程公司。能否转让一栏显示：可转让。承兑信息一栏显

示，出票人承诺：本汇票请予以承兑，到期无条件付款；承兑人承诺：本汇票已经承兑，到期无条件付款。2021年1月28日，工程公司将该7张汇票背书转让给建工公司；2月6日，建工公司将该7张汇票背书转让给某建设公司，同日，某建设公司将该7张汇票背书转让给贸易公司，贸易公司又于同日将该7张汇票背书转让给天津某公司；2021年8月12日，天津某公司将该7张汇票背书转让给固安某中心；2021年12月28日，固安某中心将该7张汇票背书转让给原告某装饰中心。2022年1月28日，某装饰中心提示付款被拒付。现票据状态显示：拒付追索待清偿。

2021年11月15日，固安某中心（买方，甲方）与某装饰中心（卖方，乙方）签订《购销合同》，约定：甲方向乙方采购IC卡智能水表、深井潜水泵、潜水泵镀锌泵管、防水电缆、沙石过滤器、PE给水管等材料，合同价款1567830元。合同约定的结算方式为：现金转账、转账支票或乙方认可的等价银行承兑汇票以及商业承兑汇票。

2021年初，某建设公司（甲方，贴现方）与建工公司（乙方，持票方）签订《承兑汇票贴现协议》，约定：乙方提供承兑汇票28份，合计票面金额人民币5371076.82元，由甲方进行贴现，甲方同意对上述28份承兑汇票进行贴现。本协议签订后，乙方分批分次向甲方背书贴现。甲方收取乙方的承兑汇票贴现手续费，贴现手续费年化利率为8%。2021年3月16日，某建设公司向建工公司出具承诺函，内容为：某建设公司共收到建工公司49张商业承兑汇票（票面金额10391076.82元），其将该49张商业承兑汇票全部背书给贸易公司，至今未支付建工公司现金，未履行贴现协议中义务，特来函承诺：某建设公司承诺即日起一个月内归还建工公司（10391076.82元）商业承兑汇票，不足部分现金补齐。由于某建设公司未能向建工公司履行贴现义务，出具承诺函之后亦未返还票据或者给付现金补齐。

【案件焦点】

民间贴现无真实的交易关系和债权债务关系是否影响票据追索权的实现。

【法院裁判要旨】

北京市密云区人民法院经审理认为：票据的签发、取得和转让，应当遵循诚实信用的原则，具有真实的交易关系和债权债务关系。票据的取得，必需给付对价，即应当给付票据双方当事人认可的相对应的代价。电子商业汇票，是指出票人依托电子商业汇票系统，以数据电文形式制作的，委托付款人在指定日期无条件支付确定的金额给收款人或者持票人的票据。虽然《中华人民共和国票据法》第六十一条规定，汇票到期被拒绝付款的，持票人可以对背书人、出票人以及汇票的其他债务人行使追索权。但某装饰中心在提示付款被拒付后，未对出票人和承兑人投资公司行使追索权，而是有选择性地向其中一个背书人行使追索权，故意规避关联案件由廊坊市中级人民法院审理的指定管辖。票据贴现属于国家特许经营业务，合法持票人向不具有法定贴现资质的当事人进行"贴现"的，该行为应当认定无效，贴现款和票据应当相互返还。建工公司明知某建设公司不具备贴现资质，仍与其签订《承兑汇票贴现协议》并将汇票背书转让给某建设公司，故该协议无效，贴现款和票据应当相互返还。由于某建设公司已将汇票背书转让给他人且未支付贴现款，其行为已构成票据欺诈，因此应由某建设公司向建工公司承担票据责任。当事人对自己提出的主张，有责任提供证据。在作出判决前，当事人未能提供证据或者证据不足以证明其事实主张的，由负有举证证明责任的当事人承担不利的法律后果。某装饰中心虽然提供了与其前手的购销合同和送货单，但未能提供增值税发票以及其进货的确凿证据，证实双方之间具有真实的交易关系。故对某装饰中心要求建工公司支付票面金额及逾期利息的诉讼请求，本院不予支持。为保护票据在交易中的安全和诚信原则，依法判决：驳回固安县某装饰中心的全部诉讼请求。

【法官后语】

近年来，由于民间资金需求旺盛，故以票据作为融资手段的民间贴现行为大量出现，由此引发的纠纷也不断增多。其中，关于民间贴现行为效力的认定是主要争议问题。在民间贴现无真实的交易关系和债权债务关系的情形下，将票据进行背书转让，票据持有人要求实现票据权利的，能否支持票据持有人享有票据权利，司法实践中存在不同看法。

关于民间贴现行为的效力。第一种观点认为，应认定该行为无效。理由：票据贴现属于国家特许经营业务，不具有特许经营资质的主体从事的民间贴现行为，因其违反相关部门规章的强制性规定、损害金融秩序这一社会公共利益，故应认定该行为无效。第二种观点认为，应认定该行为有效。理由：尽管票据贴现属于国家特许经营业务，相关部门规章对经营票据贴现业务有特殊的资质要求，该规定具有强制性，但该规定的主要目的在于便于金融管理，防范金融风险，为管理性强制性规定，且作出该规定的法律规范的效力层级只是部门规章而非法律和行政法规，故不应认定该行为无效。

中国人民银行颁布的《贷款通则》第九条第六项规定："票据贴现，系指贷款人以购买借款人未到期商业票据的方式发放的贷款。"《商业汇票承兑、贴现与再贴现管理暂行办法》第二条第二款规定："本办法所称贴现系指商业汇票的持票人在汇票到期日前，为了取得资金贴付一定利息将票据权利转让给金融机构的票据行为，是金融机构向持票人融通资金的一种方式。"2009年10月16日施行的《电子商业汇票业务管理办法》第四十二条第一款规定："贴现是指持票人在票据到期日前，将票据权利背书转让给金融机构，由其扣除一定利息后，将约定金额支付给持票人的票据行为。"由上述规定可见，可以进行票据贴现的主体为金融机构。票据贴现业务为特许经营业务，未经许可，其他主体不能经营。

所谓民间贴现，实质是指不具有法定贴现资质的主体进行的票据"贴现"，该非法"贴现"行为违反了国家关于金融业务特许经营的强制性规定，危害了国家的金融管理秩序。由于规定贴现业务为特许经营业务的规范性文件为部门规章，而非法律和行政法规，故不应认定民间贴现行为违反了法律和行政法规的强制性规定。但由于违反上述部门规章的强制性规定危害了国家的金融管理秩序，损害了社会公共利益，应认定无效。"民间贴现"行为无效后的法律后果，当事人应互相返还因该无效行为而交付对方当事人的财产。

尽管民间贴现行为在进行贴现的直接当事人之间无效，但根据票据行为无因性、独立性原则，在后票据转让行为的效力独立于在先转让票据行为的效力。如果最后持票人系基于合法手段或者善意且支付了合理对价取得票据，则应认定其是合法持票人。但需要满足：民间贴现人的后手将自己补记为被背书人，使票据背书连续；民间贴现人的直接后手基于真实的交易关系和债权债务关系再行转让票据。目前就民间贴现在无真实的交易关系和债权债务关系的情形下将票据进行背书转让，票据持有人要求实现票据权利的，能否支持票据持有人享有票据权利，北京法院的裁判结果不尽统一。票据行为成立以后，票据行为的基础关系（包括原因关系，资金关系，预约关系）与票据法律关系相分离。也就是说，票据行为的基础关系是否有效、是否存在，对已经成立的票据行为的效力是否不再产生影响？

德国、日本等国家票据法理论均认为票据行为具有无因性，我国也借鉴了这一理论，认为票据行为具有无因性。票据关系独立于基础法律关系，此种规定的目的是促进票据的流通，保护合法持有人的票据权利的实现，这就是票据法理论上所称的票据的无因性。正是由于票据这种无因的性质，才使票据权利的转让不同于民法上其他财产权利的转让。例如，民法上债务的转让应当以通知债务人经债权人同意等条件为要件，新债权人一般要承受原债权人在权利上的瑕疵，债务人对原债权人所能行使的抗辩对新债权人也可以行使。而票据权利的转让则是依背书或直接交付即可，无须通知债务人，新的合法持票人一般不继受前手在票据上的瑕疵。

但票据无因性并不是指票据行为的发生本身不存在任何基础法律关系。票据债权人行使权利时，无须证明取得票据的原因，但需以合法持有票据为必要条件。票据发行或背书转让等票据行为只要具备法定条件，即可产生有效的票据关系，即便票据的基础法律关系存在缺陷，票据关系仍然有效。票据债务人也不得以原因关系的无效或缺陷等事由来对抗非直接当事人的善意持票人。

虽然票据的基础法律关系不影响票据合法持有人主张权利，但票据的签发、取得和转让，应当遵循诚实信用的原则，票据权的追索应当基于真实的交易关系和债权债务关系将票据进行背书转让。本案中，票据贴现属于国家特许经营业务，合法持票人向不具有法定贴现资质的当事人进行“贴现”的，该行为应当认定无效，没有真实的交易关系和债权债务关系，不能主张票据权利。但票据债务不履行，前手持票人为合法持票人，可以依法主张票据权利，也可以依据真实的交易关系和债权债务关系主张权利。票据关系与其基础法律关系虽各自独立但又相互牵连，但必须基于真实的交易关系和债权债务关系。

编写人：北京市密云区人民法院　黄杰

57

前案诉讼费用和保全费用不应当认定为票据再追索权的范围

——混凝土公司诉建设公司、置业公司票据追索权案

【案件基本信息】

1. 裁判书字号

山东省新泰市人民法院（2023）鲁0982民初2708号民事判决书

2. 案由：票据追索权纠纷

3. 当事人

原告：混凝土公司

被告：建设公司

被告：置业公司

【基本案情】

建设公司因与混凝土公司系采购合同关系，于2020年12月9日向混凝土公司背书转让电子商业承兑汇票一张，票据金额为2000000元，出票日期为2020年10月15日，到期日为2021年10月15日，出票人为新城置业公司（后

更名为置业公司)，承兑人为新城置业公司，收款人为建设公司。涉案汇票出票后经多次背书转让，票据最终由某银行持有，某银行在票据到期后提示付款被拒付，遂向其前手某股份公司追索清偿，某股份公司清偿后向其前手汽车公司行使再追索权，汽车公司清偿票据金额后，又向混凝土公司、建设公司、科技公司行使再追索权，经人民法院判决，混凝土公司、建设公司、科技公司连带向汽车公司支付票据金额 2000000 元及利息（以款项 2000000 元为基数，自 2022 年 8 月 16 日起按全国银行间同业拆借中心公布的贷款市场报价利率计算至清偿之日止)，承担案件受理费 11400 元、保全费 5000 元。2023 年 3 月 7 日，混凝土公司向某汽车有限公司清偿金额 2055457 元（包括票据款、利息、诉讼费用、保全费用)，并于同日在电子商业承兑汇票系统中向其前手建设公司、置业公司发起追索，电子商业承兑汇票状态为拒付追索待清偿。2023 年 3 月 27 日，混凝土公司向人民法院起诉，请求判令建设公司、置业公司连带向原告支付已清偿金额 2055457 元，并以 2055457 元为基数，自 2023 年 3 月 7 日起按照全国银行间同业拆借中心公布的贷款市场报价利率标准支付利息至实际付清之日止。

【案件焦点】

前案诉讼费用和保全费用是否应当认定为票据再追索权的范围。

【法院裁判要旨】

山东省新泰市人民法院经审理认为：本案的争议焦点为票据再追索权的范围。混凝土公司行使票据再追索权的前提是持有有效票据且在有效追索期间内进行追索。混凝土公司持有的涉案承兑汇票形式完备、记载事项齐全且背书连续，应为合法有效，混凝土公司依法享有票据权利。混凝土公司于 2023 年 3 月 7 日清偿后在电票系统向其前手建设公司、置业公司申请追索，该公司行使再追索权并未超过再追索期限。

关于票据再追索权的范围，根据《中华人民共和国票据法》第七十一条第一款规定，被追索人依照前条规定清偿后，可以向其他汇票债务人行使再追索权，请求其他汇票债务人支付下列金额和费用：（1）已清偿的全部金额；（2）前项金额自清偿日起至再追索清偿日止，按照中国人民银行规定的利率计算的利息；（3）发出通知书的费用。上述规定明确了票据再追索权的范围分为三部分。本案混凝土公司行使再追索权请求的范围中包含前案受理费用和保全费用，前案受理费用和保全费用应属于票据基础合同关系产生的损害赔偿范围或违约结果，不属于票据法规定的再追索金额和费用范围，混凝土公司可以另行向与其发生涉案票据基础合同关系的相对方主张，故混凝土公司以票据追索权法律关系主张该费用于法无据，本院不予支持。因此混凝土公司请求再追索已清偿的全部金额应为2039057元（2055457元-诉讼费11400元-保全费5000元）。

山东省新泰市人民法院依照《中华人民共和国票据法》第十七条、第二十六条、第六十一条、第六十八条、第七十一条及《中华人民共和国民事诉讼法》第一百四十七条的规定，作出如下判决：

一、被告建设公司、置业公司于本判决生效后十日内连带向混凝土公司支付已清偿的金额2039057元；

二、被告建设公司、置业公司于本判决生效后十日内连带向原告混凝土公司支付利息（以金额2039057元为基数，自2023年3月7日起按全国银行间同业拆借中心公布的一年期市场贷款报价利率计算至清偿之日止）；

三、驳回原告混凝土公司的其他诉讼请求。

判决后，双方当事人均未上诉，本判决现已生效。

【法官后语】

票据作为现代经济结算工具，在商品经济活动中扮演着重要的角色。对加强商业信用、促进商品流通、加速资本周转发挥着重大的作用。要促进票据流通，提高其利用率，就必须在很大程度上保护持票人的利益。票据再追索权是指被追索人清偿票据金额、利息以及有关费用后，依据其取得的票据而向其前手继续进行追索的权利。

一、行使再追索的三个要件

第一是实质要件，被追索人实际履行了清偿义务，成为承兑票据的合法持有人；第二是时效要件，自清偿日或者被提起诉讼之日起三个月；第三是范围要件，包括已清偿的全部金额、自清偿之日起至再追索清偿日止的利息及发出通知书的费用。

本案中我们重点探讨第三个要件，再追索权的范围，即再追索权的追索范围是以再追索人因为被后手再追索支付的全部金额为限，还是以票据记载的数额及清偿行为衍生的利息和相关通知费用汇总金额为限。

二、票据再追索权的立法目的、权利本质

首先，从立法目的看，票据再追索权制度与票据追索权制度在立法本义上是一样的，都是为了促进票据流通、加强票据使用、保护持票人权益而创设的制度，是基于对票据债权人和债务人利益予以同样保护的公平理论，为实现权利人与义务人之间利益的均衡而设立的。如果将前案诉讼费用也纳入票据追索的链条上，则被追索人及其前手就承担了非因票据本身原因产生的相关费用。

其次，从权利本质看，再追索权的权利来源于再追索权人承担了本应出票人或承兑人承担的票据付款责任。本案中，原告混凝土公司不是首次行使再追索权的被追索人，其是再追索链条上的一环，在此之前，已有两个票据当事人履行了票据付款义务，支付的款项均为基于票据流转产生的款项。而再追索人因其后手的司法追索行为额外支付的费用并不在票据再追索权的范围之内，换言之，司法费用不在票据再追索的链条之上。

最后，从比较法角度来看，比较不同国家对赔偿金额范围的理解。英国票据法第五十七条规定，汇票偿付的款项包括：汇票金额、依据汇票应支付的利息、作为公证记录之费用。日本票据法第四十八条规定了追索金额，包括所支付之总金额、利息及支出费用。从上述各国法律规定及我国法律规定来看，可以归纳出，再追索权的范围一般是汇票金额、自清偿日起至再追索清偿日止的利息及与票据流转相关费用。

三、诉讼费用并不属于票据再追索权的范围

诉讼费用是指当事人进行诉讼活动，依照法律规定应当向人民法院交纳的费用，具有经济制裁的性质，是败诉方的当事人对进行诉讼所花费用的合理负担。前案中，原告混凝土公司在其后手通过诉讼方式向其行使票据追索权时，法院判决案件受理费用、保全费用由混凝土公司等三公司连带承担，其并非混凝土公司清偿票据支付的款项和费用，而是混凝土公司未及时履行票据付款义务而支出的惩罚性费用，不应在票据再追索的链条上继续流转。故混凝土公司行使再追索权时，其承担的前案诉讼费用和保全费用不属于再追索权的范围。

编写人：山东省新泰市人民法院　袁恒露　乔莉

58

一人公司年度审计报告对公司与股东财产独立具有证明力及其审查

——装饰公司诉置业公司、地产公司票据付款请求权案

【案件基本信息】

1. 裁判书字号

浙江省湖州市吴兴区人民法院（2023）浙 0502 民初 4928 号民事判决书

2. 案由：票据付款请求权纠纷

3. 当事人

原告：装饰公司

被告：置业公司、地产公司

【基本案情】

置业公司委托装饰公司对其开发楼盘项目进行室内装修设计，装饰公司业

已按约履行设计义务。后经双方结算，置业公司于 2020 年 7 月 28 日向装饰公司出具电子商业承兑汇票一张，汇票票面金额为 88794.10 元，出票人及承兑人均为置业公司，收票人为装饰公司，出票日期为 2020 年 7 月 28 日，汇票到期日为 2021 年 7 月 28 日，该电子商业承兑汇票记载“不得转让”，承兑信息显示“出票人承诺：本汇票请予以承兑，到期无条件付款。承兑人承兑：本汇票已经承兑，到期无条件付款。承兑日期：2020 年 7 月 28”。汇票到期后，装饰公司于 2021 年 7 月 28 日通过电子商业汇票系统向置业公司提示付款，置业公司于 2021 年 8 月 3 日拒绝签收，拒付理由为商业承兑汇票承兑人账户余额不足。现票据系统中该汇票票据状态为“已逾票据权利失效日”。原告装饰公司催讨未果，故纠纷成讼。

另查明，被告置业公司为非自然人投资或控股的法人独资的有限责任公司，其股东为被告地产公司。

【案件焦点】

1. 置业公司以账户余额不足为由拒不付款是否属于违约；2. 地产公司是否应对置业公司的债务承担连带清偿责任。

【法院裁判要旨】

浙江省湖州市吴兴区人民法院经审理认为：原告装饰公司基于其与被告置业公司的基础法律关系合法取得涉案电子商业承兑汇票，置业公司作为出票人、承兑人，理应保证汇票的承兑和付款。现置业公司以账户余额不足为由拒不付款，显属违约，依法应承担相应的民事责任。故装饰公司请求置业公司支付汇票金额及逾期利息的诉请，本院予以支持。因双方对无法承兑的损失赔付未作约定，本院酌情认定自汇票到期日次日起按 LPR 标准计息。关于原告要求被告地产公司对置业公司的债务承担连带责任，本院认为，根据《中华人民共和国公司法》第六十三条规定，一人有限责任公司的股东不能证明公司财产独立于股东自己的财产的，应当对公司债务承担连带责任。第六十二条规定，一人有限责任公司应当在每一会计年度终了时编制财务会计报告，并经会计师事务所审计。现地产公司仅提交其与置业公司 2019 年度、2020 年度审计报告，且从审计意见来看，该审计报告仅反映地产公司与置业公司 2019 年度、2020 年度的财务状况、经营成果及现金流量，在无公司决议、财务会计制度、财务审批流程、大额交易合同等其他辅助证据的情况下，不足以证明地产公司财产与置业公司财产相互分离且独立，故原告要求被告地产公司对置业公司的债务承担连带清偿责任，本院予以支持。据此，判决如下：

一、被告置业公司应支付原告装饰公司电子商业承兑汇票款 88794.1 元及利息损失（以 88794.1 元为基数，自 2021 年 7 月 29 日起按照全国银行间同业拆借中心公布的贷款市场报价利率计息至实际清偿之日止），限于本判决书生效之日起十日内清偿；

二、被告地产公司对被告置业公司上述第一项判决的给付义务承担连带清偿责任；

三、驳回原告装饰公司其他诉讼请求。

判决后，双方当事人均未上诉，本判决现已生效。

【法官后语】

实践中，涉及一人公司法人人格否认时，提交年度审计报告往往是一人公司与股东最常见也是最主要的举证方式之一。但提供年度审计报告是否意味着公司法要求的举证责任已完成？不同年度审计报告的证明力是否相同？举证需达到何种程度？成为目前司法实践审理此类案件的困惑之处。

1. 一人公司年度审计报告对公司与股东财产独立具有证明力。实践中，部分案例因公司与股东提交的年度审计报告系单方委托制作，审计材料亦由公司和股东提交，因其真实性、准确性以及完整性均无法得到保障而被法院径直认定财务会计报告不具有证明力。但从企业财务会计报告来看，其包含企业会计报表、会计报表标注以及财务情况说明书，能够反映企业某一特定日期的财务状况和某一会计期间的经营成果、现金流量等，是反映公司财务状况最重要以及最具关联性的证据。如果仅因年度审计报告系公司和股东自身提供而直接否认其证明力，一人公司以及股东便很难提交其他更直接有力的证据来证明公司财产与股东财产间的独立性，那么涉及一人公司法人人格否认的案件将会因缺乏关键证据而难以查明公司财产与股东财产之间是否存在混同这一事实，导致股东在事实上没有可以豁免的空间可言。

2. 仅提供年度审计报告，不足以达到高度盖然性证明标准。依审计结果，可以将年度审计报告分为无保留意见财务报表审计报告、保留意见财务报表审计报告、否定意见财务报表审计报告以及无法表示意见的财务报表审计报告，后三者因企业财务报表本身存在一定问题暂且不论。关于无保留意见财务报表审计报告，无保留的审计意见仅能证明公司财务报表符合企业会计准则和企业会计制度的规定，能够反映包括公司负债及利润等在内的真实财务状况，但不能直接、客观地反映公司与股东之间的资金往来情况以及财产是否存在混同。如实践中，一些股东抽逃公司资产，但在做账时会将其记载在公司财务报表的其他应收款一栏，此种行为看似符合会计准则之规定，但实质上属于抽逃出资行为。本案正是基于年度审计报告的这一特殊属性，认为在没有公司决议、财务会计制度、财务审批流程、大额交易合同等其他辅助证据的情况下，仅年度审计报告不足以证明地产公司与置业公司财产相互分离且独立。

3. 年度审计报告应当具有完整性和连续性审查。实践中，不少公司提交的年度审计报告是在案件诉讼期间形成，并非公司运营过程中依一人公司财务会计报告强制审计制度进行的正常年度审计，这种情况往往无法客观、真实地反映公司财务状况，难以证明公司与股东的财产相互独立。从提交的审计报告范围看，至少要从业务发生年度到诉讼期间，最好贯穿股东担任一人有限责任公司股东的全部期间，否则该审计报告可能因缺乏完整性和连续性而无法达到证明目的。

4. 一人公司与股东对存疑部分负有证明力补强责任。对于存疑之处，股东应相应提交包括但不限于一人公司财务报表、财务账册、原始记账凭证、银行流水、公司财务制度等证据，并对存疑之处加以说明解释，以补强年度审计报告的证明力。倘若公司及股东提交的证据证明程度达到了不存在财产混同的高度盖然性并足以排除合理怀疑时，举证责任则应转移至债权人，由债权人举证证明存在财产混同或提出合理怀疑。

编写人：浙江省湖州市吴兴区人民法院　吴文婷　吴迪

59

汇票保证不适用民法典关于保证期间的规定

——某银行股份有限公司北京分行诉某房地产集团有限公司等金融借款合同纠纷案

【案件基本信息】

1. 裁判书字号

北京金融法院（2024）京74民终546号民事判决书

2. 案由：金融借款合同纠纷

3. 当事人：

原告（被上诉人）：某银行股份有限公司北京分行（以下简称某银行北京分行）

被告（上诉人）：某房地产集团有限公司（以下简称某地产集团）

被告：某建设公司、某度假公司

【基本案情】

2021年1月14日，某建设公司（借款人、甲方）与某银行北京分行（乙方）签订《人民币流动资金贷款合同》（以下简称《贷款合同》），约定：某银行北京分行同意按照非“随借随还”模式向重庆某建设公司提供流动资金贷款，贷款金额为1634234.43元，贷款期限自2021年1月14日起至2022年1月17日止，贷款利率为6.5%，以及相应的复利、罚息等。同日，出质人某建设公司（甲方）与质权人某银行北京分行（乙方）签订《权利质押合同》，约定了主合同为《贷款合同》，项下债权本金金额为1634234.43元，以及质押担保的范围。该合同附件为《出质权利清单–商业汇票》（以下简称案涉汇票）。后某银行北京分行向某建设公司发放贷款1634234.43元。

2022年4月19日，某建设公司偿还本金60901.26元。

2022年1月7日至5月11日，某银行北京分行账务中心多次提示付款被拒付，拒付理由均为商业承兑汇票承兑人账户余额不足。

另查，案涉汇票系统显示票面金额为1742997.48元。出票人为某度假公司，收款人为某建设公司，承兑人为某度假公司。出票日期为2021年1月8日，汇票到期日为2022年1月7日。出质人为某建设公司，质权人为某银行北京分行，票据状态为拒付追索待清偿。承兑保证信息：保证人为某地产集团，保证日期为2021年1月8日。票面信息还记载，2021年1月14日，某建设公司通过质押背书给某银行北京分行账务中心，某银行北京分行账务中心记载为质权人，出质日期为2021年1月14日。

现某银行北京分行诉至北京市东城区人民法院，主张某建设公司支付贷款本金1573333.17元和利息、罚息、复利等，并主张对案涉汇票享有质权，某度假公司、某地产集团在票据金额1742997.48元及利息范围内对某建设公司的债务承担连带责任。

【案件焦点】

汇票保证是否适用民法典关于保证期间的规定。

【法院裁判要旨】

北京市东城区人民法院经审理认为：某建设公司与某银行北京分行签订的《贷款合同》《权利质押合同》系各方真实意思表示，不违反法律及行政法规，合法有效。某银行北京分行依约发放了贷款，某建设公司未能依约还本付息，构成违约。某银行北京分行要求某建设公司依约偿还欠付的借款本金、利息、罚息、复利于法有据，本院予以支持。

某建设公司与某银行北京分行签订《权利质押合同》，约定某建设公司以案涉汇票进行质押担保，案涉汇票登记背书记载了“质押背书”字样，票据质权依法设立。某银行北京分行要求确认对案涉汇票享有质权的诉讼请求具有事实及法律依据，本院予以支持。某地产集团抗辩某银行北京分行未在案涉商票到期之日起六个月内向某地产集团主张承担保证责任，某地产集团就案涉商票的保证责任已经解除之意见，以及案涉票据时效问题一节，本院认为，根据《中华人民共和国票据法》第十七条第一、三项之规定：“持票人对票据的出票人和承兑人的权利，自票据到期日起二年。见票即付的汇票、本票，自出票日起二年；持票人对前手的追索权，自被拒绝承兑或者被拒绝付款之日起六个月。”本案中，案涉商票载明的出票人和承兑人均为某度假公司，故持票人某银行北京分行对案涉票据的出票人和承兑人某度假公司的权利，自票据到期日2022年1月7日起二年。另，根据《中华人民共和国票据法》第四十八条规定：“保证不得附有条件；附有条件的，不影响对汇票的保证责任”，据此持票人向票据保证人主张权利不受保证期间制约且票据行为的当事人也不得对票据保证约定包括保证期间在内的任何权利行使负担，本案系票据保证法律关系，应适用票据法的有关规定，故某地产集团的上述辩称意见于法无据，一审法院不予采纳。

综上，北京市东城区人民法院判决如下：

某建设公司支付某银行北京分行借款本金1573333.17元及利息、罚息、复利，确认某银行北京分行对某建设公司出质的案涉汇票享有质权，某度假公司与某地产集团连带支付案涉汇票票款1742997.48元及利息。

某地产集团不服一审判决，提起上诉。北京金融法院经审理认为：同意一审法院裁判意见，判决如下：

驳回上诉，维持原判。

【法官后语】

汇票保证是指汇票债务人以外的第三人以担保特定汇票债务人履行汇票债务为目的而在汇票上所为的附属票据行为。汇票基于其强大的流通性在商事领域广泛适用，汇票保证人对汇票予以保证，可以增强汇票信用，确保交易安全。

但近年来部分企业资金链断链，企业经营陷入困难，导致部分汇票到期后无法兑付，票据追索权纠纷频发，票据保证人在被持票人追索时多抗辩保证责任因已过保证期间而免除。

对于汇票保证是否适用保证期间的规定，司法实践中存在两种观点。一种观点认为：《最高人民法院关于审理票据纠纷案件若干问题的规定》（以下简称《票据规定》）第六十二条第一款规定，人民法院审理票据纠纷案件，适用票据法的规定；票据法没有规定的，适用《中华人民共和国民法典》等法律以及国务院制定的行政法规。因票据法对于保证期间没有规定，故应适用民法典第六百九十二条之规定，即没有约定或者约定不明确的，保证期间为主债务履行期限届满之日起六个月。另一种观点认为：汇票保证与民法上的保证不同，不应参照适用民法典中保证期限的规定。本文倾向于第二种观点。

汇票保证属于特殊的保证，应当优先适用票据法。《票据规定》第六十一条规定："保证人未在票据或者粘单上记载'保证'字样而另行签订保证合同或者保证条款的，不属于票据保证，人民法院应当适用《中华人民共和国民法典》的有关规定。"据此，汇票保证与民法上的保证并非同一概念，两者虽都有从属性、无偿性等相同特征，但汇票保证基于票据的无因性、文义性，与民法上的保证存在较多区别，汇票保证属于单方法律行为、要式行为，承担法定的连带责任，汇票保证人不享有先诉抗辩权，除被保证人的债务因汇票形式上欠缺而无效以外，即使被保证人的债务归于无效，保证人仍应负担保证债务。故汇票保证属于特殊的保证，在法律适用时应当遵从特别法优于一般法的原则，优先适用票据法。

票据法规定票据保证不得附条件，包括了不得设立保证期间的含义。汇票的意义在于其强大的流通性，而强大的流通性依赖于汇票付款在法律上的确定性。如果汇票保证人对承担保证责任附有条件，无论该条件属于什么性质，都会使汇票保证的效力存在不确定性，致使后手对汇票的兑付存在不安全感，进而影响汇票的流通性。据此，票据法第四十八条规定："保证不得附有条件；附有条件的，不影响对汇票的保证责任。"保证期间影响汇票保证责任的承担，自然属于附条件的一种，为票据法所限制，以实现增强汇票信用、促进汇票流通的立法目的。据此，票据法第四十八条规定中的“不得附条件”自有限制设立保证期间的含义，不属于没有规定而适用民法典的情况。

汇票保证人承担票据责任适用票据时效，同被保证人一致。票据法第五十条规定：“被保证的汇票，保证人应当与被保证人对持票人承担连带责任。”第十七条第一款第一、三、四项规定：“票据权利在下列期限内不行使而消灭：（一）持票人对票据的出票人和承兑人的权利，自票据到期日起二年；（三）持票人对前手的追索权，自被拒绝承兑或者被拒绝付款之日起六个月；（四）持票人对前手的再追索权，自清偿日或者被提起诉讼之日起三个月。”据此，汇票保证人并非无限期承担票据责任，其票据责任的承担期限适用票据时效的规定，与被保证人同一，因被保证人系出票人、承兑人、背书人的不同而分别适用票据法第十七条的规定。

综上，票据保证不同于民法上的保证，应优先适用票据法的规定，票据法规定保证不得附条件，包括了限制设立保证期间的含义，票据保证人承担票据责任的期间同被保证人承担票据责任的期间一致。

编写人：北京市丰台区人民法院　谭泽泓

北京金融法院　舒翔

九、其他

60

非典型担保下的物权法定原则及破产案件公平受偿

——小额贷款公司诉房地产公司普通破产债权确认案

【案件基本信息】

1. 裁判书字号

广西壮族自治区来宾市中级人民法院（2022）桂 13 民终 887 号民事判决书

2. 案由：普通破产债权确认纠纷

3. 当事人

原告（上诉人）：小额贷款公司

被告（被上诉人）：房地产公司

【基本案情】

被告房地产公司分别于 2013 年 9 月 27 日、10 月 11 日与原告小额贷款公司签订了四份合同编号分别为 017、018、019、020 的《商品房买卖合同》，合同约定小额贷款公司向被告购买 84 套商品房，总房款为 1500 万元。合同签订当日，小额贷款公司与被告到象州县房地产管理所进行商品房销售备案登记，将上述涉案房屋登记在小额贷款公司名下。随后，小额贷款公司分别与杨某某（被告房地产公司的法定代表人）、潘某某（被告法定代表人杨某某的妻子）、姚某某（被告房地产公司股东）签订《借款合同》，与被告房地产公司签订《保证合同》，将小额贷款公司支付给被告房地产公司的购房款1500万元作为杨某某、潘某某、姚某某三人向小额贷款公司所借款项，被告房地产公司作为保证人对上述三人的1500万元借款本息偿还提供连带保证担保。

2014年10月25日，因杨某某、潘某某、姚某某三人到期不能清偿所欠小额贷款公司的借款本息，上述三人遂分别与小额贷款公司、被告房地产公司签订了《债务清偿协议书》，三方同意将欠款和购房款相抵后，被告房地产公司立即将房屋交付小额贷款公司并为小额贷款公司或者其指定的人办理房产证。2015年1月13日，小额贷款公司向南宁市仲裁委员会提交书面仲裁申请，请求裁令被申请人房地产公司在双方买卖的商品房具备交房条件时立即向申请人交付涉案的84套房屋，并依约为申请人小额贷款公司申办房屋产权登记手续等。2015年5月14日，南宁市仲裁委员会分别作出南仲裁字（2015）第071、072、073、074号裁决书，裁决被申请人房地产公司应当在收到裁决书后三十日内向申请人小额贷款公司交付申请人所购买的84套商品房，并在交房后九十日内将办理权属登记所需的资料报房屋登记机关备案并协助申请人小额贷款公司办理所购商品房产权登记手续。2015年7月16日，被告房地产公司向南宁市中级人民法院申请撤销上述四份仲裁裁决，南宁市中级人民法院于2015年10月19日分别作出（2015）南宁市民一特字第14、15、16、17号民事裁定书，均裁定驳回申请人房地产公司的申请。仲裁裁决生效后，原告小额贷款公司向来宾市中级人民法院申请强制执行，因涉案房屋尚未竣工，不具备交付和办理房产登记条件，且未发现被执行人房地产公司有可供执行财产，申请执行人也未能提供其他财产线索，2015年11月30日，来宾市中级人民法院裁定终结执行程序。

2018年7月11日，本院作出（2018）桂1322执176号决定书，以房地产公司不能清偿到期债务，且资产不足以清偿全部债务为由，将房地产公司执行案件移送来宾市中级人民法院进行破产审查。2018年8月3日，来宾市中级人民法院指定该案由本院审理。2018年8月10日，本院作出（2018）桂1322破

1 号民事裁定，宣告房地产公司破产。同年 10 月 8 日，来宾市中级人民法院指定广西某律师事务所担任被告房地产公司管理人。

2019 年 1 月 29 日，原告小额贷款公司向被告房地产公司管理人提交《自述购房情况登记表》，主张要求确认原告为购房人并要求向原告交付 84 套商品房并协助办理产权证。同时，原告小额贷款公司向被告管理人提交了四份编号分别为（2018）某破管登字 264-1、264-2、264-3、264-4 号的破产债权申请表，申报债权金额合计 8277109.1 元（截至 2018 年 8 月 5 日）。上述四份债权的形成原因均标注为“因双方房屋买卖，债务人逾期交房产生”，债权到期日均为 2017 年 7 月 11 日。同日，被告房地产公司管理人向原告小额贷款公司出具破产债权申报文件收据，确认收到原告小额贷款公司提交的上述四份破产债权申请表及相关材料。2021 年 9 月 7 日，被告房地产公司管理人向原告小额贷款公司出具编号为（2018）象州破管字第 42-4 号的《房地产公司破产案购房人资格审查结果通知书》，被告某公司管理人认定原告小额贷款公司“不具备购房人资格”，审查理由为“实为让与担保，非真实购房人”。同年 10 月 25 日，被告房地产公司管理人向原告小额贷款公司出具四份《房地产公司债权审查结果通知书（补充）》，对原告小额贷款公司上述申报的债权均不予确认，审查意见均为“因管理人对于申报人申报的购房人资格不予确认，故对申报人申报的逾期交房违约金债权亦不予确认”。同年 10 月 28 日，原告小额贷款公司对被告房地产公司管理人不予确认其债权提出异议。同年 11 月 1 日，被告房地产公司管理人向原告小额贷款公司出具《房地产公司债权异议审查意见通知书》，维持上述四份债权审核结果，即对上述债权不予确认。

【案件焦点】

原告的债权性质是金钱之债还是物权之债。

【法院裁判要旨】

广西壮族自治区象州县人民法院经审理认为：《中华人民共和国企业破产法》第五十八条第三款规定“债务人、债权人对债权表记载的债权有异议的，可以向受理破产申请的人民法院提起诉讼”，小额贷款公司在向破产管理人申报债权未得到确认后，依法提起诉讼符合法律规定。本案争议焦点为：原告的债权性质是金钱之债还是物权之债？本院认为，当事人以订立买卖合同作为民间借贷合同的担保，借款到期后借款人不能还款，出借人请求履行买卖合同的，人民法院应当按照民间借贷法律关系审理。依南宁仲裁委员会南仲裁字（2015）第071、072、073、074号裁决书查明的事实，小额贷款公司与被告签订的《商品房买卖合同》具有非典型性担保合同性质，双方之间存在的是非典型性抵押担保关系，并非房屋买卖关系，即小额贷款公司并非实际购房人。该担保的中心效力及最重要的目的在于担保债务的清偿，故在所担保债权的清偿期届至，而债务人仍不清偿债务时，担保人自得实现其让与担保，以取得标的物之价值，实现清偿担保债权。涉案房屋虽在双方签订合同后即备案登记在小额贷款公司名下，但商品房销售备案登记不等同于预告登记，并不具有物权效力，不能对抗第三人，亦不享有排他权，故而小额贷款公司仍未取得涉案房屋的物权。虽然《债务清偿协议书》约定将欠款和购房款相抵后，被告房地产公司立即将房屋交付小额贷款公司并为小额贷款公司或者其指定的人办理房产证，但该协议的实质是以物抵债，目的在于消灭旧的金钱之债，以物抵债作为履行原来金钱之债的方法，债权人享有的本质上仍然是金钱之债，不应优先于另一个金钱之债。同时，在签订以物抵债协议的债务人企业破产的情况下，管理人不得随意解除合同或者继续履行，但管理人不能解除合同并不意味着债权人就有权请求继续履行合同，因为一旦允许债权人有权请求继续履行合同，并基于合同的履行享有物权，则无异于使该债权人享有了物权性质的权利，不符合破产程序公平受偿的原则。因此，原告小额贷款公司诉请要求被告房地产公司交付涉案的84套房屋没有事实和法律依据，本院不予支持。而原告要求被告协助办理案涉房产产权登记及确认逾期交房违约金、逾期办证违约金等衍生债权亦没有依据，本院亦不予支持。原告可就其借款债权向管理人依法申报。

判决如下：

驳回原告小额贷款公司的诉讼请求。

小额贷款公司不服一审判决，提出上诉。广西壮族自治区来宾市中级人民法院经审理认为：一审法院查明的案件事实正确，予以确认。上诉人小额贷款公司主张对案涉 84 套房屋享有物权，要求被上诉人房地产公司履行交付房屋等相关义务，主要依据是双方当事人签订的《商品房买卖合同》和南宁仲裁委员会作出的四份裁决书、南宁市中级人民法院作出的四份民事裁定书。根据案件事实，上诉人小额贷款公司与被上诉人房地产公司签订的《商品房买卖合同》，具有非典型性担保合同性质，双方之间存在的是非典型性抵押担保关系，并非房屋买卖关系，上诉人小额贷款公司对被上诉人房地产公司享有的应属于金钱之债。前述裁决书和民事裁定书在人民法院宣告被上诉人房地产公司破产前作出，在人民法院宣告被上诉人房地产公司破产后，被上诉人房地产公司便进入破产程序，所有债权应按破产程序进行处理，根据前述，上诉人小额贷款公司对被上诉人房地产公司享有的是金钱之债，故上诉人小额贷款公司对案涉 84 套房屋不享有物权，因此，上诉人小额贷款公司要求被上诉人房地产公司履行交付案涉的 84 套房屋及办理案涉房屋产权登记等相关义务，没有法律依据，本院不予支持。上诉人小额贷款公司可就其借款债权向管理人依法申报。

广西壮族自治区来宾市中级人民法院依照《中华人民共和国民事诉讼法》第一百七十条第一款第一项之规定，判决如下：

驳回上诉，维持原判。

【法官后语】

一、物权法定原则之内涵

我国民法典第一百一十六条规定："物权的种类和内容，由法律规定"，此乃物权法定原则。具体包括两方面内容。一是物权的种类必须由法律规定，学说称为"类型强制"。据此，任何行政法规、司法解释都不能创设物权。当事人的合同不能自由创设物权，也就是说在法律没有明确规定哪一种权利是物权的情况下，当事人不能通过合同约定这一种权利是物权。民法典中是不存在无名物权的，如果当事人约定的物权类型不符合法律的规定，不能产生物权的效力。二是物权的内容必须法定，这包括物权的基本权能、设立物权及变动物权的方式由法律规定，当事人不能创设与民法典内容相悖的物权。

涉案商品房仅是进行了备案登记，备案登记是一种行政管理方式，是主管部门有效监管房地产行业健康发展的一种手段，同时也能防止房地产开发商一房多卖，有利于保护房屋消费者的合法权益。在法律效力层面，商品房买卖合同备案登记并不会改变商品房合同性质，法律并未赋予其与预告登记相同的法律效力，即不能产生具有登记请求权的物权效力，不能对抗第三人，不享有排他权。

二、对非典型担保之司法态度

所谓非典型担保，是相对于典型担保而言的。典型担保是指法律明文规定的担保类型，而非典型担保则是社会交易中自发产生的有关法律没有规定的担保，有的系典型担保之外的新的担保类型，如让与担保。非典型担保应属物权法定的副产品。在物权法定原则下，法律如果能够富有前瞻性地预设出永久符合社会需求的担保物权的类型及内容，固然为理想的制度，但囿于社会实践及立法前瞻性的局限，要达到该理想状态是不可能的。因此，必将带来立法所规定的担保物权类型及内容无法满足现实需要的结果。于是，非典型担保应运而生。而司法实务中究竟对现实需要的非典型担保持什么态度，是不容回避的问题。其一，如果系担保类型不符合法律规定，可认定旨在设立担保物权的合同有效。同时，在当事人采取了相应的符合民法典规定的公示方法，主动设置防止意外风险的措施的情况下，法院当承认其既成事实，对其优先受偿权予以支持。如不动产让与担保，若办理了不动产过户登记手续，债权人可以凭借其对标的物形式上的所有权对抗第三人。其二，如果所设立的担保类型符合法律规定，唯内容不符，在不违反物权法定的基本价值又有一定公示方法的情况下，则可考虑从宽解释物权法定的内容，将其归类于相似的典型担保，以承认其担保物权效力。如账户质押，并无超越质押这一典型担保类型，只是该质押标的物在民法典中未作规定，将其解释为动产质押或者应收账款质押均无不可。采此思路之目的，无非通过司法裁判化解或者削弱物权法定原则下可能带来的副作用，追求裁判之公平、公正。事实上，有的在经济社会中已经大量存在具有担保物权功能的担保。

三、让与担保

让与担保存在广义与狭义之说。广义让与担保，包括买卖式担保和让与式担保。所谓买卖式担保，又称卖与担保，是指以买卖方式移转标的物的所有权，并约定日后将该标的物买回的制度。狭义让与担保，仅指让与式担保，又称为信托让与担保，是指担保人（或者第三人）为担保债务清偿，将担保标的物之所有权移转给债权人，在债务清偿后，标的物之所有权回归于担保人；在债务届时未能得到清偿时，债权人有就担保物优先受偿的权利。其要点是：第一，在设定这一担保时，担保人需将标的物所有权暂时转让给债权人，债权人成为形式上的所有人；第二，为使担保人保持对担保标的物的使用效益，债权人往往与担保人签订标的物的借用或者租赁合同，由担保人对担保标的物使用；第三，债务人履行债务后，债权人应返回标的物所有权；第四，在债务人未偿还债务时，债权人并不是当然取得担保标的物所有权，而是进行清算。清算分为两种：一是归属清算型，对标的物进行评估，超出债务价值部分由债权人偿还给担保人，债权人取得所有权；二是处分清算型，由债权人将标的物予以变卖，将价款用于清偿债权，多余部分属于担保人。

本案涉及商品房买卖合同备案登记的性质认定以及让与担保的学理探究。在认定双方当事人之间的法律关系为借贷关系的前提下，如何界定案涉商品房买卖合同以及商品房备案登记的性质和效力，则是本案衍生的一个值得探究的问题。如前所述，商品房买卖合同备案登记仅是行政管理范畴，并不产生物权的效力，本案中，房地产公司与小额贷款公司的基础法律关系是民间借贷关系，其与小额贷款公司签订商品房买卖合同、办理商品房备案登记的目的，则是担保债务的履行。此种担保虽以不动产为标的，但未办理抵押登记，其约定也不符合法定的担保方式，故成立一种非典型的担保。故法院依此认定双方之间存在的是非典型性抵押担保关系，并非房屋买卖关系，即小额贷款公司并非涉案商品房的实际购房人。

四、以物抵债协议在破产程序中的认定

（一）债权人能否基于以物抵债协议对抗金钱之债的执行

根据《最高人民法院关于人民法院办理执行异议和复议案件若干问题的规定》第二十八条、第二十九条的规定，无过错买受人、消费者购房人在一定的条件下，即使没有办理过户登记手续，也可以对抗金钱之债的执行。该条旨在对无过错买受人、消费者购房人进行特别保护，即请求交付物的债权作为物权期待权应优先于金钱债权。但实务中以物抵债的情况比较复杂，往往出现案外人与被执行人恶意串通倒签抵债协议的情形，法院在审理过程中也难以认定。笔者认为，设立以物抵债的目的在于消灭旧的金钱之债，以物抵债仅是履行金钱之债的一种方式，债权人本质上享有的仍是金钱之债，因此，破产程序中的以物抵债不适用该司法解释的规定。

（二）生效裁判文书认定以物抵债协议能否直接导致物权变动

民法典第二百二十九条规定：因人民法院、仲裁机构的法律文书或者人民政府的征收决定等，导致物权设立、变更、转让或者消灭的，自法律文书或者征收决定等生效时发生效力。本案中，南宁市仲裁委员会作出裁决书，裁决被申请人房地产公司应当在收到裁决书后三十日内向申请人小额贷款公司交付申请人所购买的84套商品房，在交房后九十日内将办理权属登记所需的资料报房屋登记机关备案并协助申请人小额贷款公司办理所购商品房产权登记手续。该裁决书是否属于民法典第二百二十九条中规定的能够直接导致物权变动的法律文书？笔者认为，该裁决是对债权性质的非典型担保关系的确认，当事人据此享有请求另一方履行生效裁判文书确定的交付标的物的权利，另一方不履行义务的，当事人可以申请强制执行，但不能直接请求确认对该标的物享有所有权。

（三）签订以物抵债协议的债务人破产时，如何保护债权人的利益

在签订以物抵债协议的债务人破产时，管理人能否基于企业破产法第十八条的规定享有决定合同解除或者继续履行的权利？该条适用的前提是债务人和对方当事人均未履行完合同义务，而在以物抵债协议中，债权人往往已经履行了义务，并且享有了对债务人的权利，债务人未能履行自己的义务，才签订以

物抵债协议。因此，在该种情况下，不符合企业破产法第十八条规定的条件，管理人不得根据该条规定选择解除合同或继续履行。管理人不能解除合同，但这并不意味着债权人就有权请求继续履行合同。公平是破产程序应当实现的最为重要的价值目标，同时也是破产程序应当贯穿的基本原则。公平原则是指破产法在保证债权人公平受到清偿的同时，亦兼顾了债务人利益的保护。破产制度之所以产生，就是为了避免在债务人不能清偿到期债务时，适用一般强制执行程序所带来的不公平受偿的结果。通过破产程序，可以确保债权人平等、公平受偿。

本案中，小额贷款公司主张对案涉 84 套房屋享有物权，要求房地产公司履行交付房屋等相关义务，主要依据是双方当事人签订的《商品房买卖合同》和南宁仲裁委员会作出的四份裁决书、南宁市中级人民法院作出的四份民事裁定书。根据案件事实，小额贷款公司与房地产公司签订的《商品房买卖合同》，具有非典型性担保合同性质，双方之间存在的是非典型性抵押担保关系，并非房屋买卖关系，小额贷款公司对房地产公司享有的应属于金钱之债。前述裁决书和民事裁定书在人民法院宣告房地产公司破产前作出，在人民法院宣告房地产公司破产后，房地产公司便进入破产程序，所有债权应按破产程序进行处理，小额贷款公司对房地产公司享有的是金钱之债，对案涉 84 套房屋不享有物权。因为一旦允许债权人基于合同的履行享有物权，则无异于使该债权人享有了物权性质的权利，这将极大损害其他债权人的合法权益。通过对债权人债权平等受偿权的保护，债权人的利益得到公平公正的维护。

编写人：广西壮族自治区来宾市象州县人民法院　曾媚丝　陈保成

61

保险人开具的履约保函是否构成独立保函的认定标准

——某城乡建设局诉某保险公司独立保函案

【案件基本信息】

1. 裁判书字号

成渝金融法院（2023）渝87民终895号民事判决书

2. 案由：独立保函纠纷

3. 当事人

原告（上诉人、再审申请人）：某城乡建设局

被告（被上诉人、再审被申请人）：某保险公司

第三人：某建筑公司、甲公司、乙公司

【基本案情】

2020年4月，某城乡建设局对一PPP项目①公开采购，《采购文件》中载明投保人应以保函（银行或金融机构为准）的形式缴纳建设期保证金3000万元。某建筑公司中标后，某城乡建设局（甲方）与某建筑公司牵头的联合体（乙方）签订《PPP项目合同》，约定乙方提供金额为3000万元的不可撤销的保函，同时还约定经甲方催告后乙方在合理期间内仍未履行项目公司注册资本金出资义务的，甲方有权直接提取《履约保函》或履约保证金的全部金额，并终止本合同。

后某建筑公司作为投保人，以某城乡建设局作为被保险人向某保险公司购

① 指政府与私人组织之间，合作建设城市基础设施项目。以下不另外提示。

买了《建设工程施工合同单独履约保证保险》。某保险公司据此以保证人名义向某城乡建设局出具案涉《履约保函》，内容为：鉴于贵方拟与联合体（承包人）签订《PPP项目合同》的履行需要，应承包人的申请，我方特开立以贵方为被保险人、金额3000万元的《履约保函》。(1) 我方承诺，如果承包人未按照合同约定履行义务，我方将在收到贵方提交的书面索赔通知和承包人未履行合同约定义务的书面证明材料后，按照合同的约定以保函金额为限向贵方承担保证责任。(2) 如果贵方与承包人协议变更合同，应事先征得我方书面认可，否则本保函即行失效。(3) 本保函不得转让，我方对除贵方以外任何组织或个人不承担保证责任。

由于联合体未按约完成出资义务，某城乡建设局向某保险公司发出《提取函》及相关资料，要求全额提取《履约保函》款项。某保险公司回函以联合体在积极协调下有履行项目合同意愿为由拒绝付款。因此后联合体仍未履行出资义务，某城乡建设局复函重申提取保函款项。某保险公司再次回函，以联合体有继续履约意愿并已成立工作组协调、督促联合体完成出资义务为由，再次拒绝付款。某城乡建设局向一审法院提起诉讼，依据独立保函的相关规定要求某保险公司支付保函项下的款项。

【案件焦点】

某保险公司出具的《履约保函》是否构成独立保函。

【法院裁判要旨】

四川省成都市武侯区人民法院经审理认为：案涉《履约保函》要求的付款“单据”为“书面证明材料”，并非简单陈述联合体违反了合同项下的何种义务，故担保人的付款责任并非仅以保函中载明的单据为准。且案涉《履约保函》中对付款条件做出了“如果承包人未按照合同约定履行义务”表述，此约定并非简单记载，而是担保人向受益人承担担保责任之单方允诺成立所附的条件，该条件需基于基础交易关系，需担保人审查联合体是否未按约履行合同义务，不具有“独立的付款义务”特征。故，案涉《履约保函》不构成独立保函。依照《最高人民法院关于审理独立保函纠纷案件若干问题的规定》第一条、第三条、第五条、第六条、第七条，《中华人民共和国民事诉讼法》第四十条、第一百三十七条之规定，判决：

驳回某城乡建设局的全部诉讼请求。

某城乡建设局不服，提起上诉。成渝金融法院经审理认为：独立保函的认定标准之核心在于是否符合独立保函独立性及单据性特征，应结合保险凭证中记载的基础交易内容是属于对事实的描述还是对付款条件的限定、据以索赔的“单据”系陈述性文件还是论证性文件、保险人的付款金额能否仅依据保险凭证加以明确、基础交易合同的变更是否影响保险人的付款责任以及保险凭证的开具背景、被保险人的索赔依据、保险人的拒付理由等事实综合判断，以确定是否构成独立保函。就案涉《履约保函》而言，依据保函条款内容、开具背景、拒付理由等事实综合分析，该《履约保函》不具备独立性及单据性特征，不能认定为独立保函。依照《中华人民共和国民事诉讼法》第一百七十七条第一款第一项规定，判决如下：

驳回上诉，维持原判。

某城乡建设局不服，申请再审。重庆市高级人民法院经审理认为，原审认定案涉保函不构成独立保函并无不当，某城乡建设局的再审申请不符合《中华人民共和国民事诉讼法》第二百一十一条规定的情形。依照《中华人民共和国民事诉讼法》第二百一十五条第一款、《最高人民法院关于适用〈中华人民共和国民事诉讼法〉的解释》第三百九十三条第二款规定，裁定如下：

驳回再审申请人某城乡建设局的再审申请。

【法官后语】

本案涉及独立保函的认定标准问题，如何在审判中准确把握独立保函相关认定标准，是本案中值得研究探讨的重点问题。

关于独立保函的法律特征及本质要求。根据《最高人民法院关于审理独立保函纠纷案件若干问题的规定》，独立保函通常是指，银行或非银行金融机构作为开立人，以书面形式向受益人出具的，同意在受益人请求付款并提交符合保函要求的单据时，向其支付特定款项或在保函最高金额内付款的承诺。这是一种区别于传统“从属性保证”的、具有新型特征的信用担保方式。为了担保债务的顺利履行，保证人根据“基础交易”债务人的相关委托，向“基础交易”债权人开出单据，只要债权人提交索款要求，并且要求符合规定，保证人不能援引“基础交易”加以抗辩，必须承担支付约定金额以及相关款项承诺的义务。单据性和独立性构成了独立保函的两大基石。单据性体现在，开立人只审核单据本身，不审查基础交易的实际履行情况，只要受益人提交的单据与独立保函表面相符，开立人就应履行付款义务。独立性体现在，独立保函一旦做出则独立于基础交易关系和保函申请关系，开立人的付款义务不受基础交易关系及保函申请关系的制约和影响。

司法实践中，在建设工程领域，保险人根据保证保险合同的约定向被保险人开具保险凭证，各方往往对该保险凭证是否构成独立保函产生争议。在认定保险凭证是否具备独立性、单据性特征时，可从以下几方面因素综合予以判断：

第一，甄别保险条款中记载的基础交易内容是对事实的描述，还是对付款条件的限定。当保险凭证中记载有基础交易内容，如“若承包人未按照合同约定履行义务”，表明并无独立付款的意思，保险人还需在单据之外确定基础交易项下的履行情况，则该记载内容应认定为对付款条件的限定，保险人的付款责任并未摆脱基础交易关系的影响和制约，并未创设独立的付款义务，因而不足以认定保险人有明确的“见索即付”的意思表示，不构成独立性特征。

第二，区分保险条款中载明的据以索赔的“单据”系陈述性文件还是论证性文件。基于独立保函“先付款，后争议”的运作机制，受益人据以索赔的“单据”（即发生付款到期事件的书面文件）应是确定的、形式化的，无须被证明，否则开立人无法就单据进行表面审查。保险条款中通常载明付款前提为“我方将在收到索赔通知及证明材料后”，此时该“证明材料”宜认定为论证性文件，开立人还需结合基础交易关系项下义务人的实际履约行为进行审查，不符合单据性特征。

第三，考察保险人的付款金额能否仅依据保函条款加以明确。保险条款中虽约定了最高金额，但若最终保险人应承担的责任仅依据凭证内容还无法明确，无法仅凭“审单”确定。如保险条款记载“按照合同约定以保函金额为限承担保证责任”“担保金额将随买方已经支付或开立人已经支付的金额递减”，表明保险人的付款责任还要受基础交易合同条款的约束、需参考基础交易合同履行情况方能确定保险人是否承担付款责任以及责任性质、范围，不符合独立保函的独立性特征。

第四，判断保险凭证是否受基础交易关系和保函申请关系的效力、变更等情况的影响。独立保函一经作出，即独立于基础交易关系和保函申请关系，构成一项独立的付款承诺。保险凭证中若记载有其他足以影响内容和效力独立性判断的情形，如“变更修改基础合同要经过开立人同意，否则保函自动失效”，表明基础交易合同的变更直接影响着保险人付款责任的承担。

此外，在双方对保险条款的单据性和独立性问题产生争议时，还可进一步结合保险凭证的开具背景，如当事人事先有无开具独立保函的合理预期或明确要求，以及被保险人的索赔依据和保险人的拒付理由系来源于单据本身还是基础交易合同等因素进行分析，以确定当事人的真实意思表示。

本案通过对独立保函构成要件及认定标准进行深入分析，明确案涉《履约保函》不完全符合独立保函构成要件独立保函，并最终认定该《履约保函》不构成独立保函，为此类案件中独立保函的认定提供了样本参考。

编写人：成渝金融法院　李玲　汪红

62

“池保理”模式下部分应收账款为虚构的法律关系性质认定

——融资租赁公司诉广告公司等保理合同案

【案件基本信息】

1. 裁判书字号

北京金融法院（2022）京 74 民终 1873 号民事判决书

2. 案由：保理合同纠纷

3. 当事人

原告（被上诉人）：融资租赁公司

被告（上诉人）：槐某、李某、邵某某、刘某

被告：广告公司、汽车公司、科技公司、巴某、王某

【基本案情】

2019 年 2 月 1 日，广告公司（作为保理申请人）与融资租赁公司（作为保理人）签订《池保理业务合同》，约定广告公司将其已存在及在未来一定期限内持续形成的应收账款转让给融资租赁公司，融资租赁公司在保理融资额度范围内预先向广告公司支付一定金额价款。在保理期间内，广告公司有权申请并长期使用保理融资，但保理期间内任何一时点均应满足：应收账款余额×转让折率+资金池余额≥保理融资余额。保理期间届满，融资租赁公司将向广告公司收回全部保理融资本金、保理融资利息、欠付的保理管理费、逾期支付利息、违约金。汽车公司、科技公司、槐某等作为担保人与融资租赁公司签订了相应担保合同。

2019 年 2 月至 10 月，广告公司先后七次申请应收账款入保理池，涉及应

收账款 90 笔、金额合计 111446947.75 元。融资租赁公司同意接受上述该应收账款，并于 2019 年 2 月至 7 月累计向广告公司发放保理融资款 5000 万元。上述七次应收账款转让均在中国人民银行征信中心办理了登记。融资租赁公司与广告公司每月就上个月入池及出池情况进行对账，于 2019 年 10 月 10 日进行最后一次书面对账，确认刨除出池及核销金额后，当前应收金额应收账款净额 77083896.75 元，基本折算比例 0.7，折算后可融资金额 53958727.73 元。

巴某提交某仲裁裁决书，以证明融资租赁公司虚构部分应收账款（涉及上海某公司 2 笔应收账款，合计 43087458.75 元）已为某仲裁裁决书认定，主张本案名为保理实为借贷。

【案件焦点】

“池保理”融资模式下，部分应收账款为虚构时，保理人与保理申请人之间的法律关系性质认定。

【法院裁判要旨】

北京市朝阳区人民法院经审理认为：其一，广告公司与融资租赁公司签订《池保理业务合同》，将其已存在及在未来一定期限内将持续形成的应收账款转让给融资租赁公司，由后者为其提供应收账款融资等保理服务。融资租赁公司经审核受让相应应收账款，并支付保理融资款，广告公司向应收账款债务人发出《应收账款转让通知书》，且提供了付款义务人确认应收账款真实性的邮件，案涉应收账款转让亦在中国人民银行征信中心办理登记。在案证据足以表明融资租赁公司与广告公司之间构成保理合同关系，并已实际履行。

其二，巴某所交裁决书并未对《池保理业务合同》法律关系性质及合同效力进行认定。该仲裁案件仅涉及上海某公司的应收账款，而案涉保理业务系池保理业务，刨除上海某公司的应收账款后，其他累计入池应收账款仍达 6800 余万元。仲裁庭虽认为融资租赁公司未尽到审慎审核的义务，但未尽到审慎审查义务，并不等同于融资租赁公司明知应收账款为虚构以及与广告公司存在通谋虚伪意思表示。

综上，《池保理业务合同》不存在法定无效情形，双方构成保理合同关系。

依照《中华人民共和国民法典》第七百六十一条，《中华人民共和国担保法》第十八条、第三十一条，《中华人民共和国物权法》第一百七十条、第一百七十九条、第一百八十七条、第二百二十六条、第二百二十八条规定，判决如下：

一、广告公司应向融资租赁公司返还保理融资款 1400 万元，并支付律师费 30 万元、保全保险费 28875.08 元、利息及违约金（二者合计以 1400 万元为基数，自 2020 年 4 月 1 日起计算至实际付清之日止，按照年利率 24%计算）；

二、汽车公司、槐某、李某、邵某某、刘某、巴某对广告公司上述债务承担连带清偿责任，其承担责任后有权向广告公司追偿；

三、对广告公司上述债务，融资租赁公司有权以抵押房屋、质押股权及应收账款优先受偿；

四、驳回融资租赁公司的其他诉讼请求。

一审判决后，部分担保人不服，提起上诉。北京金融法院经审理认为：上诉请求不涉及保理合同性质与效力。判决如下：

驳回上诉，维持原判。

【法官后语】

“池保理”并非法定的保理分类，而是随着供应链金融发展在实践中形成的新类型保理融资方式，通常是指供应商将现有或将有的应收账款持续转让给保理人，形成相对稳定的应收账款池，保理人根据池中应收账款余额及保理融资比例为供应商提供保理融资服务。相较于传统保理模式，“池保理”模式下，保理融资额与池内应收账款余额保持一定比例的对应关系，池内应收账款因到期、核销与新增等情况而处于动态变化状态，保理融资到期时间与池内应收账款到期时间并不完全匹配。

保理融资中，应收账款转让具有担保债权实现的功能，应收账款的担保功能也是保理区别于借款、融资租赁等其他法律关系的本质特征。具体到“池保理”模式下，因保理融资额并不与具体某一批、某一笔应收账款进行匹配，而是从整体上与池内应收账款保持一定比例的匹配关系，池内应收账款余额通常会高于保理融资额。故而，在部分应收账款为虚构的情况下，判断是否构成保理合同关系，应从整体上对池内应收账款的担保功能进行考量，具体应考量以下因素：首先，保理人是否明知。根据民法典第七百六十三条规定，应收账款债权人与债务人虚构应收账款作为转让标的，与保理人订立保理合同的，应收账款债务人不得以应收账款不存在为由对抗保理人，但是保理人明知虚构的除外。故而在保理人非明知的情况下，应收账款即便为虚构仍具有担保功能。其次，在保理人明知的情况下，应进一步考量虚构的应收账款有无出池核销情形、在入池应收账款中的占比、剩余应收账款是否显著低于保理融资金额及欠款金额等因素，对剩余应收账款的担保功能进行综合评判。

具体本案，一方面，某仲裁裁决书形成于民法典施行前，虽认定部分应收账款为虚构，以及融资租赁公司未尽到审慎审核的义务，但未认定融资租赁公司对此明知，而巴某所交证据并不足以证明融资租赁公司存在明知情形，与广告公司存在通谋虚伪意思表示，故应收账款债权人与债务人之间虚构应收账款，不影响保理人与应收账款债权人之间保理合同关系的成立与效力。另一方面，即使融资租赁公司对此明知，保理池中累计入池金额111446947.75元、最后一次书面对账确认的当前应收金额应收账款净额77083896.75元，扣除虚构应收账款4300余万元后，其他累计入池应收账款仍达6800余万元，最后池内应收账款余额仍达3400余万元，相较于融资额及欠款额，并未显著失去担保功能。故本案尽管存在部分应收账款虚构情形，但不影响融资租赁公司与广告公司之间成立有效的保理合同关系。

编写人：北京市朝阳区人民法院　张开力

63

典当纠纷中未明示中介人身份的处理

——某典当行诉步某某、解某某典当案

【案件基本信息】

1. 裁判书字号

河北省石家庄市中级人民法院（2023）冀 01 民终 4910 号民事判决书

2. 案由：典当纠纷

3. 当事人

原告（被上诉人）：某典当行

被告（上诉人）：步某某、解某某

【基本案情】

2021 年 9 月 17 日，某典当行与步某某签订《不动产典当合同》《不动产抵押合同》，约定某典当行向步某某提供当金 600000 元，当期 6 个月，步某某分别按照月利率 1.8%、0.2% 支付综合费及利息，并以自有房产提供抵押担保。步某某与解某某系夫妻关系，解某某向某典当行出具《连带责任保证书》，承诺对上述债务承担连带责任。当期届满后，步某某未偿还借款。某典当行诉至法院，请求判令步某某偿付借款本金 600000 元及息费、对步某某名下的房产折价或拍卖、变卖的价款优先受偿、解某某承担连带偿还责任。步某某、解某某认为借款当日向案外人王某某账户打款 21580 元，其中 6000 元为支付给另一中介人的中介费，扣除该中介费后，另 15580 元实为典当行预先在本金中扣除的利息。某典当行否认王某某系典当行员工，认为王某某个人收款与典当行无关。签订合同前，王某某曾以某典当行的名义与步某某、解某某洽商典当事宜并参

与了典当合同的签订，当期届满后，亦代表该典当行向步某某、解某某进行催收，其间，某典当行、王某某均未向步某某、解某某表明王某某的中介人身份。

【案件焦点】

王某某收款的行为是否构成对典当行的表见代理。

【法院裁判要旨】

河北省桥西区人民法院经审理认为：《中华人民共和国民法典》第一百七十二条规定："行为人没有代理权、超越代理权或者代理权终止后，仍然实施代理行为，相对人有理由相信行为人有代理权的，代理行为有效。"本案中，案外人王某某系为原告介绍客户的中介人员，并非原告员工。但其在当金发放当日向被告收取21580元，仅将其中的当月利息1200元转交给原告。双方对王某某收款行为对原告是否构成表见代理存在争议。《最高人民法院关于适用〈中华人民共和国民法典〉总则编若干问题的解释》第二十八条第二款规定，因是否构成表见代理发生争议的，相对人应当就无权代理符合前款第一项规定的条件承担举证责任；被代理人应当就相对人不符合前款第二项规定的条件承担举证责任。根据查明的事实，一是王某某在微信中多次以典当行工作人员自居，且从前期合同的磋商、洽谈，到合同的签订及后期的催收，均由其全程完成，原告人员仅出面签订合同，其他环节均未参与，足以使被告有理由认为王某某是代表原告与其洽谈合同。二是在合同签订时，原、被告和王某某均在场，在前期工作全部由王某某单独完成的情况下，本着诚实信用、防范风险的原则，原告理应向借款人明示王某某仅为中介人身份，以防止中介人以公司名义实施对其不利的行为，但原告并未履行明示义务，属于放任或消极漠视该情况的发生。综上，被告提供的证据，能够证实王某某存在有代理权的外观。原告未提供证据证明被告明知王某某无代理权而向其付款，故应认定王某某在当金发放当日向被告收取款项的行为，对原告构成表见代理。

河北省桥西区人民法院判决如下：

一、被告步某某在本判决生效之日起十日内偿还原告河北某典当行有限责任公司石家庄分公司当金 584420 元，并支付利息及服务费（利息及服务费以 584420 元为基数，自 2021 年 9 月 18 日起按年利率 24%计算至实际付清之日止，扣除被告已偿还的 70800 元）；

二、原告河北某典当行有限责任公司石家庄分公司有权就被告步某某名下某房产折价或以拍卖、变卖该房产的价款，在本判决第一项债权金额范围内优先受偿；

三、被告解某某对本判决第一项内容承担连带保证责任。

步某某、解某某不服一审判决提出上诉。

河北省石家庄市中级人民法院同意一审法院裁判意见，裁定：

驳回上诉，维持原判。

【法官后语】

表见代理制度的确立，是出于对各方利益的平衡，协调个人权利的静态安全与社会交易的动态安全，让有限的社会资源得到更加合理的利用。典当纠纷中，中介人未明示身份但是以典当行名义从事民事活动构成表见代理。

一、表见代理制度的构成要件

表见代理的前提必须是有效的民事行为，其次才考虑该民事行为是否构成表见代理。表见代理的构成要件，一是权利外观，必须存在使当事人信服的事实和理由。让当事人以一般人视角合理认为该行为与被代理人存在法定或者约定的关联关系。例如，行为人持有某金融机构空白文书办理业务等，本案中中介人员全程参与了典当业务的洽谈、签订以及后续的催收，并且以工作人员自称，足以使当户相信其为典当行的工作人员。二是无权代理，这是表见代理的前提条件。一般为行为人自始无代理权，超越代理权以及代理权终止后实施的法律行为。在金融商事案件中也存在这种案例，例如，金融机构的员工离职后仍旧利用原业务资源获取高额提成，损害金融消费者权益等。三是相对人是否为善意和无过失，本案中综合考虑相对人的合理信赖等因素，可以确定当户在典当借款时的真实意思表示为善意，并且对于“无过失”可以采取更加严格的方式来确认，本案中从当户的认知能力、交易习惯、签订合同的地点和参与人员、日常聊天记录等均可以看出当户不存在过失情形。

二、举证证明责任的分配及查明思路

根据《最高人民法院关于适用〈中华人民共和国民法典〉总则编若干问题的解释》第二十八条规定，因是否构成表见代理发生争议的，一是相对人应当就无权代理符合权利外观的条件承担举证责任。例如在合同是否以被代理人的名义签订、行为人的身份或者职务、相关材料是否加盖了公章、是否符合交易习惯、交易过程或者交易地点等。二是被代理人应当就相对人不符合“相对人不知道行为人行为时没有代理权，且无过失”的条件承担举证责任。即被代理人需要举证事实至少包括被代理人与相对人相互了解、相对人是否在签订合同时已经知悉代理人的权利外观等。本案中典当行并不能举证证实当户与典当行有业务往来或者知悉该典当行的工作人员。综上本案中就举证责任而言，代理人的民事行为应当认定为表见代理。

三、中介人员身份明示的实践意义

随着典当纠纷的大量涌现，越来越多的中介机构以及中介人参与到典当行的业务中，其在促成交易、活跃市场的同时，对中介行为缺乏有效的监督和管理，导致典当市场存在大量收费不透明、不合理现象以及中介人表见代理的行为。这一方面提高了当户的融资成本，另一方面给典当行埋下了纠纷隐患。本案通过对中介人表见代理行为的认定，维护了当户的合法权益。同时，也为促进典当行依法合规经营，特别是规范典当行与中介机构的合作业务，助力形成诚信有序的典当市场，为典当业持续健康发展提供了裁判规则参考。

编写人：河北省石家庄市桥西区人民法院　杜亚巍　李彦红

64

独立保函欺诈的司法认定

——某科技公司诉某材料公司独立保函欺诈案

【案件基本信息】

1. 裁判书字号

福建省厦门市思明区人民法院（2023）闽0203民初13600号民事判决书

2. 案由：独立保函欺诈纠纷

3. 当事人

原告：某科技公司

被告：某材料公司

第三人：某银行软件园支行

【基本案情】

2021年4月26日，某材料公司作为招标人就“2021-2023年度内外墙涂料战略采购项目”进行公开招标，项目招标文件载明中标后履约保证金为500000元，由商业银行按招标人给出格式开具不可撤销、见索即付的履约保函。2021年8月，某科技公司作为中标方与某材料公司签订《战略合作协议》，约定双方一致同意在外墙涂料采购领域达成年度战略采购合作伙伴关系，需方是指由某材料公司及指定的关联公司、指定的第三方公司，供方是指本战略合作协议下的实际供货方，包括某科技公司、某科技公司下属公司、某科技公司授权的经销商或供应商。《战略合作协议》同时约定了合作期限、合作方式等事宜。

2021年8月26日，某银行软件园支行应某科技公司的申请，开立编号为2021年软件园字103-1号的《履约保函》，载明受益人为某材料公司，保函金额不超过500000元；某银行软件园支行承诺，如果交易对方未按照主合同的约定履行义务，某银行软件园支行将在收到某材料公司提交的书面索赔通知和交易对方具有违约事实的证明材料后，以保函金额为限向某材料公司承担担保责任。

2021年11月17日，某科技公司与案外人某置业公司签订《采购合同》，约定付款方式为，本合同没有预付款；每批次货物的发货前，某置业公司向某科技公司支付至该批次货物总价的80%，支付后当天发货；等等。2021年11月24日至2022年10月9日，某科技公司分14次向某置业公司发送货物。2021年11月23日至2022年9月27日，某置业公司向某科技公司转账支付共计377748.94元。

2023年5月11日，某材料公司向某银行软件园支行发出《索赔通知书》，对某科技公司的违约行为进行履约索赔，索赔金额为500000元。2023年5月17日，某银行软件园支行向某科技公司出具《告知函》。

2023年5月19日，法院依某科技公司申请作出（2023）闽0203行保1号民事裁定，裁定：某银行软件园支行中止支付编号为2021年软件园字103-1号《履约保函》项下500000元的款项。

某科技公司认为某材料公司明知其没有付款请求权仍滥用该权利，构成独立保函欺诈行为，请求法院判令某银行软件园支行终止支付案涉《履约保函》项下款项。

【案件焦点】

案涉《履约保函》是否为独立保函、某材料公司的索赔是否构成独立保函欺诈。

【法院裁判要旨】

福建省厦门市思明区人民法院经审理认为：（1）关于案涉《履约保函》是否为独立保函的问题。独立保函，也称见索即付保函，是国际商事交易领域里运用的一种不同于传统从属保证制度的独立保证。根据《最高人民法院关于审理独立保函纠纷案件若干问题的规定》（以下简称《独立保函司法解释》）第一条第一款及第三条之规定，独立保函独立于基础交易法律关系，开立人仅处理单据，不受基础交易法律关系和保函申请法律关系的有效性及修改、转让、履行等情况的影响。案涉《履约保函》中未载明“见索即付”字样，也未载明适用国际商会《见索即付保函统一规则》等独立保函交易示范规则。根据《独立保函司法解释》的规定，应当根据保函文本内容认定保函性质。案涉《履约保函》载明的付款条件为，如果交易对方未按照主合同的约定履行义务，某银行软件园支行将在收到某材料公司提交的书面索赔通知和交易对方具有违约事实的证明材料后，以保函金额为限向某材料公司承担担保责任。从保函的文本内容看，应当认定案涉《履约保函》为独立保函。

（2）某材料公司的索赔是否构成独立保函欺诈。《独立保函司法解释》第十二条是关于独立保函见索即付原则例外情形的规定。本案有必要审查认定基础交易的相关事实，以能否排除合理怀疑地认为某材料公司“故意告知虚假情况，或者故意隐瞒真实情况”为审查限度，作出某材料公司《索赔通知书》是否有证据支持的认定，以利于查明欺诈是否成立。本案中，某材料公司提供的证据无法构成证明某科技公司基础合同项下违约行为的初步证据，某材料公司在《索赔通知书》上的申明不具有事实基础，故本院对此不予采信。可见某材料公司滥用索赔权利，构成独立保函项下的欺诈索款。

福建省厦门市思明区人民法院判决如下：

一、第三人某银行软件园支行终止支付编号为2021年软件园字103-1号的《履约保函》项下款项500000元；

二、被告某材料公司应于本判决生效之日起十日内向原告某科技公司支付财产保全费3020元；

三、驳回原告某科技公司的其他诉讼请求。

判决后，双方当事人均未上诉，本判决现已生效。

【法官后语】

一、独立保函的独立性、单据性

独立保函是商业实践逐步发展的产物，其基本运作原理是受益人凭形式化的单据从开立人处获得付款，其后由受益人和债务人另行就基础债权债务关系再作清结，这种债权保障机制又被称为先付款、后争议机制。《独立保函司法解释》首次明确统一了国际国内独立保函交易的效力认定规则，强调了独立保函的要式性、开立人的付款义务的单据性。开立人付款义务的单据性决定了独立保函的独立性。开立人仅处理单据，不受基础交易法律关系和独立保函申请法律关系的有效性、修改、转让、履行等情况的影响。独立性是指独立保函是一份独立的、自足的法律文件，其效力及保证人的付款责任完全取决于文件的文本规定。[①] 在单据化交易中，单据化的权利凭证成为交易的客体或者方式。严格的单据要求使得当事人按照惯例规则进行标准化的操作，而商事外观主义要求应当以当事人行为的外观为标准，而认定其行为所产生的法律效果。[②] 独立保函的单据性依附于其独立性，单据化程度的提高实则反映独立性的日趋显著。也正是因为独立保函独特的运行模式，给欺诈性索款提供了空间和条件。

二、独立保函欺诈类型的审慎性、谦抑性

“独立保函的特点之一就是它不是保证，因此不必授予对保证人的保护；特征之二是它不是主合同的附属物。”[③] 保证人仅仅作为审单义务人，审查单据表面的一致性，而不用介入其所不熟悉的基础交易关系，受益人便很容易通过提示虚假的单据而满足独立保函项下的付款要求。如何做到一方面尊重独立保函作为现金保证替代品的信用流通功能，维护当事人先付款、后争议的合同安排；另一方面防范和抑制受益人欺诈和滥用权利的情形。根据《独立保函司法解释》第十二条的规定，独立保函欺诈主要有三种类型：一是无真实交易；二

---

① 刘贵祥、沈红雨、黄西武：《涉外商事海事审判若干疑难问题研究》，载《法律适用》2013 年第 4 期。

② 王保树：《商法总论》，清华大学出版社 2007 年版，第 73 页。

③ 沈达明：《法国德国担保法》，中国法治出版社 2000 年版，第 61 页。

是单据欺诈；三是明显滥用付款请求权。在出具独立反担保函的情形下，存在独立保函和保障独立保函开立人追偿权的独立反担保函两份保函，《独立保函司法解释》第十四条第三款对转开独立保函的欺诈止付标准作出了相应的规定。独立反担保函必须符合双重权利滥用标准才能构成欺诈例外情形。上述规定均彰显了法院审慎干预独立保函独立性、维护独立保函金融信用流通功能的价值取向。

三、独立保函欺诈司法审查的有限性、必要性

诚实信用和权利不得滥用是商业活动应普遍遵守的原则，正因为独立保函所具有的强大的独立性，更需要各方诚实信用地行使权利义务。独立保函的最终目的为保障基础交易中产生的债权实现，所以在特殊情况下，基础合同的审查是不可避免的，这并不影响对其独立责任的认定，也不否认其清偿债务第一性的特征，而是为了确认索赔行为的正当性、合约性。① 法院在审查认定欺诈与否时，应当根据《独立保函司法解释》第十八条的规定，有权也有必要对受益人与第三人间的基础法律事实情况进行有限度的审查，但对基础合同的审查、对欺诈情形审查认定要达到的高度可能性和排除合理怀疑的证明标准。根据我国证据规则的规定，在欺诈性索款纠纷中，申请人应提交强有力的初步证据，用于证明受益人在索款时存在欺诈。在进行实体审查过程中，若受益人在索款声明中明确了申请人在履行合同中存在的违约情形，则申请人应针对受益人所提出的违约情形提供充分的证据。根据双方提交证据的情况，综合判断申请人主张受益人欺诈性索款的请求能否成立。法院审查的方向应是受益人是否欺诈而非基础合同是否违约。其审查范围应严格限于与欺诈有关的事项，不应超出欺诈范围对基础合同是否违约作出认定。② 要将审查的范围严格限制于与欺诈有关的事项；所审查之证据应为现时可得，法院无须调查取证；对于违约事项的审查原则上不能影响双方日后的仲裁、裁判，如不能进行鉴定、现场勘验，

---

① 翟红、余希：《独立保函纠纷审判难点探究》，载《人民司法》2012 年第 3 期。

② 刘应民、张亮：《独立担保制度研究——以见索即付保函与备用信用证为视角》，中国社会科学出版社 2017 年版，第 213 页。

或者对于双方违约的情况作出认定，否则将会使日后的审理变得被动且出现冲突。本案中，某材料公司的书面索赔通知申明内容与案涉保函约定无法构成表面相符，属于滥用索赔权利，故构成独立保函项下的欺诈索款。

编写人：福建省厦门市思明区人民法院　王丽娟

65

独立保函欺诈中受益人明知其没有付款请求权仍滥用该权利的认定

——电力公司诉火电公司独立保函欺诈案

【案件基本信息】

1. 裁判书字号

广东省深圳市中级人民法院（2023）粤03民终26537号民事判决书

2. 案由：独立保函欺诈纠纷

3. 当事人

原告（上诉人）：电力公司

被告（被上诉人）：火电公司

第三人：某银行深圳分行、深圳某担保公司

【基本案情】

2021年7月16日，被告火电公司与原告电力公司签订《分包合同》，约定被告将新能源公司某光伏项目光伏区建筑安装工程分包给原告施工。2021年10月21日，原告应被告履约保函的要求，委托第三人深圳某担保公司作为保函申请人和担保人并签订深担（2021）年保函字5295号《开立保函委托合同》，约定由深圳某担保公司向其认定的某银行深圳分行申请开立履约保函。2021年10

月 22 日，某银行深圳分行向火电公司开具履约保函。2021 年 11 月，原被告协商一致解除《分包合同》，并签订《终止协议》。被告火电公司仍于 2022 年 4 月 12 日以原告违反《分包合同》约定造成其损失为由向某银行深圳分行提出全额索赔并获得该笔索赔款。原告认为被告的行为构成独立保函欺诈，并要求被告返还履约保函支付款项。

【案件焦点】

在原被告双方已协商解除了案涉基础合同即《分包合同》并签订《终止协议》的情况下，被告仍向银行申请索赔是否构成独立保函欺诈。

【法院裁判要旨】

广东省深圳市福田区人民法院经审理认为：原告电力公司主张《分包合同》已协商解除，被告火电公司在明知原告不存在违约事实及付款请求权的前提下，仍滥用独立保函约定的无条件支付权利，其行为构成独立保函欺诈。基于原告的上述主张，结合基础交易的相关证据，本案应重点审查是否存在第五种情形，即被告火电公司作为受益人，是否存在明知其没有付款请求权仍滥用该权利的情形。双方签订了《终止协议》，但在签订《终止协议》之前及之后，被告火电公司均持续明确表示原告电力公司在履约过程中存在违约行为，并据此要求实现保函权利，不属于明知没有付款请求权而滥用权利的情形。

广东省深圳市福田区人民法院判决：驳回原告电力公司的全部诉讼请求。

原告电力公司不服一审判决，提起上诉。

广东省深圳市中级人民法院经审理认为：本案中，保函担保的是“在本担保有效期内，当电力公司在履行合同中违约而造成火电公司经济损失”的赔付，意即，保函担保的是违约损失赔偿责任。因此，受益人只需提交能够证明电力公司存在违约行为的初步证据，即可满足保函实现所要求的付款请求书或者索赔通知书。火电公司提交的证据表明，火电公司自始至终均认为电力公司在履约过程中存在违约行为，构成证明电力公司存在违约的初步证据。基于电力公司提交的新证据可知，电力公司对其存在违约行为是明知并认可的，其以自身认可的足以证明火电公司主张事实的证据反证其不存在违约事实，逻辑上无法自洽。

综上，综合考量双方证据证明效力和陈述意见，电力公司提供的证据不能达到排除合理怀疑地认定火电公司构成独立保函欺诈的证明标准。火电公司基于电力公司基础合同项下的违约行为，依据合同的规定，提出实现独立保函项下的权利，不构成保函欺诈。原审判决认定事实清楚，适用法律正确。

广东省深圳市中级人民法院判决：驳回上诉，维持原判。

【法官后语】

独立保函是独立担保制度的产物，最早被西方国家广泛用于进出口贸易、国际金融等领域，为国际贸易的发展带来极大的便利。近年来，我国在涉建设工程领域中银行开具的独立保函数量呈显著增长态势，法院受理的独立保函欺诈案件不断增多。《最高人民法院关于审理独立保函纠纷案件若干问题的规定》第十二条规定了五种构成独立保函欺诈的情形，前面四种情形比较容易判断，但如何判断是否符合第五种情形也即兜底条款“受益人明知其没有付款请求权仍滥用该权利的其他情形”，成为审判实务中的重点和难点。本案的核心在于，人民法院在审理独立保函欺诈案件中，对基础合同应遵从何种审查原则，欺诈的证明标准是什么，如何审查何种情况可以认定为受益人明知其没有付款请求权仍滥用该权利的其他情形。

首先，对基础合同应遵从有限及必要原则。不同于传统意义上的从属性担保，独立保函具有独立性、单据性、不可撤销性，即受益人将与独立保函规定相符的单据提交给保函开立人，开立人经审查相符后应承担付款责任。在独立保函法律机制中，独立性原则是基本的法律属性，目的在于保护受益人及时获得付款并避免开立人卷入基础交易纠纷。所谓独立性原则，是指独立保函虽然为保障基础交易的履行而开立，但一经开立，即与基础交易关系相分离，成为完全独立的交易，独立保函的效力和履行依照文本内容确定。故独立保函欺诈案件应结合上述原则进行审理。认定构成独立保函欺诈需对基础交易进行审查时，应坚持有限及必要原则，审查范围应限于受益人是否明知基础合同的相对人并不存在基础合同项下的违约事实，以及是否存在受益人明知自己没有付款请求权的事实。

其次，欺诈的证明标准应当为能够排除合理怀疑。《最高人民法院关于适用〈中华人民共和国民法典〉总则编若干问题的解释》第二十一条的规定，欺诈主要表现为虚构事实与隐瞒真相。《最高人民法院关于审理独立保函纠纷案件若干问题的规定》第二十条规定："人民法院经审理独立保函欺诈纠纷案件，能够排除合理怀疑地认定构成独立保函欺诈，并且不存在本规定第十四条第三款情形的，应当判决开立人终止支付独立保函项下被请求的款项。"故对独立保函构成欺诈的证明标准高于一般民事案件的证明标准，需要达到排除合理怀疑的高度。

再次，认定受益人明知其没有付款请求权仍滥用该权利应当参照虚构基础交易、伪造单据、付款到期事件并未发生等严重程度进行判断。《最高人民法院关于审理独立保函纠纷案件若干问题的规定》第十二条第五项规定的"受益人明知其没有付款请求权仍滥用该权利的其他情形"，作为独立保函欺诈情形的兜底条款，在审查时应在尺度上与该条的前四项内容衔接一致，即至少达到与前四项规定的虚构基础交易、伪造单据、付款到期事件等并未发生等严重程度时，才应当认定为欺诈。而本案中，虽然双方签订了《终止协议》，解除了分包合同，但双方签订终止协议并不代表原告电力公司不存在违约行为，且被告火电公司自始至终均认为原告电力公司在履约过程中存在违约行为，故被告火电公司的申请付款行为未达到与虚构基础交易、伪造单据、付款到期事件并未发生相当的严重程度，不属于受益人明知其没有付款请求权仍滥用该权利的其他情形。

最后，独立保函独立于申请人和受益人之间的基础交易，担保行的付款义务不受申请人与受益人之间基础交易项下抗辩权的影响，受益人自身在基础合同履行中是否存在不当或者违反诚实信用的行为，也并不必然构成独立保函项下的欺诈，对基础合同项下履约情况的认定也不影响保函权利的实现。在本案中，即使被告火电公司亦存在违约行为，也不必然导致火电公司的索赔构成独立保函欺诈。

编写人：广东省深圳市福田区人民法院　王亚飞

66

有追索权保理中应收账款债权人和债务人的责任关系认定及诉讼程序实现

——金融保理公司诉供电公司等保理合同案

【案件基本信息】

1. 裁判书字号

重庆市第一中级人民法院（2022）渝01民终2641号民事判决书

2. 案由：保理合同纠纷

3. 当事人

原告（被上诉人）：金融保理公司

被告（上诉人）：供电公司

被告：电力公司、韩某某、郭某某

【基本案情】

2020年9月8日，金融保理公司与电力公司签订授信协议，约定金融保理公司提供保理融资授信额度100万元，融资期限届满，金融保理公司有权要求电力公司无条件进行回购，与该应收账款有关的一切权利同时回转至电力公司；暂不通知应收账款转让事宜，但电力公司承诺随时通知或授权保理人通知买方应收账款转让事宜。

同日，金融保理公司（甲方）与电力公司（乙方）签订额度使用协议，约定乙方转让其对供电公司享有的379万元应收账款债权，向甲方申请有追索权保理融资80万元，融资期限至2020年11月10日止；期限届满之日，乙方一次性向甲方支付回购款，回购款包括保理融资款本金80万元和保理融资费；如协议无效，甲方有权向乙方索回保理融资款本金并主张按照年利率 24%计算的资金占用费。亦于同日，郭某某、韩某某同意就电力公司应付的保理融资款、回购款等向金融保理公司提供连带责任保证担保。

2020 年 9 月 10 日，金融保理公司向电力公司发放保理融资款 80 万元。2020 年 9 月 22 日，双方对应收账款转让办理动产担保初始登记。2020 年 12 月 25 日，金融保理公司将尚欠的保理融资本金 45 万元展期至 2021 年 5 月 10 日。

2021 年 9 月 20 日，金融保理公司向供电公司送达通知书，告知应收账款转让事宜，要求其支付应收账款，供电公司并未支付。

另查明，2018 年 8 月 20 日，供电公司与电力公司签订施工合同，约定工程固定总价为 7581646.6 元。供电公司确认工程决算审定金额为 6602397.8 元，未支付工程款为 762862.16 元。

金融保理公司提出如下诉讼请求：（1）电力公司支付到期回购款本金 40 万元，以及以 40 万元为基数，自 2021 年 5 月 11 日起至还清全部款项之日止，按照年利率 24%计算的资金占用费；（2）供电公司对电力公司不能清偿第 1 项诉讼请求确认的债务范围内承担支付责任；（3）韩某某、郭某某对电力公司的债务承担连带清偿责任。

【案件焦点】

追索权保理中，保理人同时起诉应收账款债权人和债务人时，二者的责任关系及责任顺位如何确定。

【法院裁判要旨】

重庆自由贸易试验区人民法院经审理认为：案涉保理系有追索权保理，在保理融资到期后金融保理公司向供电公司送达《履行到期债务通知书》，告知应收账款债权转让事实，故该债权转让对其发生效力，金融保理公司有权对供电公司提起诉讼。

保理融资展期届满后，供电公司经通知后未向金融保理公司支付应收账款，电力公司应当按照约定向金融保理公司支付融资本金。金融保理公司主张电力公司支付保理融资本金及按照 LPR 利率标准计算资金占用损失的部分诉讼请求应予支持。

金融保理公司主张电力公司返还保理融资款，实质是要求其以履行约定的回购义务的方式行使追索权；在电力公司的追索权未实现前，金融保理公司并不丧失对供电公司的付款请求权，金融保理公司对电力公司的追索权与对供电公司的付款请求权之间形成补充关系。因此，金融保理公司有权基于保理融资相关协议的约定向电力公司追索保理融资款，也有权基于其受让的应收账款债权要求供电公司在电力公司尚欠保理融资款及利息的范围内承担支付责任。

郭某某、韩某某自愿为电力公司的债务提供连带责任保证担保，依约应对电力公司的前述债务承担连带清偿责任。

重庆自由贸易试验区人民法院判决如下：

一、电力公司于本判决生效之日起十日内向金融保理公司支付融资本金 40 万元，并支付以融资本金 40 万元为基数，自 2021 年 5 月 11 日起至款项付清之日止，按照全国银行间同业拆借中心公布的同期一年期贷款市场报价利率标准计算的资金占用损失；

二、供电公司对电力公司不能清偿上述第一项确定的债务部分在 762862.16 元范围内承担补充清偿责任；

三、韩某某、郭某某对电力公司的上述第一项债务承担连带清偿责任；

四、驳回金融保理公司的其他诉讼请求。

供电公司不服一审判决，提起上诉。重庆市第一中级人民法院同意一审法院裁判意见，依照《中华人民共和国民事诉讼法》第一百七十七条第一款第一项之规定，作出如下判决：

驳回上诉，维持原判。

【法官后语】

《中华人民共和国民法典》第七百六十六条赋予保理人以选择权，即既可向应收账款债权人主张权利，也可向应收账款债务人行使债权，且这种选择权并不以合同约定为前提。而《最高人民法院关于适用〈中华人民共和国民法典〉有关担保制度的解释》（以下简称《民法典担保制度解释》）第六十六条第二款则从程序法角度规定保理人同时对应收账款债权人和债务人提起的诉可以合并。然而，现行法并未明确此种情形下，应收账款债权人与债务人之间各自承担何种责任，司法裁判立场也尚未统一。

一、有追索权保理的法律性质

在当事人未约定的情形下，应当基于民法典第七百六十六条的规定分析有追索权保理的性质。民法典第七百六十六条规定当事人未在保理合同中约定保理人的追索顺序和范围时，保理人有权选择追索的对象；同时基于《民法典担保制度解释》第六十六条第二款的规定，保理人一并起诉应收账款债权人和债务人时，其实质上还享有自由选择和确定追索顺序和责任顺位的权利。由此，民法典第七百六十六条是依照债权让与担保的原理来构造有追索权保理的典型权利义务关系模式。在规范属性上，该条应属于任意性规范或授权性规范，当事人可以在保理合同中作出变更或限制，从而使有追索权保理的法律性质发生转化。

二、应收账款债权人与债务人的责任关系

有追索权的保理中，应收账款债权人和债务人之间构成不真正连带债务。应收账款债权人和债务人不履行不真正连带债务时，二者之间为不真正连带责任。补充责任是不真正连带责任的一种特殊形式，只是两个请求权的关系变为顺位关系而不是选择关系。当保理合同约定了二者间的责任顺位关系时，保理人应当依照约定主张债权；而当合同未约定责任顺位时，保理人在其提起的合并之诉中亦有权选择确定具体的顺位关系。此时，保理人对应收账款债权人和债务人享有的请求权存在先后顺序，故应收账款债权人与债务人之间的责任关系通常属于补充责任关系。

三、保理人一并起诉应收账款债权人和债务人的程序构造

有追索权保理中，保理人一并起诉所依据的事实均是债权人未在保理融资期限届满后足额偿付保理融资款本息，给付目的均是实现保理人在保理合同项下的保理融资债权，保理人同时主张的返还或回购请求权、应收账款给付请求权可以并存，只不过一项请求权因目的达到而（部分）消灭时，另一项请求权

亦相应消灭，构成请求权自由竞合，法院可以实行诉的客观合并，将复数诉讼标的合并审理，认定保理人是否享有应收账款债权，审查追索权、应收账款给付请求权是否成立以及保理人能否以其受让的应收账款债权进行受偿。

编写人：重庆两江新区人民法院（重庆自由贸易试验区人民法院）　肖明明　何佳杰

67

员工股票期权纠纷中“行权”的法律效果

——代某诉某控股公司等合同案

【案件基本信息】

1. 裁判书字号

北京市高级人民法院（2023）京民终467号民事判决书

2. 案由：合同纠纷

3. 当事人

原告（被上诉人）：代某

被告（上诉人）：某控股公司

被告：某信息公司、某技术公司

【基本案情】

2007年11月，代某入职某网络公司，自2008年1月起签署劳动合同。2015年及2016年，代某与某控股公司（某网络公司的上级公司）分别签订两份《股票期权授予协议》，约定了股票期权授予条款与条件，代某通过网络方式接受协议。协议尾部载明“本人确认并同意接受期权授予方案”，记载期权授予对象为代某，并有某控股公司授权代表莫某的签字。期权授予协议约定，行权方式为：可通过发送一份附行使通知，也可采用管理者决定的程序行使本期权。下列情况应视为已行使本期权：(i) 公司收到本协议附表规定的有效行使通知以及总行使价格和任何适用的预扣税款；并且 (ii) 满足了授予协议的所有其他适用条款与条件。此外，合同还约定公司可根据自身酌情权，决定以电子方式交付根据计划授予的期权，或要求承授人同意以电子方式参与计划。承授人同意接收以电子形式交付的此类文件，并同意通过由公司或其他第三方（由公司指定）建立并维护的线上系统参与计划。

协议签订后，某控股公司向代某出具两份期权授予通知书，授予代某该控股公司的部分纽约证券交易所交易股票期权，数量分别为4000ADS、40000ADS，授予价格分别为6美元/股、5.44美元/股，期权固化周期均为4年，每年固化比例初定依次为20%、20%、30%、30%，最终固化比例按照文件有关条款调整。某控股公司的期权通过某信息公司开发运行的信息技术平台的方式进行发放并可在平台上行权。

2018年5月，代某从某网络公司离职。2018年5月17日，代某通过平台对五笔股票期权予以行权，数量分别为450股、1050股、3600股、3000股和4000股（各次期权授予价格不同），行权价格均为5.52美元。行权后，代某账户余额显示为35404.84美元。后各方形成劳动争议进行了仲裁和诉讼，但是涉及期权的行权和价款的支付未在劳动争议中予以处理。

代某提起诉讼，主张某控股公司、某信息公司、某技术公司向其支付行权价款。某信息公司抗辩称，经行权交易后，上述款项已由其平台运营的境外公司汇至某技术公司账户。某控股公司抗辩称，某信息公司的平台仅作为数据处理平台为代某行权提供协助，能否最终行权并取得款项需要公司审核后委托境内机构来进行款项支付。

【案件焦点】

被授予股票期权激励的员工离职后，对符合行权条件的股票期权进行行权操作是否需要经过公司同意，公司是否可以撤销或者变更已经行权的股票期权价款的给付。

【法院裁判要旨】

北京金融法院经审理认为：股票期权是公司授予激励对象在未来可行权时以确定的价格和行权条件购买股票的权利。在期权行权条件尚不具备时，公司可以掌握期权能否行权，如果激励对象未能满足公司激励条件，公司可以根据期权激励文件的内容撤销或者变更相应的激励。但是期权一旦行权，相应的权利即应当确定，公司允许激励对象行权通常表明激励文件对应的行权条件已经具备。本案中，代某通过平台自主行权，选择行权时间和行权数量，应当在成交后享有期权行权收益。一旦行权，相应的收益应当属代某所有。如果某控股公司未能将期权行权收益支付给代某，应当承担继续支付的责任。经核算，代某行权的五笔股票期权，行权后的价格分别扣除税、佣金和代征费后，应当获得的收益累计为28669.43美元，故代某要求某控股公司支付上述期权行权价款的诉讼请求，符合法律规定，法院予以支持。

综上，北京金融法院判决：

一、某控股公司于判决生效之日起十日内向代某支付期权行权价款28669.43美元；

二、驳回代某的其他诉讼请求。

某控股公司不服，提出上诉，北京市高级人民法院经审理判决：

驳回上诉，维持原判。

【法官后语】

近年来，在民商法与劳动法交叉的领域中，因员工股票期权的授予及行权衍生的民事案件多发，涉及股票期权所得的性质认定、授权与行权主体之间法律关系的性质、期权授予协议的效力以及损失的认定等多方面的法律问题，给司法实践带来了新挑战。本案就涉及员工依据《股票期权授予协议》向公司主张实现股票期权利益的法律问题，争议焦点在于某控股公司是否应向代某支付期权行权价款及金额认定。

作为一种金融衍生工具，股票期权是指公司授予员工在未来的一段时间内，以一个约定的行权价格购买一定数量本公司股票的选择权，持有这种权利的员工可以在规定的时间内自行决定是否及何时购买公司股票，购买股票的行权价格与股票价格之间的差额就成为员工行权产生的收入，从而形成一种对企业员工的激励机制。通常而言，股票期权激励会设置一定的固化比例和固化周期，部分还会设置有限售期，以在发挥激励作用的同时实现对员工离职等道德风险的制约，维系、巩固劳动关系。

很多公司是在章程中或者通过股权期权合同在本公司中实行该制度。因此，期权激励是一种公司自治行为，本质上是契约，对员工和企业均具有约束力。证监会制定的《上市公司股权激励管理办法》对实行股权激励的条件、激励对象、股票来源、股票期权的实施程序、信息披露以及监管者的监管职责等制度运行的基本要素作出了规定，但是该规章尚未达到法律的层级，且适用范围有限，对企业与员工之间民事法律关系未进行调整，实践中劳动关系产生的纠纷衍生的此类期权行权纠纷仍未有更加明确的规则。

本案的审理中，除各方对在期权授予过程中的形式、期权授予合同的效力以及代某的起诉是否超过诉讼时效等争议外，案件审理的重点在于代某在离职后对于已经授予的股票期权予以行权操作，是否需要经过公司同意，公司是否可以撤销或者变更已经行权的股票期权价款的给付?

作为公司激励机制的股票期权是一种特殊的权利，这种权利在不同阶段具有不同的特征。期权利益的最终实现需要经过期权授予、期权行权、出售股票变现等一系列过程，其中有授予与否的决定权限，是否符合条件可以行权的判断权限以及是否选择行权和何时以何种方式行权的选择权限等，都决定着期权利益的实现和收益、损失的大小，具有较强的不确定性。笔者认为，在授予期权前，即使公司在劳动合同等相关文件中承诺可在一定条件下获得期权激励，但是未就期权的授予条件、具体数量、行权方式等进行明确，不存在股票期权权利；股票期权授予协议签订并明确授予期权的数量等要素后，无论是未获准行权的时间段内还是已获准行权的时间段内，股票期权都已经客观存在，已经具备了法律上期待权的特征，该权利在一定程度上受到法律的保护，权利人可以请求排除妨害或者赔偿损失，但是在未行权前，因客观原因（如期权尚未固化、期权的持股平台未能成立、公司尚未上市）或者公司与员工之间因劳动关系发生争议等事由，公司决定撤销期权授予（在合同约定范围内）的，应当审查撤销或者变更、限制行权是否符合期权授予合同的具体约定、是否具有合理事由，确定期待权是否具有保护的价值；行权则是期权激励中最为重要的环节，是股票期权性质变动的核心节点，员工对于符合行权条件的期权主张行权，是审慎行使选择权的体现，一旦行权，期权将由权利转化为对应数量的标的证券或者确定的差额价金，期待权变为现实权利，受到法律的保护。

因此，在期权行权条件尚不具备时，公司可以决定期权能否行权，如果激励对象未能满足公司激励条件，公司可以根据期权激励文件的内容撤销或者变更相应的激励。公司允许激励对象行权通常表明激励文件对应的行权条件已经具备。期权一旦行权，相应的权利即确定受到法律的保护，公司不能任意变更或者撤销。本案中，代某通过平台自主行权已经平台确认，相应期权已经转化为账户余额，理应在成交后享有期权行权收益，发行人应当按照约定的现金结算方式向其支付行权价格与标的证券结算价格之间的差额。如果某控股公司未能将期权行权收益支付给代某，应当承担继续支付的法律责任。

股票期权是继年终奖、绩效奖金等措施之后，新出现的一种股权激励措施，股权激励对员工迸发的持续激情是工资、提成和奖金等短期激励工具所无法比拟的。鉴于此，股权激励计划已受到越来越多公司的青睐。本案的处理明确了员工对实现股票期权的维权标准和现实路径，有效保护了劳动者的合法权益，有力地促进了股票期权机制良性运行，取得了良好的法律效果和社会效果。

编写人：北京金融法院　李楠　方天皓

ISBN 978-7-5216-5043-3

图书在版编目（CIP）数据

中国法院 2025 年度案例. 金融纠纷 / 国家法官学院，最高人民法院司法案例研究院编. -- 北京 : 中国法治出版社，2025. 4. -- ISBN 978-7-5216-5043-3

Ⅰ. D920. 5

中国国家版本馆 CIP 数据核字第 2025UQ2862 号

策划编辑：李小草　韩璐玮　白天园

责任编辑：李若瑶　　　封面设计：李宁

中国法院 2025 年度案例. 金融纠纷

ZHONGGUO FAYUAN 2025 NIANDU ANLI. JINRONG JIUFEN

编者/国家法官学院，最高人民法院司法案例研究院

经销/新华书店

印刷/三河市紫恒印装有限公司

开本/730 毫米×1030 毫米　16 开　　　印张/ 21.75　字数/ 263 千

版次/2025 年 4 月第 1 版　　　2025 年 4 月第 1 次印刷

中国法治出版社出版

书号 ISBN 978-7-5216-5043-3　　　定价：79.00 元

北京市西城区西便门西里甲 16 号西便门办公区

邮政编码 100053　　　传真：010-63141600

网址：http：//www.zgfzs.com　　　**编辑部电话：010-63141833**

市场营销部电话：010-63141612　　　**印务部电话：010-63141606**

（如有印装质量问题，请与本社印务部联系。）

中国法院年度案例集成丛书(全15册)

国家法官学院　最高人民法院司法案例研究院　编

汇集十年精华　展现裁判思维　促进适法统一

实务性：为新型疑难法律适用问题提供解决方案的司法实务参考用书

工具性：可以查阅人民法院类型化裁判规则的小全书

1. 物权纠纷裁判规则理解与适用
2. 合同纠纷裁判规则理解与适用
3. 借款担保纠纷裁判规则理解与适用
4. 人格权纠纷裁判规则理解与适用
5. 婚姻家庭与继承纠纷裁判规则理解与适用
6. 侵权纠纷裁判规则理解与适用
7. 道路交通纠纷裁判规则理解与适用
8. 保险纠纷裁判规则理解与适用
9. 劳动纠纷裁判规则理解与适用
10. 公司纠纷裁判规则理解与适用
11. 金融纠纷裁判规则理解与适用
12. 知识产权纠纷裁判规则理解与适用
13. 行政纠纷裁判规则理解与适用
14. 刑事案例裁判规则理解与适用
15. 执行纠纷裁判规则理解与适用